ΣBEST シグマベ

JN017325

時代と流れで覚える！

┃世界史用語┃

相田知史
小林勇祐 共著

文英堂

はじめに

この問題集のねらい

　本書は**受験に必要な歴史用語の暗記をめざした問題集**です。高校や塾・予備校の授業を受けたり，教科書を読むだけではなかなか歴史用語が覚えられないでしょう。**授業後の知識定着や過去問を解いた後の復習などに本書を利用して**ください。内容は高校教科書を参考に大学入試を意識して編集しました。共通テストや国公立二次の論述問題で必要な用語は充分に網羅しています。難関私大でも，8〜9割程度の得点が確保できるように配慮しました。

世界史学習の考え方

　世界史学習には**インプット**と**アウトプット**の2段階の学習が必要です。

> **インプット**　…歴史を理解し，歴史用語などの知識を定着させる
> **アウトプット**…入試の過去問など実戦的な問題を解く

　授業をしっかり聞き，教科書を読んで，歴史を理解することにより歴史用語を効率よく整理することができます。一問一答のような細切れの歴史用語の知識では入試問題に対応できないこともあります。また，歴史を理解していても，歴史用語を覚えていないと，記述問題や論述問題では解答が書けません。
　インプットの際には，それらを念頭におきながら丁寧に用語の知識を定着させる必要があります。その上で，大学入試の過去問を利用して実戦的な問題演習，つまり**アウトプット**の訓練をする必要があります。受験する大学の入試問題の特徴をつかみ，覚えた知識がどのように問われているかを知ることが必要です。また，過去問演習を通じて自分の弱点を発見し，攻略しましょう。
　この問題集はインプットの作業を進めるためのものです。短文・空欄補充の形式でまとまった文章を読みながら歴史を理解し，歴史用語を覚えられるように配慮しました。しかし，実戦的な問題を解くというアウトプットの訓練はできません。この問題集で歴史用語をある程度覚えたら，次は大学入試の過去問を解いてみてください。そして，知識に不安を感じたら，この問題集に戻ってもう一度，知識の定着をはかりましょう！

本書の特長

本書で赤太字・黒太字になっている語句は大学入試に必要な用語なので，すべて暗記するようにしましょう。

「時代」と「場所」をつかむ

左ページは，単元の内容をまとめた表や，関連する地図・写真などで構成されています。いつどこで何が起きたのかを，視覚的に把握できます。

「流れ」で覚える

右ページは，歴史の流れを一連のまとまった文章で説明しています。戦乱の経過など，歴史の流れを細かく理解できます。

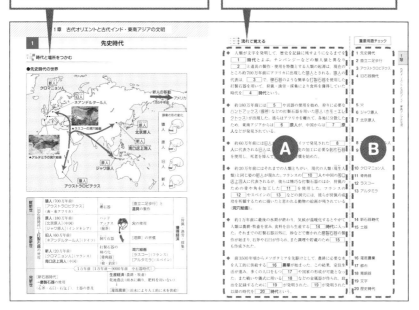

● 使い方 ●

STEP 1 左ページで赤字になっている用語は，その時代を把握するのに重要な用語です。特に世界史では事柄だけでなく，その舞台となった場所も重要です。地図や表を使って，どの時代（時期）にどこで何が起こったのかを確認し，歴史的な出来事と場所の広がりを結びつけて頭に入れましょう。

STEP 2 ®の部分を赤フィルターで隠して文章を読み，空欄の穴埋め問題を解いていきます。空欄の箇所は，その単元の中でも特に重要な用語なので，確実に覚えるようにしましょう。

STEP 3 ⒶⒷの部分を赤フィルターで隠しながら文章を読んでいきます。空欄・赤字をすべて覚えれば，流れの中で用語を理解することができ，過去問を解く（アウトプット）の訓練を始めるために十分な知識が身につきます。

もくじ

1　先史時代

時代と場所をつかむ

●先史時代の世界

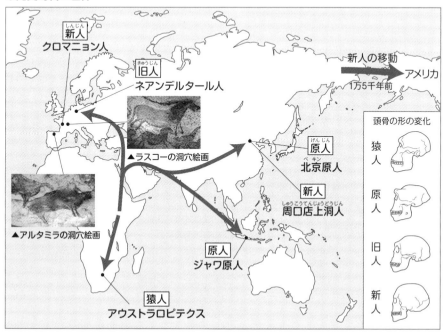

新人
クロマニョン人

旧人
ネアンデルタール人

▲ラスコーの洞穴絵画

▲アルタミラの洞穴絵画

新人の移動
アメリカ
1万5千年前

原人
北京原人

新人
周口店上洞人

原人
ジャワ原人

猿人
アウストラロピテクス

頭骨の形の変化

猿人

原人

旧人

新人

鮮新世	[旧石器時代]→打製石器の使用	猿人（700万年前）[アウストラロピテクス]（南・東アフリカ）	礫石器	[直立二足歩行] と道具の製作	（狩猟・漁労・採集）獲得経済
更新世		原人（180万年前）[北京原人]（中国）[ジャワ原人]（インドネシア）	ハンドアックス（握斧）	火の使用	
		旧人（60万年前）[ネアンデルタール人]（ドイツ）	剝片石器	[埋葬] の習慣	
		新人（20万年前）[クロマニョン人]（フランス）周口店上洞人（中国）	打製石器の精巧化[骨角器]（槍・釣針）	洞穴絵画[ラスコー]（フランス）[アルタミラ]（スペイン）	

1万年前〔1万年前〜9000年前　中石器時代〕

完新世	[新石器時代]→磨製石器の使用（石斧・石臼・石包丁），土器の普及	生産経済（農耕・牧畜）乾地農法（雨水に頼り，肥料を用いない）↓[灌漑農業]（治水により人工的に水を供給）

	重要用語チェック

◆ 人類が文字を発明して，歴史を記録に残すようになるまでを ___1___ 時代とよぶ。チンパンジーなどの類人猿と異なり，___2___ と道具の製作・使用を特徴とする人類の起源は，現在のところ約700万年前にアフリカに出現した<u>猿人</u>とされる。<u>猿人</u>の代表は，___3___ で，<u>礫石器</u>のような簡単な<u>打製石器</u>を使用した。打製石器を用いて，狩猟・漁労・採集により食料を獲得していた時代を ___4___ 時代という。

1　先史時代
2　直立二足歩行
3　アウストラロピテクス
4　旧石器時代

◆ 約180万年前には ___5___ や言語の使用を始め，狩りに必要な<u>ハンドアックス（握斧）</u>などの打製石器を用いた<u>原人（ホモ＝エレクトゥス）</u>が出現した。彼らはアフリカを離れて，各地に分散したため，東南アジアからは ___6___ 原人が，中国からは ___7___ 原人などが発見されている。

5　火
6　ジャワ原人
7　北京原人

◆ 約60万年前には<u>旧人</u>が出現した。ドイツで発見された ___8___ 人に代表される<u>旧人</u>は，身にまとう毛皮の加工に必要な<u>剝片石器</u>を使用し，死者を悼んで ___9___ の習慣を始めた。

8　ネアンデルタール人
9　埋葬

◆ 約20万年前にはそれまでの人類とちがい，現代の人類（現生人類）と同じ姿の<u>新人</u>が現れた。フランスの ___10___ 人や中国の<u>周口店上洞人</u>に代表されるが，彼らは精巧な打製石器のほか，狩猟のための骨や角を加工した ___11___ を使用した。フランスの ___12___ やスペインの ___13___ などの洞穴には，彼らが狩猟の成功を祈願するために描いたと思われる動物の絵画が残されている（<u>洞穴絵画</u>）。

10　クロマニョン人
11　骨角器
12　ラスコー
13　アルタミラ

◆ 約1万年前に最後の氷期が終わり，気候が温暖化するとやがて人類は農耕・牧畜を営み，食料を自ら生産する ___14___ 時代に入った。それまでの打製石器以外に，砂などで磨かれた<u>磨製石器</u>の製作が始まり，石斧や石臼が作られ，また調理や貯蔵のため ___15___ も作成された。

14　新石器時代
15　土器

◆ 前3500年頃からメソポタミアを先駆けとして，農耕に必要な水を人工的に供給する ___16___ 農業が始まった。この結果，定住生活が進み，多くの人口をもつ ___17___ や国家の形成が可能となった。また戦いや儀式に用いる ___18___ などの金属器が作られ，政治を記録するために ___19___ が発明された。___19___ が発明された以降の時代を ___20___ 時代という。

16　灌漑農業
17　都市
18　青銅器
19　文字
20　歴史時代

2　古代オリエント世界（エジプト・メソポタミア）

時代と場所をつかむ

●オリエントの世界

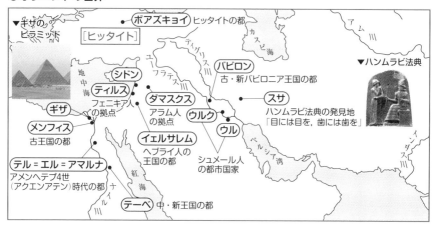

●オリエントの文化

	メソポタミア	エジプト
宗教	▶［多神教］ →最高神は支配民族により交替 ▶現世的傾向	▶［多神教］→最高神はラー（太陽神） （新王国以降，アメン＝ラー） ▶来世的傾向→『死者の書』・ミイラ
自然科学	▶［太陰暦］，［六十進法］ ▶占星術の発展	▶［太陽暦］ ▶測地術の発展
文字	▶［楔形文字］（シュメール人発明） ▲楔形文字 ▶ベヒストゥーン碑文（ダレイオス1世の磨崖碑文）→ローリンソン（英）が解読	▶［エジプト文字］→パピルスなどに記録 ［神聖文字］（ヒエログリフ） ［民用文字］（デモティック） ギリシア文字 ▶［ロゼッタ＝ストーン］ →シャンポリオン（仏）が神聖文字解読

●地中海東岸の民族

アラム人	ダマスクス拠点	内陸貿易で活躍。アラム語はオリエントの共通語に。アラム文字はソグド文字など東方の文字に影響
フェニキア人	シドン・ティルス拠点	地中海貿易で活躍。フェニキア文字はギリシア文字など西方の文字に影響
ヘブライ人 （イスラエル人・ ユダヤ人）	イェルサレムを都に 王国建国	バビロン捕囚からの解放後にユダヤ教成立 →唯一神ヤハウェ，［メシア］（救世主）待望，選民思想，『［旧約聖書］』

流れで覚える

重要用語チェック

◆ 「　1　」を意味するオリエントでは**ティグリス川・ユーフラテス川**流域のメソポタミア（現イラク）や**ナイル川**流域のエジプトなどに強力な王権を有する文明が成立した。

◆ メソポタミアでは，まず　2　**人**が下流域に　3　やウルクなどの都市国家を建設し，王は神の代理人として神権政治を行った。その後，彼らを征服した**セム語系**の　4　**人**がサルゴン（1世）の時に最初の統一国家を建設した。

◆ 　5　**人**によるバビロン第1王朝は　6　**王**の時代に全メソポタミアを統一し，王は同害復讐の原則と身分別の刑罰を特徴とする　6　**法典**を制定した。しかし，後に**インド＝ヨーロッパ語系**の　7　に滅ぼされた。その後，メソポタミアの北部は　8　が，南部のバビロニアは　9　が支配した。

◆ 　7　は小アジアに建国し，**鉄製武器**を最初に使用した。交易の盛んなシリアをめぐってエジプトと争ったが，「海の民」に滅ぼされた。

◆ 「ナイルのたまもの」と　10　によばれたエジプトでは，ナイル川の流域に約40の　11　（行政単位，州）が成立し，王である　12　が太陽神ラーの子として神権政治を行った。

◆ 古王国は　13　を都とし，近郊のギザには**クフ王**らにより多くの　14　が建てられた。　15　を都とした中王国の滅亡後，アジアから　16　が侵入し，エジプトを支配したが，衰退後に追放され，新王国が成立した。　17　は唯一神　18　の信仰を強制して，**テル＝エル＝アマルナ**に遷都した。都では自由で写実的な美術（アマルナ美術）が開花したが，王の死後，宗教改革は挫折した。

◆ 地中海東岸のシリアではセム語系民族のアラム人が　19　を中心に**内陸貿易**で活躍した。またフェニキア人はシドン・　20　を拠点に**地中海貿易**で活躍し，北アフリカに　21　などの植民市を建てた。彼らの使用した言語や文字は交易活動を通じて，周辺地域に伝わった。

◆ パレスチナに定住したヘブライ人は，　22　に率いられた「**出エジプト**」後に，　23　を都として　24　**王国**を建てた。ダヴィデ王と子の　25　**王**が全盛を築いたが，その後，北部の　24　の名を継承した王国と南部の　26　**王国**に分裂した。

重要用語チェック

1 日が昇るところ

2 シュメール人
3 ウル
4 アッカド人

5 アムル人
6 ハンムラビ
7 ヒッタイト
8 ミタンニ
9 カッシート

10 ヘロドトス
11 ノモス
12 ファラオ

13 メンフィス
14 ピラミッド
15 テーベ
16 ヒクソス
17 アメンへテプ4世（アクエンアテン）
18 アテン

19 ダマスクス
20 ティルス
21 カルタゴ

22 モーセ
23 イェルサレム
24 イスラエル
25 ソロモン王
26 ユダ王国

時代と場所をつかむ

●アッシリアと4王国分立時代

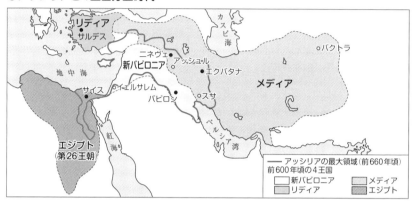

●アケメネス朝（前550～前330）

●パルティア・バクトリア

●ゾロアスター教・マニ教

[ゾロアスター教]	▶アフラ＝マズダを善神，アーリマンを悪神とし，火を神聖視。教典『[アヴェスター]』 ▶アケメネス朝で広まり，ササン朝が国教に ▶中国（北魏代）に伝播（祆教）
[マニ教]	▶ゾロアスター教・仏教・キリスト教の融合宗教 ▶ササン朝で弾圧。ウイグルが国教に。中国（唐代）に伝播

◆ 北メソポタミアに建国したセム語系の［ 1 ］は，**イスラエル王国**などを次々と滅ぼし，前7世紀にオリエントの統一に初めて成功して，**アッシュル＝バニパル王**が最大版図を実現した。前8世紀以降，都を［ 2 ］に置き，全国を州に分け，各州に総督を派遣した。しかし，強制移住などの過酷な支配を行ったために各地で反乱が起こり，滅亡した。

◆ アッシリアの滅亡後，オリエントには**メディア**，**リディア**，［ 3 ］，エジプトの4王国が分立した。このうち［ 3 ］は**ユダ王国**を滅ぼし，住民を都のバビロンに連行する［ 4 ］を行った。

◆ インド＝ヨーロッパ語系の［ 5 ］人（ペルシア人）は前6世紀中頃に**アケメネス朝**を建国し，4王国を相次いで滅ぼしてオリエントを再び統一した。建国者の［ 6 ］は新バビロニアを滅ぼした際に**ヘブライ人**を解放し，彼らはパレスチナへの帰国を果たして，［ 7 ］を唯一神とする［ 8 ］**教**を成立させた。

◆ アケメネス朝は第3代の［ 9 ］の時に全盛期を迎え，全国を約20の州に分け，各州に［ 10 ］とよばれる知事を配置して，「［ 11 ］」「［ 12 ］」とよばれた監察官を巡察させた。また**駅伝制**をしき，「［ 13 ］」に代表される国道を整備するなど中央集権的な支配を進め，新たな都として［ 14 ］を建設した。その支配は服属民の自治を認めるなど寛容的だった。

◆ アケメネス朝が［ 15 ］の東方遠征で滅亡した後，オリエントにはヘレニズム諸国が成立した。その一つの［ 16 ］から前3世紀中頃に自立したイラン系の［ 17 ］は東西交通路を掌握して繁栄した。［ 17 ］は建国者の**アルサケス**に由来して，中国では［ 18 ］とよばれた。

◆ 3世紀前半，ローマとの抗争で衰退したパルティアは同じイラン系の**アルダシール1世**の建てた［ 19 ］**朝**により滅ぼされた。第2代の［ 20 ］はローマ帝国の軍人皇帝**ウァレリアヌス**を捕え，また東方の**クシャーナ朝**を破った。

◆ 6世紀半ばの［ 21 ］はビザンツ皇帝の**ユスティニアヌス**と争い，また中央アジアの騎馬遊牧民［ 22 ］を**突厥**と結んで滅ぼし，ササン朝の全盛期を築いた。しかし7世紀にアラビア半島から進出した**イスラーム**勢力に［ 23 ］**の戦い**で敗れて，後に滅亡した。

1 アッシリア
2 ニネヴェ

3 新バビロニア
4 バビロン捕囚

5 イラン人
6 キュロス2世
7 ヤハウェ（ヤーヴェ）
8 ユダヤ教

9 ダレイオス1世
10 サトラップ
11 王の目
12 王の耳
13 王の道
14 ペルセポリス

15 アレクサンドロス大王
16 セレウコス朝シリア
17 パルティア
18 安息

19 ササン朝
20 シャープール1世

21 ホスロー1世
22 エフタル
23 ニハーヴァンドの戦い

古代インド

時代と場所をつかむ

●古代インド王朝

①アーリヤ人の侵入とマウリヤ朝

②クシャーナ朝とサータヴァーハナ朝

③グプタ朝とヴァルダナ朝

●仏教とジャイナ教

	仏　教	ジャイナ教
始祖	[ガウタマ＝シッダールタ](尊称は釈迦牟尼) [クシャトリヤ]出身，シャカ族のカピラ国王子	[ヴァルダマーナ](尊称はマハーヴィーラ) [クシャトリヤ]出身
教義	無常観，[八正道]の実践，精神的修行を重視	極端な不殺生主義，[戒律]を重視
支持層	クシャトリヤ	ヴァイシャ，特に商工業者

●大乗仏教と上座部仏教

	大乗仏教	上座部仏教
教義	菩薩信仰・衆生救済を目的に [ナーガールジュナ](竜樹)が大成	別名は小乗仏教 出家者個人の解脱を目的に
伝播	中国・チベット・朝鮮・日本・ジャワ・スマトラ	スリランカから東南アジア大陸部へ

●インドへ渡った中国人僧…玄奘・義浄はナーランダー僧院で学ぶ

僧	[法顕](東晋)	[玄奘](唐)	[義浄](唐)
王朝	グプタ朝チャンドラグプタ 2世(超日王)	ヴァルダナ朝ハルシャ＝ ヴァルダナ王(戒日王)	ラージプート時代
経路	往－陸路，復－海路	往復とも陸路	往復とも海路
著書	『[仏国記]』	『[大唐西域記]』	『[南海寄帰内法伝]』

◆ インダス文明はインダス川下流の ___1___ や中流の<u>パンジャーブ地方</u>にある ___2___ の遺跡に代表され，<u>青銅器</u>，彩文土器，インダス文字（未解読）が刻まれた印章などが発見された。

◆ 前1500年頃に ___3___ 語系の<u>アーリヤ人</u>が<u>カイバル峠</u>を越えてパンジャーブ地方に侵入した。彼らは自然現象を神として崇拝し，神々への賛歌や儀礼を<u>ヴェーダ</u>にまとめた。ヴェーダは ___4___ 教の根本聖典となり，最古に成立したものを『 ___5___ 』という。前1000年頃にアーリヤ人がガンジス川流域に進出する頃から，<u>鉄器</u>の使用も始まり，各地に都市国家ができた。彼らの征服活動の結果，司祭の ___4___ ，武士・貴族の ___6___ ，庶民の ___7___ ，隷属民の ___8___ の4つの基本身分，すなわち ___9___ が形成され，<u>ジャーティ</u>と結びつき後のカースト制度の基礎となった。

◆ 複雑な儀式にこだわるバラモンに不満が高まるなか，内部の反省と批判から<u>輪廻転生</u>を論じる ___10___ 哲学が生まれた。またカースト制度を否定した<u>仏教</u>や ___11___ 教が成立した。

◆ ガンジス川流域では<u>マガダ国</u>が<u>コーサラ国</u>を併合したが，アレクサンドロス大王の侵入後， ___12___ 王が最初の統一国家となる ___13___ 朝を建国した。最盛期の ___14___ 王は仏教を信仰して普遍的倫理である<u>ダルマ</u>を統治にいかし，全国に ___15___ や<u>磨崖碑</u>を建てた。<u>仏典結集</u>や ___16___ 布教も行われた。

◆ <u>大月氏</u>から自立した<u>イラン系</u>の ___17___ 朝は中央アジアから西北インドを支配し， ___18___ 王の時代に最盛期を築いた。都のある ___19___ 地方では<u>ヘレニズム</u>的要素の強い ___20___ が造られた。<u>大乗仏教</u>が隆盛し， ___21___ により大成された。

◆ ___22___ 朝は<u>チャンドラグプタ1世</u>により建国された。最盛期の ___23___ の時代は ___24___ 語を用いたインド古典文化の黄金時代であり， ___25___ が戯曲『<u>シャクンタラー</u>』を著したほか，二大叙事詩の『 ___26___ 』や『<u>ラーマーヤナ</u>』が完成し，美術では純インド的な<u>グプタ様式</u>が完成した。仏教は ___27___ 僧院を中心に教義の研究は盛んだったが，民間信仰としてはバラモン教の流れをくむ ___28___ 教に吸収され，衰えた。また生活の規範を定めた『 ___29___ 』も成立した。しかし ___22___ 朝は中央アジアの騎馬遊牧民である ___30___ の侵入で衰退した。

◆ ___31___ 朝は<u>ハルシャ＝ヴァルダナ</u>により建国されたが，彼の死後に滅亡し，以後北インドでは長い分裂時代が続いた。

1 モエンジョ＝ダーロ
2 ハラッパー
3 インド＝ヨーロッパ語系
4 バラモン
5 リグ＝ヴェーダ
6 クシャトリヤ
7 ヴァイシャ
8 シュードラ
9 ヴァルナ
10 ウパニシャッド哲学
11 ジャイナ教
12 チャンドラグプタ王
13 マウリヤ朝
14 アショーカ王
15 石柱碑
16 スリランカ
17 クシャーナ朝
18 カニシカ王
19 ガンダーラ地方
20 仏像
21 ナーガールジュナ（竜樹）
22 グプタ朝
23 チャンドラグプタ2世
24 サンスクリット語
25 カーリダーサ
26 マハーバーラタ
27 ナーランダー僧院
28 ヒンドゥー教
29 マヌ法典
30 エフタル
31 ヴァルダナ朝

| 5 | 東南アジアの諸王朝 |

時代と場所をつかむ

●東南アジア世界

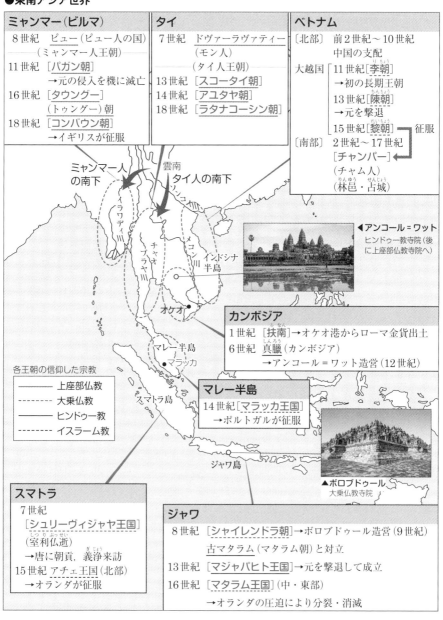

ミャンマー（ビルマ）

8世紀　ピュー（ピュー人の国）
――――（ミャンマー人王朝）
11世紀　[パガン朝]
　　　　→元の侵入を機に滅亡
16世紀　[タウングー]
　　　　（トゥングー）朝
18世紀　[コンバウン朝]
　　　　→イギリスが征服

タイ

7世紀　ドヴァーラヴァティー
　　　　（モン人）
　　　（タイ人王朝）
13世紀　[スコータイ朝]
14世紀　[アユタヤ朝]
18世紀　[ラタナコーシン朝]

ベトナム

〔北部〕　前2世紀〜10世紀
　　　　中国の支配
大越国　11世紀[李朝]
　　　　→初の長期王朝
　　　　13世紀[陳朝]
　　　　→元を撃退
　　　　15世紀[黎朝]　　征服
〔南部〕　2世紀〜17世紀
　　　　[チャンパー]
　　　　（チャム人）
　　　　（林邑・占城）

ミャンマー人
の南下

雲南
タイ人の南下

イラワディ川
メコン川
チャオプラヤ川
インドシナ半島

◀アンコール゠ワット
ヒンドゥー教寺院（後に上座部仏教寺院へ）

オケオ

カンボジア

1世紀　[扶南]→オケオ港からローマ金貨出土
6世紀　真臘（カンボジア）
　　　　→アンコール゠ワット造営（12世紀）

マレー半島
マラッカ

マレー半島

14世紀[マラッカ王国]
　　　　→ポルトガルが征服

各王朝の信仰した宗教

―――　上座部仏教
-----　大乗仏教
―――　ヒンドゥー教
------　イスラーム教

スマトラ島

ジャワ島

▲ボロブドゥール
大乗仏教寺院

スマトラ

7世紀
　　　[シュリーヴィジャヤ王国]
　　　（室利仏逝）
　　　→唐に朝貢、義浄来訪
15世紀　アチェ王国（北部）
　　　　→オランダが征服

ジャワ

8世紀　[シャイレンドラ朝]→ボロブドゥール造営（9世紀）
　　　　古マタラム（マタラム朝）と対立
13世紀　[マジャパヒト王国]→元を撃退して成立
16世紀　[マタラム王国]（中・東部）
　　　　→オランダの圧迫により分裂・消滅

重要用語チェック

◆ 東南アジアはベトナム北部が中国文化圏，それ以外の地域がインド文化圏に属し，多くの民族が混在してきた。

◆ 前4世紀頃からベトナム北部に [1] **文化**と総称される，青銅製の**銅鼓**(どうこ)の使用で知られる金属器文化が栄えた。

◆ 1～2世紀にはメコン川下流に [2] が，2世紀末にはベトナム中部に**チャム人**が [3] (中国名：林邑(りんゆう)など)を建て，後漢から独立した。これらの国々は交易ルートの中継港や物資の積み出し港を多く含んだために [4] とよばれる。6世紀，メコン川中流から**クメール人**が [5] を建て，[2] を滅ぼした。[5] は**アンコール朝**の時代が全盛期で，王都として [6] が，**ヒンドゥー教**の寺院として [7] が造営された。

◆ チャオプラヤ川下流域では7世紀に [8] **人**が**ドヴァーラヴァティ**を建て，イラワディ川流域では8世紀に**ピュー人**の国が栄えた。

◆ 7世紀，スマトラ島東南部にはパレンバンを都に [9] **王国**(中国名：室利仏逝)が，8世紀にはジャワ島中部に [10] **朝**が成立し，ともに [11] **仏教**が信仰された。[10] **朝**が造営した [12] の仏像群にはインドのグプタ様式の影響が強くみられる。また10世紀にジャワ島東部に成立した**クディリ朝**のもとでは**ワヤン**(影絵芝居)などの独自の文化が育まれた。

◆ 13世紀，モンゴルの侵攻を契機に東南アジアには大きな変化が生じた。ビルマ人最初の統一王朝である [13] **朝**は滅亡し，新たにタイには [14] **朝**が，ジャワ島には [15] **王国**が成立した。タイでは [14] **朝**の衰退後，14世紀に成立した [16] **朝**がタイ史上最大の領土を支配したが，隣国ビルマの**タウングー**(**トゥングー**)**朝**の侵入を受けて衰え，さらに [17] **朝**の攻撃で滅亡した。その後タイでは混乱期を経て，18世紀後半に現在も続く [18] **朝**が成立した。ビルマやタイなどの大陸部では現在も [19] **仏教**が信仰されている。

◆ マレー半島や諸島部ではムスリム商人の来訪によりイスラームが受け入れられ，マレー半島南部の [20] **王国**は15世紀半ば，東南アジア最初の本格的なイスラーム教国となった。さらに15世紀末にはスマトラ島北部に [21] **王国**が，16世紀末にはジャワ島東部に [22] **王国**がイスラーム教国として成立した。

1 ドンソン文化

2 扶南

3 チャンパー

4 港市国家

5 真臘(カンボジア)

6 アンコール＝トム

7 アンコール＝ワット

8 モン人

9 シュリーヴィジャヤ王国

10 シャイレンドラ朝

11 大乗仏教

12 ボロブドゥール

13 パガン朝

14 スコータイ朝

15 マジャパヒト王国

16 アユタヤ朝

17 コンバウン朝

18 ラタナコーシン朝

19 上座部仏教

20 マラッカ王国

21 アチェ王国

22 マタラム王国

▲ドンソン文化の銅鼓

6　古代ギリシア世界①

🔲 時代と場所をつかむ

●古代ギリシアの世界

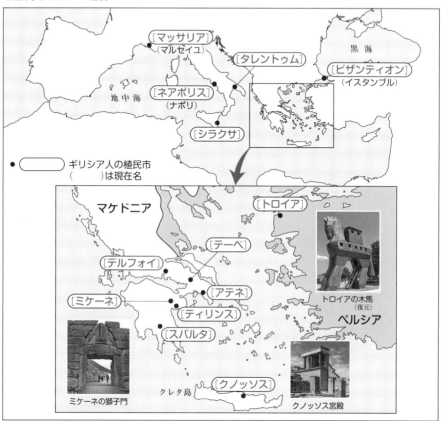

● ⬚（　　　）ギリシア人の植民市
（　　　）は現在名

トロイアの木馬（復元）

ミケーネの獅子門

クノッソス宮殿

●アテネとスパルタ

	アテネ	スパルタ	
民族	[イオニア人] （ギリシア人の第1波）	[ドーリア人] （ギリシア人の第2波）	王（2名） 市民（政治・軍事） ペリオイコイ（商工業） ヘイロータイ（農業奴隷）
ポリスの 成立の特徴	[集住型ポリス]	[征服型ポリス]	
社会	商工業発展	[軍国主義]・[鎖国政策] （リュクルゴスの国制→ ヘイロータイの反乱防止）	
奴隷	[家内奴隷] 中心（人口の⅓）	[国有奴隷]（市民の約10倍）	

::::: **流れで覚える**

◆　前20世紀頃に成立したエーゲ文明は**青銅器文明**で，クレタ文明と，ミケーネ文明に代表される。クレタ文明はクレタ島の　**1**　を中心とし，　**2**　により発見された。ミケーネ文明はギリシア本土のミケーネや　**3**　の遺跡に代表され，小アジアの**トロイア遺跡**と同じく　**4**　により発見された。ミケーネ文明では，王が農作物や手工業製品を農民から取り立てる貢納王政が行われ，使用された線文字Bは**ヴェントリス**により解読された。

◆　エーゲ文明の滅亡後，ギリシアでは　**5**　という混乱時代に入り，線文字も消滅した。しかし一方で**鉄器**が普及し，　**6**　人の文字が伝わり，ギリシア文字（アルファベット）が成立した。

◆　前8世紀には　**7**　（シノイキスモス）によりポリスが成立し，中心の　**8**　（城山）には神殿が築かれ，　**9**　（広場）には公共施設が置かれた。多くのポリスでは小麦の自給が困難であったため，地中海や黒海の沿岸に**マッサリア**（現マルセイユ）や**ネアポリス**（現ナポリ），　**10**　（現イスタンブル）などの　**11**　が建設された。また同一民族意識が強まり自分たちを　**12**　，異民族を　**13**　と呼んで区別し，重要事項の決定に際し各ポリスは　**14**　**の神託**を参考にしたほか，　**15**　**の祭典**を4年ごとに開催し，期間中はいっさいの戦いが禁じられた。

◆　小アジアの　**16**　で使用された**鋳造貨幣**が伝わると，貨幣の使用が盛んとなり，商工業が発展した。安価になった武具を購入した富裕な平民は　**17**　として活躍し，政治を独占していた貴族に対して参政権を要求した。

◆　　**18**　人の建設したアテネでは前7世紀後半に　**19**　が従来の慣習法を成文化し，前6世紀には　**20**　が**債務奴隷**の禁止や　**21**　政治を断行した。改革が不調に終わると，不満をもつ平民の支持で　**22**　が　**23**　（非合法で政権を握った独裁者）となった。しかし，その子は暴君化したため，　**23**　の出現を防止するために　**24**　が　**25**　（オストラキスモス）を創設し，部族制の改革を行って，民主政の基礎を作った。

◆　　**26**　人の建設したスパルタでは　**27**　**の国制**の下，隷属農民である　**28**　の反乱を防止するために**軍国主義**が，市民間の団結や平等を維持し，貴金属貨幣の流入を阻止するために**鎖国政策**が採られ，商工業などには半自由民の　**29**　が従事した。

1　クノッソス

2　エヴァンズ

3　ティリンス

4　シュリーマン

5　暗黒時代

6　フェニキア人

7　集住

8　アクロポリス

9　アゴラ

10　ビザンティオン
　　（ビザンティウム）

11　植民市

12　ヘレネス

13　バルバロイ

14　デルフォイの神託

15　オリンピアの祭典

16　リディア

17　重装歩兵

18　イオニア人

19　ドラコン

20　ソロン

21　財産政治

22　ペイシストラトス

23　僭主

24　クレイステネス

25　陶片追放

26　ドーリア人

27　リュクルゴスの国制

28　ヘイロータイ
　　（ヘロット）

29　ペリオイコイ

時代と場所をつかむ

●ペルシア戦争

イオニア植民市の反乱(前500)	ミレトス中心の反乱をアテネが支援→戦争勃発
マラトンの戦い(前490)	アテネ重装歩兵隊がペルシア(アケメネス朝)を撃退
サラミスの海戦(前480)	[テミストクレス]の指揮でアテネ海軍勝利
プラタイアの戦い(前479)	アテネ・スパルタ連合軍がペルシアに勝利 →ペルシアの再攻に備え,デロス同盟成立

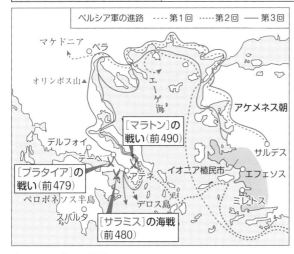

▲三段櫂船(復元模型)

▲パルテノン神殿

▶ペルシア戦争後,アテネが
デロス同盟の軍資金を財源に
再建したドーリア式の神殿

●ヘレニズムの世界

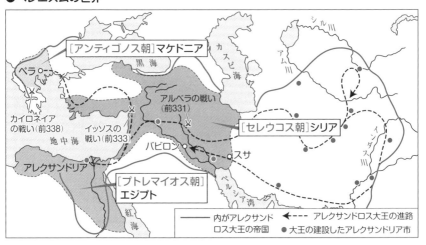

◆ ミレトスを中心とする　1　植民市がアケメネス朝に対して起こした反乱をアテネが支援したことが契機となり　2　戦争が勃発した。ダレイオス1世が命じたペルシア軍はギリシアに上陸したが，　3　の戦いでアテネ重装歩兵軍が勝利した。その後再びペルシア軍が侵攻したが，　4　の海戦で　5　の指揮するアテネ海軍が勝利した。さらに翌年の　6　の戦いでアテネ・スパルタ連合軍が勝利し，撃退に成功した。またペルシアの再攻に備えてアテネを盟主にポリス間で　7　が結成された。

◆ 前5世紀後半のアテネでは　4　の海戦で三段櫂船の漕ぎ手として活躍した　8　の発言権が増し，　9　の指導のもと最高議決機関の　10　に全成人男性市民が参加する　11　が完成した。将軍などを除くおもな官職や裁判の　12　が市民の　13　で選ばれたことや，奴隷制度を前提としたこと，市民権は両親ともアテネ人である成人男性に限られ，　14　の政治参加を認めなかったことなどが現在の民主政とは異なる。

◆ 前5世紀後半，ギリシアではデロス同盟を率いたアテネと　15　同盟を率いたスパルタが対立し，　15　戦争が起こった。アテネでは　16　（扇動政治家）が台頭し，民主政治は腐敗して　17　に陥り，スパルタに敗北した。しかし前4世紀前半には　18　がスパルタに勝利し，その後もギリシアの覇権をめぐる争いが続いたため，市民の多くは没落し，不足した兵力は傭兵で補われた。

◆ 前4世紀後半，マケドニア王の　19　は　20　の戦いでアテネ・テーベの連合軍を破り，ギリシアを制圧した。　19　はコリントス同盟を結成して諸ポリスの掌握に努めたが，暗殺された。子の　21　大王は東方遠征を行い，　22　朝を滅ぼして，ギリシアからインダス川の流域にいたる大帝国を建設した。大王は東西文明の融合に努め，各地に王名に由来する　23　を建設した。しかし大王が亡くなると，　24　（後継者）戦争が起こり，結果エジプトには　25　朝エジプトが，西アジアには　26　朝シリアが，マケドニアにはアンティゴノス朝マケドニアが分立した。これらの王朝は前1世紀後半までに次々とローマにより征服されたが，東方遠征の開始からプトレマイオス朝の滅亡までの約300年をヘレニズム時代とよぶ。

1 イオニア植民市
2 ペルシア戦争
3 マラトンの戦い
4 サラミスの海戦
5 テミストクレス
6 プラタイアの戦い
7 デロス同盟

8 無産市民
9 ペリクレス
10 民会
11 直接民主政
12 陪審員
13 抽選
14 女性

15 ペロポネソス
16 デマゴーゴス
17 衆愚政治
18 テーベ

19 フィリッポス2世
20 カイロネイアの戦い
21 アレクサンドロス大王
22 アケメネス朝
23 アレクサンドリア
24 ディアドコイ（後継者）戦争
25 プトレマイオス朝エジプト
26 セレウコス朝シリア

19

8 共和政ローマ

■ 時代と場所をつかむ

●共和政ローマの発展

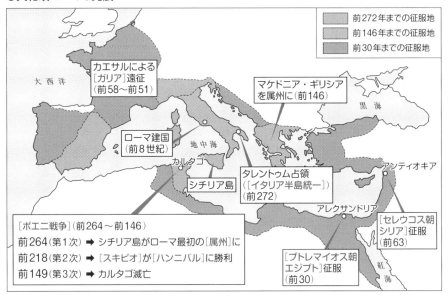

前272年までの征服地
前146年までの征服地
前30年までの征服地

大西洋

カエサルによる
[ガリア]遠征
(前58～前51)

マケドニア・ギリシア
を属州に(前146)

黒海

ローマ建国
(前8世紀)

地中海

カルタゴ

アンティオキア

シチリア島

タレントゥム占領
([イタリア半島統一])
(前272)

アレクサンドリア

[セレウコス朝
シリア]征服
(前63)

[ポエニ戦争](前264～前146)

前264(第1次) ➡ シチリア島がローマ最初の[属州]に

前218(第2次) ➡ [スキピオ]が[ハンニバル]に勝利

前149(第3次) ➡ カルタゴ滅亡

[プトレマイオス朝
エジプト]征服
(前30)

紅海

●ローマの身分闘争

前494	[護民官] 設置→平民会設置 (前471頃)
前450頃	[十二表法] 制定 (ローマ最古の成文法)
前367	[リキニウス・セクスティウス法] (コンスルの1名を平民から選出, 公有地占有制限)
前287	[ホルテンシウス法] (平民会の決議が元老院の承認なく国法に)

●内乱の1世紀

前133	[グラックス兄弟] の改革 (市民軍の再建が目的)→失敗
	マリウス (平民派)と スラ (閥族派)の対立 ┗[軍制改革](私兵制導入) ┗[同盟市戦争] 平定
前60	[第1回三頭政治] カエサル ・ ポンペイウス ・ クラッスス 　　　　　(平民派)　　(スラの後継者)　(騎士階級)
前46	カエサル独裁→暗殺
前43	[第2回三頭政治] オクタウィアヌス ・ アントニウス ・ レピドゥス
前31	[アクティウムの海戦]→オクタウィアヌス勝利

:::: 流れで覚える

◆ ローマはイタリア人の一派である ［ 1 ］ 人によりティベル川下流に都市国家として成立した。前6世紀末に ［ 2 ］ 人の王を追放し，共和政が開始されたが，貴族（パトリキ）が最高政務官である ［ 3 ］ や最高決定機関である ［ 4 ］ の議員などの官職を独占した。非常時には ［ 5 ］ が任命された。

◆ やがて平民（プレブス）が貴族に対して政治参加を求めて身分闘争を起こした。前5世紀には平民を守る ［ 6 ］ が設置され，平民会の議長を務めた。またローマ最古の成文法である ［ 7 ］ も制定された。前4世紀には，コンスル2名のうち1名を平民から選出することを定めた ［ 8 ］ が，前3世紀には，平民会の決議が元老院の承認がなくても国法となることを定めた ［ 9 ］ が成立し，身分闘争は終結した。しかし現実には富裕な平民と貴族が融合して新貴族を形成し，元老院が指導権を維持し続けた。

◆ ローマはイタリア半島を征服して，半島内の諸都市とそれぞれ内容の異なる同盟を結ぶ ［ 10 ］ を行った。その後フェニキア人植民市の ［ 11 ］ と衝突し，3次にわたる ［ 12 ］ 戦争を起こした。［ 11 ］側の将軍 ［ 13 ］ に苦しめられたが，最終的に勝利し，さらにヘレニズム諸国も征服して地中海全域に領域を広げた。

◆ しかし重装歩兵として活躍した中小農民の多くは長年の従軍や ［ 14 ］（イタリア半島以外の征服地）からの安価な穀物の流入により没落し，無産市民となった。一方，貴族の中には戦争捕虜を奴隷として使役した ［ 15 ］ の経営に成功するものや，平民の中には属州での徴税請負で大きな富を得た ［ 16 ］ 階級が出現した。

◆ 市民軍の再建を目的とした ［ 17 ］ 兄弟の改革が失敗に終わると，貴族による ［ 18 ］ 派と無産市民に支持された平民派が指導権をめぐって対立し，同盟市戦争や剣闘士（剣奴）による ［ 19 ］ の反乱などのローマの支配への反乱が続発した。

◆ やがて実力者の ［ 20 ］・［ 21 ］・クラッススにより第1回三頭政治が行われたが，［ 22 ］ 遠征の成功で人気を得た ［ 20 ］ が ［ 21 ］ を倒して，独裁官をはじめとする要職を独占した。その専制を嫌われた ［ 20 ］ の暗殺後，［ 23 ］・［ 24 ］・レピドゥスにより第2回三頭政治が行われたが，［ 23 ］ が ［ 25 ］ の海戦で ［ 24 ］ と彼を支持したエジプト女王の ［ 26 ］ の連合軍を破り，最終的な勝利者となった。

重要用語チェック

1 ラテン人
2 エトルリア人
3 コンスル
4 元老院
5 独裁官
（ディクタトル）

6 護民官
7 十二表法
8 リキニウス・セクスティウス法
9 ホルテンシウス法

10 分割統治
11 カルタゴ
12 ポエニ戦争
13 ハンニバル

14 属州
15 ラティフンディア
16 騎士階級

17 グラックス兄弟
18 閥族派
19 スパルタクスの反乱

20 カエサル
21 ポンペイウス
22 ガリア遠征
23 オクタウィアヌス
24 アントニウス
25 アクティウムの海戦
26 クレオパトラ

帝政ローマ・キリスト教の成立

時代と場所をつかむ

●帝政ローマとキリスト教の拡大

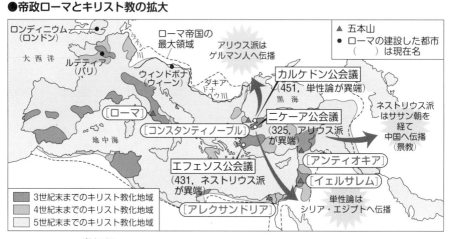

```
ロンディニウム
（ロンドン）
ライン川                     ローマ帝国の
                            最大領域           アリウス派は
大西洋  ルテティア                             ゲルマン人へ伝播
        （パリ）        ウィンドボナ
                       （ウィーン）     ダキア
                                      （ドナウ）    黒海
              ［ローマ］                                カルケドン公会議
                      ［コンスタンティノープル］       （451，単性論が異端）
        地中海                          ニケーア公会議
                                       （325，アリウス派       ネストリウス派
                                       が異端）               はササン朝を
                                                             経て
                                   ［アンティオキア］          中国へ伝播
                      エフェソス公会議                         （景教）
                      （431，ネストリウス派   ［イェルサレム］
                      が異端）
                                                単性論は
        3世紀末までのキリスト教化地域   ［アレクサンドリア］   シリア・エジプトへ伝播
        4世紀末までのキリスト教化地域
        5世紀末までのキリスト教化地域
```

▲ 五本山
● ローマの建設した都市
　　（　　）は現在名

●帝政ローマ…元首政→専制君主政

	皇帝	政治・特色	出来事
（プリンキパトゥス）元首政	［オクタウィアヌス］	**プリンケプス**（市民の中の第一人者）と自称。実際には独裁 ［帝政時代］	元老院から ［アウグストゥス］（尊厳者）の称号
	［トラヤヌス］	［五賢帝］の 2 番目	領土が最大に
	［マルクス＝アウレリウス＝アントニヌス］	［五賢帝］の 5 番目。**ストア派の哲学者**で，『**自省録**』を**ギリシア語**で著す	中国（後漢）では**大秦王安敦**とよばれた
	カラカラ	帝国の全自由人に ［ローマ市民権］を付与	**大浴場**を建設
（ドミナトゥス）専制君主政	［ディオクレティアヌス］	四帝分治制を導入。皇帝崇拝を民衆に強要	**キリスト教徒**を大迫害
	［コンスタンティヌス］	［ミラノ勅令］でキリスト教を公認して，迫害を停止（313）	［ニケーア公会議］を開催（325）
	［テオドシウス］	**キリスト教**をローマ帝国の**国教**とし，他宗教を禁止（392）	死後 ［東ローマ帝国］と ［西ローマ帝国］に分裂

●キリスト教…教祖はイエス。ペテロ（ローマで布教）・パウロ（異邦人 ［非ユダヤ人］へ伝道）

325年	［ニケーア公会議］…後に ［三位一体説］を確立する ［アタナシウス派］を正統とする →キリストの人性を強調した ［アリウス派］が異端とされる→ゲルマン人に布教
431年	［エフェソス公会議］（キリストの神性と人性を分離して考える ［ネストリウス派］が異端とされる）→ササン朝を経て中国にも伝わり**景教**とよばれた
451年	［カルケドン公会議］（イエスの神性のみを認めた ［単性論］が異端とされる）→シリア教会・アルメニア教会・［コプト教会］（エジプト）に受け継がれる

∷∵∷ 流れで覚える

◆ 前27年, **オクタウィアヌス**は元老院から 1 の称号を与えられ, 事実上の帝政が開始された。彼は元老院を存続させるなど共和政の形式を尊重し, 自らは 2 と称したため, 前期帝政を 3 (元首政)とよぶ。

◆ 帝政の開始から五賢帝時代までの約200年はローマ帝国の最盛期とされ,「 4 」とよばれる。五賢帝は順に**ネルウァ**, 5 , **ハドリアヌス**, **アントニヌス＝ピウス**, 6 の5人をさし, 特に 5 帝の時代に領土は最大になった。また3世紀前半に 7 **帝**は帝国内の全自由民に**ローマ市民権**を与えた。

◆ 3世紀以降, 8 **朝**やゲルマン人の侵入が相次ぎ, ローマ帝国は危機的な状況に陥った。3世紀半ばには各地の軍隊によって擁立された 9 の時代となり, 混乱の続くなかで, 市民軍は傭兵中心の軍隊に, ラティフンディアは 10 (小作人)を労働力とする**コロナトゥス**へ移行した。

◆ 3世紀後半, 11 **帝**は 12 **制**を敷いて混乱を収束し, 後期帝政を始めた。この政治は元老院が事実上廃止され, 皇帝はオリエント風の専制君主の性格を強めてドミヌス(主)と称したので, 13 (専制君主政)とよばれた。その後 14 **帝**が帝国を再統一し, 330年にビザンティウムに遷都して 15 と改称した。しかし, 376年のゲルマン人の大移動によって帝国内は混乱し, 16 **帝**の死後395年にローマ帝国は東西に分割された。西ローマ帝国はゲルマン人傭兵隊長の 17 により476年に滅ぼされ, 東ローマ(ビザンツ)帝国は 18 **帝国**により1453年に滅んだ。

◆ キリスト教は, 19 から生まれた一神教である。しかし, イエスは, 19 の選民思想や形式主義を批判し, 神への愛を説いた。教典の『 20 』は四福音書などからなり, ギリシア語で書かれた。 21 **帝**以降は迫害され, 多くの信者が殉教した。皇帝崇拝を拒否したことによる迫害から逃れるため, 信者は 22 (地下墓所)などで礼拝を行った。

◆ 帝国の統一維持を図る 14 **帝**は313年の 23 でキリスト教を**公認**して迫害を停止し, 325年に 24 **公会議**を開催して後に 25 を確立する 26 を**正統**とし, 27 を**異端**とした。さらに 16 **帝**はキリスト教をローマ帝国の**国教**とし, 392年に他宗教の信仰を禁じた。

重要用語チェック

1 アウグストゥス (尊厳者)
2 プリンケプス(市民の中の第一人者)
3 プリンキパトゥス
4 ローマの平和 (パクス＝ロマーナ)
5 トラヤヌス
6 マルクス＝アウレリウス＝アントニヌス
7 カラカラ帝

8 ササン朝
9 軍人皇帝
10 コロヌス

11 ディオクレティアヌス帝
12 四帝分治制
13 ドミナトゥス
14 コンスタンティヌス帝
15 コンスタンティノープル
16 テオドシウス帝
17 オドアケル
18 オスマン帝国

19 ユダヤ教
20 新約聖書
21 ネロ帝
22 カタコンベ

23 ミラノ勅令
24 ニケーア公会議
25 三位一体説
26 アタナシウス派
27 アリウス派

2章
古代の地中海世界

■■ 時代と場所をつかむ

●ギリシア文化

<table>
<tr><td rowspan="4">文学</td><td>叙事詩</td><td>[ホメロス]…『イリアス』『オデュッセイア』(ともにトロイア戦争に関わった英雄の物語)。ヘシオドス…『労働と日々』『神統記』</td></tr>
<tr><td>叙情詩</td><td>サッフォー…女性詩人</td></tr>
<tr><td>悲劇</td><td>[アイスキュロス]…『アガメムノン』。ソフォクレス…『オイディプス王』。[エウリピデス]…『メデイア』</td></tr>
<tr><td>喜劇</td><td>アリストファネス…『女の平和』(ペロポネソス戦争を風刺)</td></tr>
<tr><td rowspan="3">哲学</td><td>イオニア自然哲学</td><td>[タレス]…万物の根源を水とする、「[哲学の父]」
[ピタゴラス]…万物の根源を数とする
[ヘラクレイトス]…万物の根源を火とする、「[万物は流転する]」
[デモクリトス]…万物の根源を原子とする</td></tr>
<tr><td>ソフィスト</td><td>[プロタゴラス]…「人間は万物の尺度」</td></tr>
<tr><td>三大哲学者</td><td>[ソクラテス]…客観的真理の存在を肯定、知徳合一、民衆裁判で刑死
[プラトン]…理想主義、イデア論、哲人政治、『国家(論)』
[アリストテレス]…現実主義、「万学の祖」、『政治学』</td></tr>
<tr><td>歴史</td><td colspan="2">[ヘロドトス]…『歴史』(ペルシア戦争史)。トゥキディデス…『歴史』(ペロポネソス戦争史)</td></tr>
<tr><td>建築</td><td colspan="2">ドーリア式(前期、荘重、パルテノン神殿)→イオニア式(中期、優雅)→コリント式(後期、華麗)</td></tr>
<tr><td>彫刻</td><td colspan="2">フェイディアス「[アテナ女神像]」(パルテノン神殿の本尊)</td></tr>
</table>

●ヘレニズム文化

<table>
<tr><td>哲学</td><td>[ストア派]…[ゼノン]が創始、禁欲主義。[エピクロス派]…[エピクロス]が創始、快楽主義</td></tr>
<tr><td>自然科学</td><td>エウクレイデス…平面幾何学大成、『幾何学原本』。アリスタルコス…太陽中心説(地動説)
[アルキメデス]…浮体の原理。エラトステネス…地球の周囲の長さを計測</td></tr>
<tr><td>彫刻</td><td>「[ミロのヴィーナス]」・「[ラオコーン]」・プラクシテレス「ヘルメス神像」</td></tr>
</table>

●ローマ文化…ギリシアの影響を受ける

<table>
<tr><td>文学</td><td>[ウェルギリウス]…『アエネイス』。[キケロ]…『国家論』『義務論』</td></tr>
<tr><td>歴史</td><td>カエサル…『ガリア戦記』(ゲルマン人の社会を知る史料)
ポリビオス…『歴史』(共和政時代)。[リウィウス]…『ローマ建国史』(アウグストゥス時代)。[プルタルコス]…『対比列伝』(帝政時代)
[タキトゥス]…『ゲルマニア』『年代記』(帝政ローマを批判)</td></tr>
<tr><td>自然科学</td><td>プリニウス…『博物誌』
[プトレマイオス]…『天文学大全』(地球が宇宙の中心〈天動説〉を説く)</td></tr>
<tr><td>その他</td><td>[コロッセウム]…円形闘技場。パンテオン…万神殿。アッピア街道
[ローマ法]…帝国すべての人に適用される[万民法]。ヨーロッパ法の源流となった
[ラテン語]…近代まで国際的な公用語
ユリウス暦(太陽暦)…カエサルがエジプトの暦を導入</td></tr>
</table>

◆ ギリシア文学の叙事詩では**ホメロス**が『 1 』・『オデュッセイア』を， 2 が『労働と日々』を残した。叙情詩には女性詩人の**サッフォー**がいる。演劇は三大悲劇詩人の 3 ・**ソフォクレス**・**エウリピデス**，喜劇の 4 に代表される。

◆ 小アジアのイオニア植民市から自然哲学が起こり， 5 を祖とした。民主政治の最盛期には職業教師である 6 が現れ，**プロタゴラス**らは相対主義を主張した。彼らを批判した 7 は客観的真理の存在を説いた。 7 の弟子の 8 は**イデア論**を説き，その弟子の 9 は「万学の祖」とよばれ，後のイスラーム哲学や中世のスコラ学に影響を与えた。

◆ 医学者では 10 が，歴史家ではペルシア戦争を記した 11 や，ペロポネソス戦争を記した 12 がいる。

◆ ヘレニズム時代には， 13 （コスモポリタニズム）の風潮が起こり，**ゼノン**の創始した禁欲主義の 14 派や，精神の快楽を重視した 15 派などの哲学が起こった。またエジプトのアレクサンドリアに置かれた 16 を中心に自然科学が盛んとなり，平面幾何学を大成した 17 や， 18 （太陽中心説）を説いた**アリスタルコス**，浮体の原理や梃の原理で知られる 19 ，地球の周囲の長さを計測した 20 らが活躍した。

◆ ローマ文化のうち，文学ではウェルギリウスが叙事詩の『 21 』を著し，**キケロ**が多くの散文を残した。歴史では 22 が『ローマ建国史』を，タキトゥスはローマ人の奢侈に対する警告として『 23 』を書き， 24 は『対比列伝』でギリシアとローマの英雄を論じた。また 25 は百科事典である『博物誌』を著し， 26 は経度と緯度を使った世界地図を作成し，宇宙の中心を地球とする 27 を説いた。またローマ文化は学芸面ではギリシア文化の模倣的な性格が見られたが，土木・建築・法律などの実用面で独創的な特徴を持ち，都市には円形闘技場の 28 や凱旋門， 29 （万神殿）が建設された。軍道や水道橋ではローマと南イタリアを結んだ 30 や，南フランスの 31 がよく知られる。

1 イリアス
2 ヘシオドス
3 アイスキュロス
4 アリストファネス
5 タレス
6 ソフィスト
7 ソクラテス
8 プラトン
9 アリストテレス
10 ヒッポクラテス
11 ヘロドトス
12 トゥキディデス
13 世界市民主義
14 ストア派
15 エピクロス派
16 ムセイオン
17 エウクレイデス
18 地動説
19 アルキメデス
20 エラトステネス
21 アエネイス
22 リウィウス
23 ゲルマニア
24 プルタルコス
25 プリニウス
26 プトレマイオス
27 天動説
28 コロッセウム
29 パンテオン
30 アッピア街道
31 ガール水道橋

11　中国文明の成立

時代と場所をつかむ

●中国の古代文明と殷・周

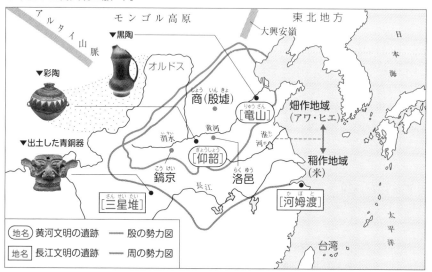

地名 黄河文明の遺跡	—— 殷の勢力図
地名 長江文明の遺跡	—— 周の勢力図

●戦国時代

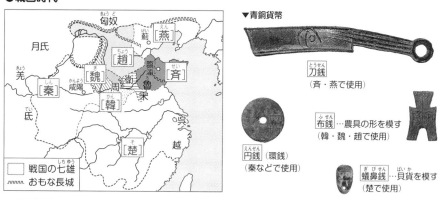

□ 戦国の七雄
〰〰 おもな長城

▼青銅貨幣

刀銭（斉・燕で使用）

布銭…農具の形を模す（韓・魏・趙で使用）

円銭（環銭）（秦などで使用）

蟻鼻銭…貝貨を模す（楚で使用）

●諸子百家

儒家	孔子が祖。仁（家族愛）を重視。言行録は『論語』。孟子・荀子
道家	老子・荘子。無為自然に基づく生き方を説く。道教の源流
墨家	墨子。兼愛（無差別の愛）・非攻（戦争否定）を説く
法家	商鞅（秦の孝公に仕え変法を実施）・韓非・李斯（始皇帝の丞相）
縦横家	蘇秦（合従策）・張儀（連衡策）　　陰陽家　鄒衍（陰陽五行説）

流れで覚える

◆ 黄河文明は黄河中・下流の黄土地帯でおこり、アワやヒエが栽培された。まず中流域で　1　**文化**がおこり、彩色文様が特徴的な　2　が製作された。のちに下流域を中心に　3　**文化**がおこり、薄手の　4　とよばれる磨研土器のほか、　1　**文化**と同様に厚手の灰陶とよばれる粗製土器が製作された。一方、長江の流域では黄河文明と同時期に中・下流を中心に稲作を中心とする農耕文明が成立した。下流域の　5　**遺跡**が代表的である。

◆ 前16世紀頃に黄河中流に成立した殷（商）は現存が確認される最古の王朝で、　6　とよばれる都市国家の連合体であり、後期の都の跡は　7　とよばれる。殷王は神意を占いで判断して国政に反映する神権政治を行い、占いの結果を記録するために亀甲・獣骨に　8　が刻まれ、祭器として青銅器が使用された。

◆ 前11世紀に渭水盆地でおこった周（西周）は殷を滅ぼし、　9　を都とした。周王は　10　**制度**を採用し、一族・功臣を世襲の諸侯として　11　を与え、貢納と軍役を義務づけた。周王や諸侯の家臣は　12　とよばれ、これらの主従関係は血縁関係を重視する氏族的性格が強かった。同姓の父系親族集団で宗族を形成し、守るべき規範として　13　が重視された。

◆ 前770年、周は異民族に鎬京を攻略され、黄河中流の　14　に遷都した。以降は　15　または春秋・戦国**時代**とよばれ、春秋時代には権威の衰えた周王に代わって、　16　とよばれた有力諸侯が　17　をスローガンに覇権を争った。代表的な　16　は　18　とよばれ、斉の　19　や晋の　20　らがいる。

◆ 前403年以降は周王の権威は無視され、有力諸侯が公然と王を自称する戦国時代となった。実力主義と下剋上が風潮となり、燕・斉・楚・秦・趙・魏・韓の　21　が分立し、天下を争った。各国が富国強兵に努めたこともあり、牛耕や　22　が普及し、農業生産力は高まった。また商工業も盛んとなり、刀銭や布銭などの　23　が使用された。

◆ 春秋時代末期から戦国時代にかけ、新たな秩序を模索する　24　とよばれる思想家が現れた。代表的な学派に　25　を祖とし、孟子・荀子に継承された　26　、老子・荘子による　27　、墨子を祖とする　28　、商鞅や韓非による　29　があげられる。

重要用語チェック

1 仰韶文化
2 彩文土器（彩陶）
3 竜山文化
4 黒陶
5 河姆渡遺跡

6 邑
7 殷墟
8 甲骨文字

9 鎬京
10 封建制度
11 封土
12 卿・大夫・士
13 宗法

14 洛邑
15 東周
16 覇者
17 尊王攘夷
18 春秋の五覇
19 桓公
20 文公

21 戦国の七雄
22 鉄製農具
23 青銅貨幣

24 諸子百家
25 孔子
26 儒家
27 道家
28 墨家
29 法家

3章　東アジア文化圏の形成と発展

秦・漢

時代と場所をつかむ

●秦・漢代の中国

◀秦の始皇帝

凡例:
── 秦の領域
⅃⅃⅃⅃ 秦の長城
…… 前漢の領域（武帝の時代）

●郡国制

□ 代表的な諸侯王

●秦の始皇帝と漢の武帝

	始皇帝（位前221～前210）	武帝（位前141～前87）
内政	[郡県制]の実施 法家の[李斯]を丞相（宰相）に →[焚書・坑儒]（思想・言論統制）を実施	[郡県制]の確立 儒家の[董仲舒]の意見を採用（儒学は前漢末までに正統教学としての地位を確立）
外征	[匈奴]討伐→[万里の長城]を修築 華南・北ベトナム征服 →[南海郡]など3郡設置	[匈奴]挟撃のため[張騫]を[大月氏]に派遣 →西域事情が判明，[敦煌郡]を設置，[大宛（フェルガナ）]遠征で汗血馬入手 [南越]国を滅ぼし，[日南郡]など設置 [衛氏朝鮮]を滅ぼし，[楽浪郡]など設置

●漢代の文化

儒学	訓詁学	[五経]の字句解釈を目的とする。鄭玄（後漢）が大成	
宗教	仏教	1世紀頃（後漢）に西域経由で伝来するが，普及せず	
	太平道	後漢末，張角が華北で創始した宗教結社，黄巾の乱の中心	道教の源流に
	五斗米道	後漢末，張陵が四川地方で創始した宗教結社，別名・天師道	
歴史	『[史記]』	司馬遷（前漢）の著，黄帝から武帝に至る通史を[紀伝体]で著す	
	『[漢書]』	班固（後漢）の著，前漢から新までを紀伝体で著す	
技術	[製紙法]	蔡倫（後漢の宦官）が改良，竹簡・木簡に代わり普及 →タラス河畔の戦い（751，唐代）を機に西伝	

◆ 前221年，秦王の<u>政</u>は中国を統一し，　**1**　を名のった。彼は都の　**2**　を中心に中央集権政策を進め，地方へ官吏を派遣する　**3**　を全国に拡大した。また文字や度量衡，貨幣の統一を進め，　**4**　を鋳造した。しかし，急速な改革と厳格な法治主義は人々の反感を生み，　**1**　の死後に中国史上最初の農民反乱である　**5**　が発生し，秦は滅亡した。

◆ 前202年，　**6**　を破った劉邦(高祖)が，　**7**　を都として漢(前漢)を建国し，郡県制と封建制を併用する　**8**　を実施した。北方では匈奴の最盛期の君主　**9**　に敗北し，和親策をとった。

◆ 漢の歴代皇帝は封建制の縮小を図ったため，反発した諸侯王により　**10**　が発生した。鎮圧後，実質的に郡県制が確立された。

◆ 漢の<u>武帝</u>は対外積極策に転じ，匈奴に対してたびたび遠征軍を派遣し，ベトナム中部まで征服して南海9郡を，朝鮮にも進出し朝鮮4郡を設置した。この結果，武帝の時代に漢は領土最大を実現したが，積極的な対外進出の結果，財政難が生じたため，武帝は　**11**　や平準(法)などの経済政策を採用し，　**12**　**の専売**を実施した。また新たに　**13**　を鋳造した。その他，武帝は官吏登用法として地方長官が人格の優れた人間を推薦する　**14**　を実施したが，この制度を用いて地方の大土地所有者である豪族が中央政界に進出した。

◆ 後8年，外戚の　**15**　は帝位を奪い，新を建てた。しかし，彼は周の政治を理想とする復古主義を強行したために，反発した民衆が　**16**　を起こし，滅亡した。

◆ 　**16**　を鎮圧した豪族の勧めで，　**17**　が都を　**18**　に移して後漢を建てた。彼のもとに倭人(日本人)が朝貢したため，<u>金印(漢委奴国王印)</u>を与えた。

◆ 後漢は西域の支配を積極的に進め，西域都護の　**19**　は多くのオアシス都市を服属させ，部下の　**20**　を大秦国(ローマ帝国)に派遣した。一方，後漢には　**21**　(マルクス＝アウレリウス＝アントニヌス帝)の使者が海路で来訪した。

◆ 2世紀後半には宦官と争った官僚が弾圧される　**22**　が起こるなど，後漢の政治は混乱した。184年には華北で　**23**　に指導された宗教結社の<u>太平道</u>により　**24**　が発生し，豪族の群雄が割拠する中で後漢は滅亡した。

3章

東アジア文化圏の形成と発展

1 始皇帝
2 咸陽
3 郡県制
4 半両銭
5 陳勝・呉広の乱

6 項羽
7 長安
8 郡国制
9 冒頓単于

10 呉楚七国の乱

11 均輸(法)
12 塩・鉄・酒の専売
13 五銖銭
14 郷挙里選

15 王莽
16 赤眉の乱

17 劉秀(光武帝)
18 洛陽

19 班超
20 甘英
21 大秦王安敦

22 党錮の禁
23 張角
24 黄巾の乱

▲金印
(漢委奴国王印)

時代と場所をつかむ

●王朝の変遷

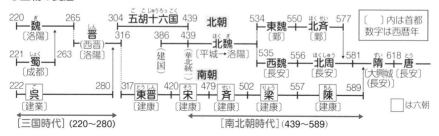

〔　〕内は首都
数字は西暦年

　□は六朝

[三国時代]（220～280）　　[南北朝時代]（439～589）

●三国時代

鮮卑

匈奴

羌

羯

[魏]

氐

洛陽

淮河

邪馬台国
の卑弥呼が
朝貢（239）

[蜀]

◎成都

長江

建業
（現南京）ナンキン

赤壁
せきへき

[呉]

曹操が
劉備・孫権に
敗北（208）

□　五胡

●南北朝時代（5世紀）

柔然
じゅうぜん

敦煌（甘粛省）
とんこう

高句麗

平城（現大同）

雲岡
うんこう

494年遷都
（孝文帝）

平壌

新羅

百済

加羅

[北魏]

竜門
りゅうもん

洛陽

建康（現南京）

[宋]

●魏晋南北朝時代の諸制度

[屯田制] とんでん	[魏] が実施した土地制度。荒廃地を国有地にし，流民や農民に耕作させた
[占田・課田法] せんでん・かでん	[晋（西晋）] が実施した土地制度。占田法は個人の土地所有を制限。課田法は農民に官有地を割り当て，耕作させた
[均田制] きんでん	[北魏] の [孝文帝] 時代に創始された土地制度。農民に一定の土地を給付し，税収を確保した
三長制 さんちょうせい	[北魏] の [孝文帝] 時代に創始された村落制度。農家を組み合わせて，三種の長を置き，戸籍調査や徴税を担当させる
府兵制 ふへいせい	[西魏] が創始した兵制度。均田農民を徴兵する兵農一致の制度

◀雲岡石窟
せっくつ
（ガンダーラ・グプタ
様式の影響）

◀竜門石窟
（仏像の様式が
中国化）

◀敦煌石窟（莫高窟）

◆ 曹操の子 [1] が後漢を倒して，華北に魏を建国すると，対抗した [2] が四川に蜀を，[3] が江南に呉を建てた。しかし，蜀は魏に滅ぼされ，魏も [4] に帝位を奪われて，晋（西晋）が建てられた。晋は280年に呉を滅ぼし，三国時代は終わった。

◆ 晋では帝位をめぐり一族諸王による [5] が発生した。これに前後して匈奴・鮮卑・羯・氐・羌の [6] と総称される諸民族が中国に侵入し，匈奴の反乱により晋は316年に滅亡した。その後，華北は [7] 時代となり，漢民族の多くが混乱を逃れて江南に移住したため，江南では稲作が普及し開発が進んだ。江南には司馬睿が建てた [8] を先駆けに，その後，南朝と総称される宋・斉・梁・陳の4王朝が [9]（現南京）を都に興亡した。

◆ 華北では [10] の拓跋氏が北魏を建て，第3代の [11] が439年に華北を統一した。以後，隋の統一までを [12] 時代とよび，華北の5王朝を北朝と総称する。第6代の [13] は漢化政策をとり，[14] から [15] へ遷都した。しかし彼の死後，北魏は東西に分裂し，東魏は北斉に，西魏は北周に代わられ，北周が北斉を滅ぼして華北を統一した。その後，北周の外戚だった [16] が隋を建て，南朝の陳を滅ぼし，589年に中国を統一した。

◆ 魏は地方におもむいた中正官が人材を九等級に評定して官吏に推薦する [17] を創始した。しかし結果的に大土地所有者である豪族が上級官職を独占し，門閥貴族を形成した。大土地所有を抑制するために魏で [18] が，西晋では占田・課田法が，北魏では孝文帝時代に [19] が村落制度である三長制とともに実施された。農民に均等な土地を支給して税収を確保する [19] は，西魏が創始した徴兵制である [20] とともに，隋・唐にも継承された。

◆ この時代の江南では貴族が担い手となる優雅な [21] 文化が生まれた。東晋では田園詩人の [22] や，「女史箴図」が伝わる画家の [23]，書家の [24] が活躍した。梁では昭明太子が『 [25] 』を編纂した。また老荘思想に基づいて哲学論議にふける [26] が流行し，竹林の七賢が活躍した。不安な社会を反映して仏教が広まり，西域僧の [27] や鳩摩羅什が来訪し，東晋の僧 [28] はインドへおもむいた。敦煌・ [29]（平城近郊）・ [30]（洛陽近郊）には仏教の大規模な石窟寺院が造営された。また北魏の [31] は教団組織を確立し，道教を大成した。

1 曹丕
2 劉備
3 孫権
4 司馬炎（武帝）

5 八王の乱
6 五胡
7 五胡十六国時代
8 東晋
9 建康

10 鮮卑
11 太武帝
12 南北朝時代
13 孝文帝
14 平城
15 洛陽
16 楊堅

17 九品中正
18 屯田制
19 均田制
20 府兵制

21 六朝文化
22 陶潜（陶淵明）
23 顧愷之
24 王羲之
25 文選
26 清談
27 仏図澄
28 法顕
29 雲崗
30 竜門
31 寇謙之

隋・唐

時代と場所をつかむ

●隋代の大運河

●唐代の中央官制

[三省]

皇帝 ─┬─ [中書省] (詔勅の起草)
　　　├─ [門下省] (詔勅の審議)
　　　└─ [尚書省] (詔勅の施行)

御史台 (官吏の監察)

[六部]

├─ 吏部 (官吏の人事)
├─ 戸部 (戸籍・財政)
├─ 礼部 (教育・祭祀)
├─ 兵部 (軍事)
├─ 刑部 (司法)
└─ 工部 (土木)

●唐の領域

（羈縻政策で統治）
□ 冊封関係（君臣関係結ぶ）
□ 朝貢国（交易）
□ 姻戚関係（家父長制的関係結ぶ）
■ 高祖時代の領域
--- 高宗時代の勢力範囲
□ 6都護府（→その移動）

ソンツェン=ガンボ建国
チベット文字の作成
チベット仏教の成立

●律令国家体制

[律]…刑法典
[令]…行政法，民法典
[格]…補充改正規定
[式]…施行細則

●唐の均田制

支給地
（成人男性が対象）
┌─ [口分田]（一代限り）
└─ [永業田]（世襲可）

●唐の租調庸制

[租]	粟（穀物2石）
[調]	絹や綿・麻
[庸]	中央での年20日の労働提供
[雑徭]	地方での年40日以内の労働提供

●唐の文化…貴族文化と国際文化

儒学	訓詁学発達→[孔穎達]『五経正義』（科挙のテキストとして太宗が編纂を命ず）
仏教	禅宗・浄土宗が盛んに。渡印僧：玄奘・義浄
外来宗教	[祆教]（ゾロアスター教）・[景教]（ネストリウス派キリスト教）・マニ教・回教（イスラーム教）
文学	唐詩：[李白]・[杜甫]・王維（盛唐），[白居易]（中唐） 文章：韓愈・柳宗元（中唐）…漢以前の古文の復興を提唱
書道	[褚遂良]（初唐），顔真卿（盛唐）
美術工芸	呉道玄（盛唐）…山水画。唐三彩（彩色を施した陶器）

◆ 589年，中国を統一した隋の [1] は，北朝以来の土地制度の [2] ，兵制度の [3] を継承したほか，税制度として [4] を実施し，地方統治のため州県制を整備した。また九品中正を廃止して，[5] という試験に基づく官吏任用制度を始め，貴族の官職独占を防止しようとした。第2代の [6] は中国の南北を結ぶ [7] を完成させたが，3回に及ぶ [8] への遠征には失敗し，反乱の発生で隋は滅亡した。

◆ 618年，李淵(高祖)は [9] を都に唐を建て，2代の [10] は隋の諸制度を継承し，律令国家体制を確立した。[11] とよばれた彼の治世に，中央に中書省・[12]・尚書省の三省，尚書省に属す [13]，監察機関の御史台が置かれた。科挙が継承されたが，大土地所有者である貴族の優勢は変わらなかった。また周辺統治のために [14] が置かれ，[15] という諸民族の自治を認める間接統治がとられた。

◆ 最大領土を実現した3代の高宗の死後，皇后の [16] が周を建て，中国史上唯一の女帝となった。彼女の晩年，唐が復活し，6代の [17] は善政に努め，治世の前半は [18] とよばれた。

◆ 唐の諸制度のうち，重税と徴兵を嫌った農民の逃亡から，均田制と府兵制が崩れ，荘園が拡大し，軍制は傭兵を採用する [19] に代わった。当初募兵は辺境に設けられ，指揮官として節度使が置かれた。玄宗が楊貴妃の一族を重用すると，これに反発した節度使の [20] や史思明を中心に [21] が起こった。[22] の支援で反乱は鎮圧されたが，反乱後は内地にも置かれた節度使が自立し，地方の財政・民政も掌握する藩鎮(軍閥)になった。

◆ 租庸調制の崩壊による税収の減少を補うために，宰相楊炎の進言で，夏秋2回，土地・資産に課税する [23] が実施された。

◆ 9世紀後半には農民反乱である [24] が起こり，混乱と荘園の荒廃により多くの貴族が没落した。907年，反乱鎮圧に活躍した節度使の [25] により，唐は滅ぼされた。

◆ 唐には絹の道を経由してイラン系の [26] 人が，海の道を経由して [27] 商人がダウ船を用いて来訪し，東西交易が繁栄した。これを受けて広州に初めて [28] が設置され，海上貿易を監督した。また周辺国の多くは東アジア世界の中心だった唐に貢物を持って来訪し(朝貢)，さらに唐と君臣関係を結んで(冊封)，唐との良好な関係を強調した。

3章

東アジア文化圏の形成と発展

1 文帝(楊堅)

2 均田制

3 府兵制

4 租庸調制

5 科挙

6 煬帝

7 大運河

8 高句麗

9 長安

10 太宗(李世民)

11 貞観の治

12 門下省

13 六部

14 都護府

15 羈縻政策

16 則天武后

17 玄宗

18 開元の治

19 募兵制

20 安禄山

21 安史の乱

22 ウイグル

23 両税法

24 黄巣の乱

25 朱全忠

26 ソグド人

27 ムスリム商人

28 市舶司

時代と場所をつかむ

●東西交通路

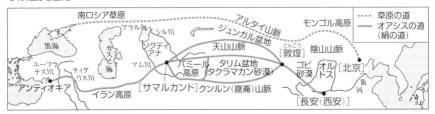

●内陸アジアの王朝

☐ =遊牧系国家

世紀	南ロシア草原	イラン高原	中央アジア		モンゴル高原	中国	世紀
			西トルキスタン	東トルキスタン			
前5	[スキタイ]	アケメネス朝ペルシア				春秋	前5
前4		アレクサンドロス帝国				戦国	前4
前3		セレウコス朝シリア		移動 [月氏]			前3
前2			[大月氏]	[匈奴]①		秦	前2
前1		[パルティア (安息)]		前1C 東西分裂 後1C 南北分裂②		漢	前1
1			[クシャーナ朝]				1
2							2
3					[鮮卑]③ (華北侵入)	魏晋南北朝	3
4	[フン]	サササン朝ペルシア				北魏	4
5			[エフタル]		[柔然]④		5
6			583 東西分裂		[突厥]⑤	隋	6
7				唐			7
8		ウマイヤ朝			[ウイグル]⑥	唐	8
9		アッバース朝		トルコ人の西走	[キルギス]		9
10		ブワイフ朝	サーマーン朝	カラハン朝	[契丹(遼)]	五代十国	10

●北方遊牧国家の変遷 (丸数字は上の年表中の番号に対応)

◆　アジア大陸の中央部にあたる内陸アジアは，大半が草原と砂漠で，草原には牧畜に従事する遊牧民が，砂漠に点在する　1　都市には農耕民が暮らし，両者は交易・略奪を通じてたびたび接触した。

◆　遊牧民の中には騎馬戦術を得意とし，強大な**遊牧国家**を形成する**騎馬遊牧民**が出現した。黒海北岸の南ロシア草原地帯には，前6世紀頃に　2　が現れ，独特の武器や馬具を用いた騎馬文化は，南ロシアとモンゴルを結ぶ　3　を経て，内陸アジアの遊牧民に大きな影響を与えた。

◆　前4世紀，モンゴル高原に騎馬遊牧民の**匈奴**が現れ，大遊牧国家を形成し，戦国時代の中国に侵入を繰り返した。最盛期は前2世紀の　4　の時代で，前漢の高祖（劉邦）を破り，　5　を西方へ追いやった。しかし，前1世紀には東西に分裂し，さらに東匈奴が1世紀に南北に分裂した。

◆　モンゴル高原では2世紀には　6　が台頭し，のちに中国に侵入して，華北に北魏を建てた。　6　が南下した後，5世紀にはモンゴル系の　7　が活躍し，北魏と対立した。

◆　6世紀には　7　を滅ぼしてトルコ系の**突厥**がおこり，内陸アジア一帯に大遊牧国家を形成し，ササン朝のホスロー1世と同盟して中央アジアの　8　を滅ぼした。しかし，後に東西に分裂し，東突厥は唐の**太宗**の代に，西突厥は唐の**高宗**の代に服属した。唐の衰退後，東突厥は再興し，北方遊牧民最初の文字である　9　を使用したが（**突厥碑文**が現存），8世紀にトルコ系の**ウイグル**に滅ぼされた。

◆　ウイグルは　10　の際に唐を支援し，その後もたびたび中国に侵入したが，内紛で分裂し，840年にトルコ系の**キルギス**に滅ぼされた。この後，一部のウイグル人が西方に移住したことから，中央アジアのトルコ化が進み，この地を　11　とよぶ由来となった。

◆　　12　を境にトルキスタンは東西に区分されるが，西トルキスタンのアム川とシル川にはさまれた地域は，東西交通路である　13　の要地とされ，イラン系の　14　人がラクダや馬を用いた**隊商交易**の中継拠点としたため，**ソグディアナ**とよばれた。彼らの使用した　14　文字は，アラム文字に由来し，また**ウイグル文字**・モンゴル文字・　15　といった北方遊牧民らが使用した文字の原型となった。

1 オアシス都市

2 スキタイ

3 草原の道
（ステップ＝ロード）

4 冒頓単于

5 月氏

6 鮮卑

7 柔然

8 エフタル

9 突厥文字

10 安史の乱

11 トルキスタン

12 パミール高原

13 オアシスの道
（絹の道）

14 ソグド

15 満洲文字

▲突厥文字

▲満洲文字

░░ 時代と場所をつかむ

●北宋と周辺国家（11世紀）

●南宋と周辺国家（12世紀）

●北方民族の王朝

王朝	［契丹（遼）］（916～1125）	［西夏］（1038～1227）	［金］（1115～1234）
民族	モンゴル系契丹人	チベット系タングート人	ツングース系女真人
建国者	［耶律阿保機］	［李元昊］	［完顔阿骨打］契丹（遼）から独立
外交	渤海征服（926） 燕雲十六州獲得（936） 北宋と［澶淵の盟］（1004）	宋を圧迫 **シルクロード貿易**で繁栄	契丹（遼）を北宋と滅ぼす（1125） ［靖康の変］（1126～27）で北宋を滅ぼす
統治	二重統治体制 ┌契丹人…部族制 └漢人…州県制	中国式の官制・儀礼	二重統治体制 ┌女真人…［猛安・謀克］ 　　　　　（軍事・行政組織） └漢人…州県制
文化	［契丹文字］	［西夏文字］	［女真文字］ ［全真教］ （道教の改革派）
滅亡	北宋と金の挟撃で滅亡 →［耶律大石］が中央アジアで［カラキタイ（西遼）］建国	モンゴルの［チンギス＝カン］の攻撃で滅亡	モンゴルの［オゴデイ］の攻撃で滅亡

●宋の文化…士大夫（知識人）を担い手とする中国的（民族的）文化

儒学	**宋学**（［朱子学］）…北宋の**周敦頤**が創始，南宋の［朱熹（朱子）］が大成
歴史	［司馬光］**『資治通鑑』**…編年体。**欧陽脩**『新唐書』…紀伝体
文学	**詞**（楽曲に合わせた歌詞）が発達。**蘇軾**（唐宋八大家の一人）
美術	院体画・文人画・**陶磁器**…青磁・白磁
技術	［火薬］・［羅針盤］・［木版印刷］の普及

◆ 朱全忠の建てた 1 を先駆けに，おもに節度使により華北に五つの短命な王朝が相次いで成立した。その周辺で興亡した諸国をあわせ，唐の滅亡から宋の統一までの時代を 2 とよぶ。このうち 3 は建国援助の見返りに 4 を契丹に割譲した。武断政治（軍人による専制政治）が続く中で，貴族層は没落し，代わって形勢戸とよばれる新興地主や大商人が台頭した。

◆ 後周の節度使 5 は960年に 6 を都に宋（北宋）を建国した。彼は科挙の最終試験に皇帝が実施する 7 を創設して， 8 に基づく皇帝独裁体制を強化した。科挙合格者の多くは形勢戸や大商人で占められ， 9 層を形成した。

◆ 軍事力の低下した宋は周辺の異民族王朝と講和条約を結び，平和を維持した。その一つが契丹（遼）と結んだ 10 で，宋が歳幣として銀や絹を贈った。その後，宋は深刻な財政難となったため，皇帝の神宗により宰相に登用された 11 は新法による改革を行い，前漢の武帝も実施した均輸法や，中小商人への低利貸し付け策である 12 ，貧農への低利貸し付け策である 13 などを定め，彼らの救済を軸に富国強兵に努めようとした。しかし大地主や大商人を出身とする官僚は， 14 を中心に 15 を形成し，改革を支持する新法党と対立したため，政治は混乱した。

◆ 1126年，契丹（遼）を滅ぼした金が開封を占拠し， 16 や欽宗らを北方へ連行した。この出来事を 17 という。江南に逃れた高宗は都を 18 に移して南宋を建てた。金との対決を主張した主戦派の 19 に和平派の 20 が勝利した結果，南宋は金と 21 を境界とし，歳幣を贈る屈辱的な和約を結んだ。

◆ 多くの科挙官僚も輩出した形勢戸は， 22 とよばれる小作人を使役し，荘園を経営した。特に長江下流域（江南）は干拓地の拡大やベトナムから伝来した 23 の普及などにより開発が進み，中国農業の中心となって「 24 」といわれた。また喫茶の習慣が普及し 25 が陶磁器生産の中心として発展しジャンク船を用いた中国商人らによる輸出もさかんになった。

◆ 宋では国家による都市への商業統制が廃止されたこともあり，商工業が隆盛した。都市の城外には交易場として草市が成立し， 26 とよばれる小都市に発展した。また商人組合の 27 や手工業者組合の 28 が形成された。貨幣経済も進展し，大量の銅銭のほか， 29 や会子といった紙幣も流通した。

重要用語チェック	
1	後梁
2	五代十国
3	後晋
4	燕雲十六州
5	趙匡胤
6	開封
7	殿試
8	文治主義
9	士大夫
10	澶淵の盟
11	王安石
12	市易法
13	青苗法
14	司馬光
15	旧法党
16	徽宗
17	靖康の変
18	臨安
19	岳飛
20	秦檜
21	淮河
22	佃戸
23	占城稲
24	蘇湖（江浙）熟すれば天下足る
25	景徳鎮
26	鎮
27	行
28	作
29	交子

3章 東アジア文化圏の形成と発展

モンゴル帝国と元

時代と場所をつかむ

●チンギス＝カンの一族

（番号は皇帝位即位の順）

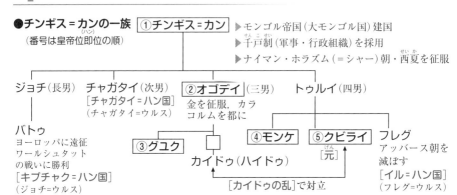

①**チンギス＝カン** ▶モンゴル帝国（大モンゴル国）建国
▶千戸制（軍事・行政組織）を採用
▶ナイマン・ホラズム（＝シャー）朝・西夏を征服

ジョチ（長男）　チャガタイ（次男）　②**オゴデイ**（三男）　トゥルイ（四男）
　　　　　　　　［チャガタイ＝ハン国］　金を征服，カラ
　　　　　　　　（チャガタイ＝ウルス）　コルムを都に

バトゥ　　　　　　　　　　　　　　　　　④**モンケ**　⑤**クビライ**　フレグ
ヨーロッパに遠征　　③**グユク**　　　　　　　　　　　　［元］　　アッバース朝を
ワールシュタット　　　　　　　　　　　　　　　　　　　　　　　滅ぼす
の戦いに勝利　　　　カイドゥ（ハイドゥ）　　　　　　　　　　　［イル＝ハン国］
［キプチャク＝ハン国］　　　　　　　　　　　　　　　　　　　　（フレグ＝ウルス）
（ジョチ＝ウルス）　　　　　［カイドゥの乱］で対立

●13世紀のアジア（モンゴル帝国の発展）

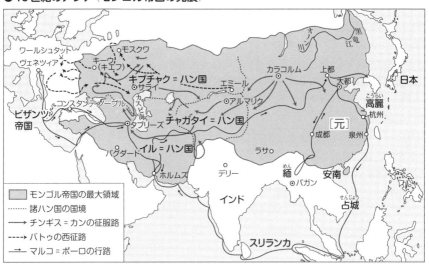

●モンゴル帝国・元への来訪者

人名	経路	到着地	特徴
［プラノ＝カルピニ］	草原の道	カラコルム	ローマ教皇の命で来訪
［ルブルック］	草原の道	カラコルム	仏王ルイ9世の命で来訪
［マルコ＝ポーロ］	往路・絹の道 復路・海の道	大都	色目人としてクビライに仕える 『世界の記述（東方見聞録）』を口述
［モンテ＝コルヴィノ］	海の道	大都	中国で初めてカトリックを布教
［イブン＝バットゥータ］	海の道	大都	元末に来訪したイスラーム教徒 『［三大陸周遊記（旅行記）］』を口述

◆ モンゴル高原では 1 が全モンゴル部族を統一し，1206年 2 （集会）で 3 ＝カン（ハン）の称号を受け，モンゴル帝国（大モンゴル国）が建国された。彼はモンゴル高原西部のナイマン，中央アジアの 4 朝を征服し，西夏の攻略途中で亡くなった。

◆ 2代皇帝（カアン，大ハーン）の 5 は都を 6 に定め，1234年に金を滅ぼして，初めて農耕地域に進出した。またヨーロッパ遠征を命じられた 7 は1241年の 8 の戦いでドイツ・ポーランド連合軍を破り，南ロシアに 9 国を建てた。4代皇帝の 10 の時代に弟の 11 は雲南の大理を滅ぼし，同じく弟の 12 は西アジアに遠征して 13 朝を滅ぼし， 14 国を建てた。

◆ モンゴル帝国では領域の拡大とともに諸ハン国が成立したが，クビライが5代皇帝になると，即位に反対した 15 が長年にわたり抵抗を続けた。この結果，モンゴル帝国は政治的に分裂した。

◆ クビライは 16 （現北京）に遷都し，国号を元と定め，1276年には南宋を滅ぼして，中国を統一した。元ではモンゴル人の次に 17 （中央アジアや西アジアの出身者）が重用され， 18 （旧金領の住人）や 19 （旧南宋領の住人）を支配した。また，科挙は当初廃止され，士大夫は冷遇された。14世紀半ばには 20 （紙幣）の濫発で経済が混乱する中，宗教結社の白蓮教を中心に 21 が起こり，元はモンゴル高原へ退いた。

◆ モンゴル帝国ではチンギス＝カンが創始した 22 （駅伝制）が整備され，旅行者は牌符（通行証明書）を携行して東西を往来した。元の中国統一後，穀倉地帯の江南と首都の大都を連結する大運河や海運も発展した。元ではチベット文字をもとに作成された 23 でモンゴル語を表記し，宗教は 24 を保護した。

◆ モンゴル帝国や元には西方から多くの人々が来訪した。カラコルムにはローマ教皇の使節の 25 や仏王の使節の 26 が，大都にはヴェネツィア出身の 27 や，カトリック布教のために 28 が，イスラーム世界からは旅行家の 29 が来訪した。

◆ イスラーム天文学の影響で，元の郭守敬は 30 を作成し，さらにこの暦は日本の貞享暦に影響を与えた。一方，中国絵画の技法はイスラーム世界の 31 （ミニアチュール）の発展に影響した。

◆ 元代には『 32 』や『琵琶記』などの元曲（演劇）が作られ，『 33 』，『西遊記』，『三国志演義』などの小説の原型が成立した。

1 テムジン
2 クリルタイ
3 チンギス＝カン（ハン）
4 ホラズム
　（＝シャー）朝
5 オゴデイ（オゴタイ）
6 カラコルム
7 バトゥ
8 ワールシュタットの戦い
9 キプチャク＝ハン国
10 モンケ
11 クビライ（フビライ）
12 フレグ（フラグ）
13 アッバース朝
14 イル＝ハン国

15 カイドゥ（ハイドゥ）

16 大都
17 色目人
18 漢人
19 南人
20 交鈔
21 紅巾の乱

22 ジャムチ
23 パクパ文字
24 チベット仏教

25 プラノ＝カルピニ
26 ルブルック
27 マルコ＝ポーロ
28 モンテ＝コルヴィノ
29 イブン＝バットゥータ

30 授時暦
31 細密画

32 西廂記
33 水滸伝

3章
東アジア文化圏の形成と発展

時代と場所をつかむ

●明(ミン)の対外関係と経済の特徴

[永楽帝の遠征]
(1410～24 5回)

オイラト　タタール

[土木の変](1449)

万里の長城

×北京

黄河

朝鮮王朝

[壬辰(じんしん)・丁酉倭乱(ていゆうわらん)]
(16世紀末)

▲万里の長城
永楽帝の代に修築が始まり、15世紀中頃のオイラトの侵入後、積極的に進められて、長さ2400kmに及ぶ長城が完成した

[李自成の乱]
(1644 明滅亡)

江蘇

日本銀

生糸

湖北

中流

浙江

下流

長江

湖南

稲作の中心
「湖広熟すれば天下足る」

綿花・桑栽培の普及

メキシコ銀 ➡ 一条鞭法(いちじょうべんぽう)(銀納の税制)の普及

ラテンアメリカからフィリピン経由で流入

●明の対外関係

洪武帝(こうぶてい)	海禁(民間人の海上貿易を禁止)を採用 →朝貢貿易を推進(アジア諸国とは勘合(かんごう)貿易を実施)
永楽帝	自らモンゴル遠征、ベトナムを一時征服 鄭和(ていわ)に命じて、南海遠征→南海諸国の朝貢を促(うなが)す
北虜(ほくりょ)の侵入	オイラトがエセン=ハンのもとで強大に→正統帝を土木堡(どぼく)で捕らえる(土木の変) タタール(韃靼(だったん))のアルタン=ハンが北京を包囲
万暦帝(ばんれきてい)	豊臣秀吉(とよとみひでよし)の朝鮮侵攻(壬辰・丁酉倭乱)に出兵

●明代の文化

編纂事業	永楽帝の命による『永楽大典』(百科事典)・『四書大全』・『五経大全』
儒学	陽明学…[王守仁(おうしゅじん)]([王陽明(おうようめい)])が南宋の陸九淵(りくきゅうえん)の影響を受けて創始 「知行合一(ちこうごういつ)」を唱え、実践を重視 考証学…明末清初に[黄宗羲(こうそうぎ)]・[顧炎武(こえんぶ)]が創始した古典の文献学的研究
実学	経世致用(けいせいちよう)の学(社会に役立つ学問)を特徴とする 『[本草綱目(ほんぞうこうもく)]』(李時珍(りじちん))…薬学。『[天工開物(てんこうかいぶつ)]』(宋応星(そうおうせい))…産業技術 『農政全書(のうせいぜんしょ)』(徐光啓(じょこうけい))…農業。『崇禎暦書(すうていれきしょ)』(徐光啓・アダム=シャール)…暦法
文学	小説…『[三国志演義(さんごくしえんぎ)]』・『[水滸伝(すいこでん)]』・『[西遊記(さいゆうき)]』・『[金瓶梅(きんぺいばい)]』(四大奇書) 戯曲…『[牡丹亭還魂記(ぼたんていかんこんき)]』
美術	陶磁器…染付(そめつけ)・赤絵(あかえ)(景徳鎮(けいとくちん)を中心に生産)

::::: **流れで覚える**

◆ 紅巾の乱から台頭した　1　（明の太祖, 洪武帝）は1368年に　2　を都として明を建国し, 元をモンゴル高原に退けて, 漢民族による支配を復活させた。彼は　3　や丞相（宰相）を廃止して, 六部を皇帝の直属とし, 皇帝親政体制を確立した。　4　を官学化し, 法典として　5　や明令を制定し, 兵制として軍戸を編成して　6　を, 農村の民戸を基盤として　7　を敷いた。さらに民衆教化のために六諭を定め,　8　（土地台帳）と　9　（租税・戸籍台帳）を作成した。

◆ 2代皇帝建文帝の諸王抑圧策に反発した叔父の燕王は　10　を起こし, 帝位を奪った。彼は　11　とよばれたが, 皇帝の補佐として　12　を置き, 南京から　13　へ遷都した。対外的にはモンゴルへ自ら遠征を行い, 宦官の　14　に南海遠征を命じた。また北辺防衛のために　15　の修築を進めた。

◆ 永楽帝の死後, 明は北方からのモンゴル人と南方（東方）からの　16　の侵入に苦しめられた（北虜南倭）。モンゴル人のうち,　17　が率いるオイラトは1449年の　18　で明の皇帝正統帝を捕らえた。一方,　19　が率いるタタール（韃靼）は1550年に北京を包囲した。また　16　は日本人中心の前期と, 民間貿易を禁ずる明の　20　に反発した中国人中心の後期に分けられる。

◆ 万暦帝は宦官を重用したため, 宦官の権力独占を批判した顧憲成を指導者とする　21　と, 宦官らの勢力（非　21　）との党争が激化し, 政治は混乱した。また, 対外遠征による財政難は重税となって民衆を苦しめたため,　22　が起こり, 1644年に明は滅亡した。

◆ 明代半ばから長江下流域の農村では綿花や桑などの商品作物の栽培が盛んとなったため, 稲作の中心は中流域に移った。このため明末以降,「　23　」とよばれた。商業や手工業の発達は江南の　24　商人や華北の　25　商人ら地方の特権商人の全国的な活動の背景となり, 都市には同業・同郷者の親睦のために　26　が建てられた。地方では科挙合格者である郷紳が有力となり, 大土地所有制が発展したが, 佃戸（小作人）は地主に対し　27　とよばれる小作料をめぐる闘争を起こした。

◆ 明代後半に　28　銀や日本銀が流入したことで, 銀が秤量貨幣として使用された。このため税制も従来の両税法に代わり, 人頭税と地税を銀納する　29　が実施され, 内閣大学士の張居正が普及に尽くした。

1　朱元璋
2　南京
3　中書省
4　朱子学
5　明律
6　衛所制
7　里甲制
8　魚鱗図冊
9　賦役黄冊

10　靖難の役
11　永楽帝
12　内閣大学士
13　北京
14　鄭和
15　万里の長城

16　倭寇
17　エセン＝ハン
18　土木の変
19　アルタン＝ハン
20　海禁

21　東林派
22　李自成の乱

23　湖広熟すれば天下足る
24　徽州（新安）商人
25　山西商人
26　会館・公所
27　抗租運動

28　メキシコ銀
29　一条鞭法

時代と場所をつかむ

●清の対外関係

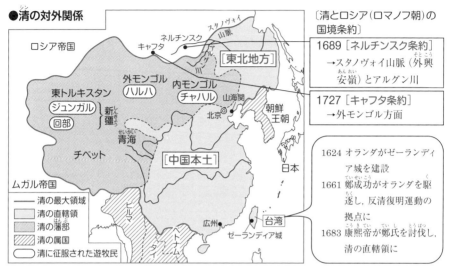

ロシア帝国
スタノヴォイ山脈
ネルチンスク
キャフタ
アルグン川
[東北地方]
外モンゴル
（ハルハ）
内モンゴル
（チャハル）
東トルキスタン
（ジュンガル）
新疆
（回部）
山海関
北京
朝鮮王朝
青海
チベット
[中国本土]
日本
ムガル帝国
ビルマ
広州
ゼーランディア城
[台湾]
ベトナム
タイ

──　清の最大領域
　　　清の直轄領
　　　清の藩部
　　　清の属国
　　　清に征服された遊牧民

〔清とロシア（ロマノフ朝）の国境条約〕

1689［ネルチンスク条約］
　→スタノヴォイ山脈（外興安嶺）とアルグン川

1727［キャフタ条約］
　→外モンゴル方面

1624 オランダがゼーランディア城を建設
1661 鄭成功がオランダを駆逐し，反清復明運動の拠点に
1683 康熙帝が鄭氏を討伐し，清の直轄領に

●最盛期の皇帝とその業績

［康熙帝］（第4代）
（位1661～1722）

① 呉三桂らの三藩の乱（1673～81）を鎮圧
② 鄭氏台湾討伐（83）
③ ネルチンスク条約（89）
④『［康熙字典］』完成

［雍正帝］（第5代）
（位1722～35）

① キリスト教の布教禁止（1724）
② キャフタ条約（27）
③ 軍機処の設置（29）
④ 地丁銀制の普及
⑤『［古今図書集成］』完成

［乾隆帝］（第6代）
（位1735～95）

① 外国貿易を広州1港に限定（1757）
② ジュンガル征服（58）
　→［最大領土実現］
③『［四庫全書］』完成

●イエズス会宣教師の活動

マテオ＝リッチ	（イタリア，明末）…『［坤輿万国全図］』(中国最初の世界地図) 『幾何原本』(エウクレイデスの幾何学の漢訳)
アダム＝シャール	（ドイツ，明末清初）…徐光啓と『［崇禎暦書］』を作成
フェルビースト	（ベルギー，清初）…大砲の鋳造，天文暦学の紹介
ブーヴェ・レジス	（ともにフランス，清）…『皇輿全覧図』(最初の実測中国地図)
カスティリオーネ	（イタリア，清）…西洋画法，円明園（バロック式の離宮）の設計

●清の文化

儒学	考証学（古典の実証的研究だが，清の思想弾圧を恐れて形式化）…［銭大昕］（清中期）
文学	小説…『［紅楼夢］』・『［儒林外史］』・『［聊斎志異］』　戯曲…『長生殿伝奇』

::::::: 流れで覚える

◆ 中国東北地方に居住した**ツングース系**の ☐1☐ 人は金の滅亡後,元・明に服属したが,明の衰退にともない ☐2☐ が部族の統一に成功し,1616年に ☐3☐ を建てた。彼は軍事組織として ☐4☐ を創始し,モンゴル文字をもとに満洲文字を作成した。

◆ 2代皇帝の ☐5☐ は内モンゴルの**チャハル**を征服し,1636年に国号を清に改め,翌年 ☐6☐ を服属させた。李自成の乱で1644年に明が滅ぶと,3代の順治帝は明の武将である ☐7☐ の協力で,中国へ入り,北京へ遷都した。その功績から ☐7☐ ら3人の漢人武将はそれぞれ華南の藩王に任命された。

◆ 4代の ☐8☐ は清の抑圧に反抗した ☐9☐ の乱を鎮定し,その後,反清復明運動を指導した ☐10☐ の一族が抵抗拠点とした ☐11☐ を攻略して,中国全土を統一した。また彼はロシアの**ピョートル1世**と ☐12☐ 条約を結び,両国の国境などを定めた。

◆ 5代の ☐13☐ はロシアと ☐14☐ 条約を結び,また後に内閣に代わる最高機関となる ☐15☐ を設置した。6代の ☐16☐ は東トルキスタンの**ジュンガル**を征服して ☐17☐ と命名し,領土最大を実現した。支配領域は中国本土,東北地方,台湾の直轄領のほか,内外モンゴル・新疆・チベット・青海を ☐18☐ とよび,☐19☐ を設置して間接支配した。また,海外から伝来したサツマイモやトウモロコシの普及により人口が急増したが,土地不足から東南アジアなどに移住し, ☐20☐ となるものもいた。

◆ 清は漢民族支配にあたり,当初から科挙を実施し,重要な役職は満洲人と漢人を同数任命する ☐21☐ 制を行うなど,漢人に対して懐柔策をとったが,一方で,満洲人の髪型である ☐22☐ を強制し, ☐23☐ や禁書による思想の統制など威圧策も併用した。

◆ 兵制として八旗のほか,漢人による ☐24☐ が置かれ,地方の治安維持を担った。税制では一条鞭法に代わり,丁銀(人頭税)を地銀(土地税)に繰り込んで銀納させる ☐25☐ が雍正帝の時代に普及した。また乾隆帝は1757年に外国船の来航を ☐26☐ 1港に限定し,特許商人の組合である ☐27☐ が外国貿易を独占した。

◆ 明末から清にかけ,**イエズス会**の宣教師が来訪し,カトリックの布教のかたわら西洋の学術・文化を紹介した(左表参照)。しかし,布教方法をめぐり,イエズス会と他派の宣教師の間で ☐28☐ が起こり,結果的に雍正帝は1724年にキリスト教の布教を全面的に禁止した。

---

1 女真人
2 ヌルハチ
3 後金(金)
4 八旗

5 太宗(ホンタイジ)
6 朝鮮王朝
7 呉三桂

8 康熙帝
9 三藩の乱
10 鄭成功
11 台湾
12 ネルチンスク条約

13 雍正帝
14 キャフタ条約
15 軍機処
16 乾隆帝
17 新疆
18 藩部
19 理藩院
20 南洋華僑(華僑)

21 満漢併用制
22 辮髪(弁髪)
23 文字の獄

24 緑営
25 地丁銀制
26 広州(広東)
27 公行

28 典礼問題

20 朝鮮とベトナム

時代と場所をつかむ

●朝鮮半島の情勢

前1世紀　3世紀

5世紀

8世紀

13世紀

14世紀末

●朝鮮の統一王朝

[新羅](676統一〜935)	[高麗](918〜1392)	[朝鮮](1392〜1910)
676　半島統一 都：慶州 ▶仏教を保護 　仏国寺(慶州) ▶骨品制 　王族・貴族を階級に分け，官職や婚姻を規定 ▶律令制 　唐の影響で律令制を採用	918　[王建]が建国 都：開城 ▶仏教を保護 　高麗版大蔵経を木版印刷 ▶科挙実施 　官僚制整備→登用された官僚は高官を世襲し特権階級(両班)に ▶金属活字(世界最古) ▶高麗青磁	1392　[李成桂]が建国 都：漢城(現ソウル) ▶朱子学の官学化 　→仏教を弾圧 ▶科挙実施 　合格者の大半は両班 　→特権階級化の強化 ▶銅活字 ▶白磁 ▶訓民正音(ハングル) 　世宗が制定した音標文字

▼同時代の中国

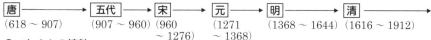

唐	五代	宋	元	明	清
(618〜907)	(907〜960)	(960〜1276)	(1271〜1368)	(1368〜1644)	(1616〜1912)

●ベトナムの情勢

		大越(ダイベト)国(都：ハノイ)			越南国(都：ユエ)
北部	▶漢の武帝〜唐代まで中国が支配 ▶唐の滅亡後，ベトナム人が独立→短命王朝の連続	[李朝] (1009〜1225) 初の長期政権	[陳朝] (1225〜1400) モンゴル撃退 チュノム(字喃) 民族文字普及	[黎朝] (1428〜1527，1532〜1789) 陳朝滅亡後，明の永楽帝がベトナム支配→明から独立 西山(タイソン)の乱で滅亡	[阮朝] (1802〜1945) 阮福暎建国 西山政権を倒してベトナム全土を支配 フランスの保護国に
南部	チャム人が[チャンパー]を建国(2〜17世紀)				

44

◦◦◦ 流れで覚える

◆ 朝鮮では前漢の**武帝**が，衛満の建国した 1 を滅ぼし，2 などの**朝鮮四郡**を置いた。中国東北地方に建国した**高句麗**は313年に 2 を滅ぼして朝鮮北部も支配した。全盛期の 3 はその業績を称える石碑で知られる。南部では**韓族**が**馬韓・辰韓・弁韓**を形成したが，4世紀半ばには馬韓が 4 に，辰韓が**新羅**に統一され，**三国時代**となった。

◆ 新羅は唐と結び，百済・高句麗を滅ぼして，676年に朝鮮を統一した。高句麗の滅亡後，東北地方には**大祚栄**により 5 が建国され，**上京竜泉府**を都とし，新羅と同様に唐の冊封を受けた。新羅は律令制や仏教文化など中国文化の摂取に努め，都の 6 には 7 が建立された。また 8 **制**という特権的な身分制度が成立した。

◆ 918年，9 の建てた**高麗**は新羅を滅ぼし，10 に都をおいた。高麗では科挙が実施され，11 とよばれる官僚階級が形成された。また国家の保護で仏教が栄え，12 （当時朝鮮に伝わっていた全ての仏教経典）が**木版印刷**により刊行された。製陶技術も進み，すぐれた 13 が作られ，世界最古とされる 14 を用いた印刷も行われた。

◆ 倭寇討伐で名をあげた 15 は1392年に高麗を打倒して，16 を建国し，現在のソウルにあたる 17 を都とした。16 では 18 が官学化され，大土地所有者となった 11 が高級官職を独占した。また**銅活字**が用いられ，15世紀には**世宗**が民族文字の 19 （ハングル）を制定した。16世紀末には 20 による侵略（**壬辰・丁酉倭乱**）を受けたが，明の援軍や，**亀船（亀甲船）**を考案した 21 らの奮戦により撃退に成功した。しかし，国土の荒廃は大きく，17世紀前半には侵入した清に服属した。

◆ ベトナム北部では前漢の**武帝**が 22 を滅ぼした後，唐末五代の混乱に乗じて独立するまで，約1000年にわたり中国の支配が続いた。11世紀に初の長期王朝として 23 が成立し，**大越（ダイベト）国**と称した。13世紀に成立した 24 は**モンゴル**の侵入を撃退し，25 という民族文字を使用し始めた。15世紀初めに明の**永楽帝**の支配を受けたが，26 が独立を回復し，南部の 27 を征服してベトナムを統一した。しかし，その後北部の鄭氏と南部の阮氏に支配の実権を奪われ，18世紀の 28 **の乱**を契機に 26 は滅亡した。

3章

東アジア文化圏の形成と発展

▲チュノム（字喃）

時代と場所をつかむ

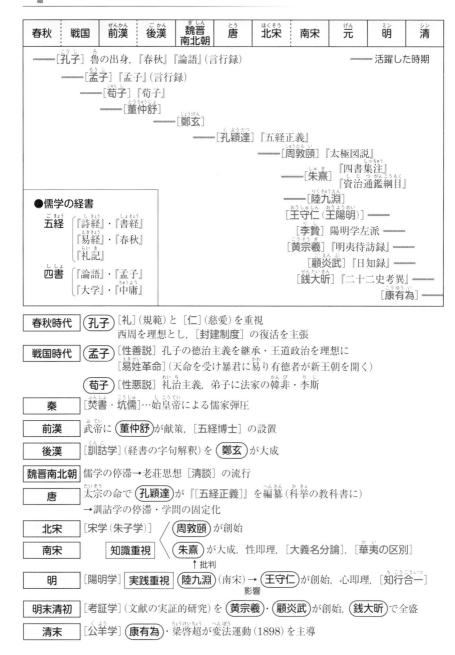

春秋	戦国	前漢 (ぜんかん)	後漢 (ごかん)	魏晋 南北朝 (ぎしん)	唐 (とう)	北宋 (ほくそう)	南宋	元 (げん)	明 (ミン)	清 (シン)

――――[孔子] 魯の出身, 『春秋』『論語』(言行録) ―――― 活躍した時期

――――[孟子] 『孟子』(言行録)

――――[荀子] 『荀子』

――――[董仲舒]

――――[鄭玄]

――――[孔穎達] 『五経正義』

――――[周敦頤] 『太極図説』

――――[朱熹] 『四書集注』
『資治通鑑綱目』

――――[陸九淵]

[王守仁 (王陽明)] ――――

[李贄] 陽明学左派 ――――

[黄宗羲] 『明夷待訪録』――――

[顧炎武] 『日知録』――――

[銭大昕] 『二十二史考異』――――

[康有為]

●儒学の経書

五経 『詩経』・『書経』
『易経』・『春秋』
『礼記』

四書 『論語』・『孟子』
『大学』・『中庸』

春秋時代	孔子	[礼](規範)と[仁](慈愛)を重視 西周を理想とし, [封建制度]の復活を主張
戦国時代	孟子	[性善説]孔子の徳治主義を継承・王道政治を理想に [易姓革命](天命を受け暴君に易り有徳者が新王朝を開く)
	荀子	[性悪説]礼治主義, 弟子に法家の韓非・李斯
秦		[焚書・坑儒]…始皇帝による儒家弾圧
前漢		武帝に董仲舒が献策, [五経博士]の設置
後漢		[訓詁学](経書の字句解釈)を鄭玄が大成
魏晋南北朝		儒学の停滞→老荘思想[清談]の流行
唐		太宗の命で孔穎達が『[五経正義]』を編纂(科挙の教科書に) →訓詁学の停滞・学問の固定化
北宋		[宋学(朱子学)]／周敦頤が創始
南宋	知識重視	朱熹が大成, 性即理, [大義名分論], [華夷の区別] ↑批判
明	[陽明学] 実践重視	陸九淵(南宋)→王守仁が創始, 心即理, [知行合一] 影響
明末清初		[考証学](文献の実証的研究)を黄宗羲・顧炎武が創始, 銭大昕で全盛
清末		[公羊学]康有為・梁啓超が変法運動(1898)を主導

流れで覚える

◆ 儒家は礼の学習と　1　の実践を主張した春秋時代の　2　を始祖とし，戦国時代には性善説や王道政治を説いた　3　や，性悪説や礼治主義で知られる　4　により継承された。

◆ 儒家に批判的だった諸子百家には，無為自然を主張した　5　・　6　に代表される道家や，兼愛・非攻を説いた墨家，秦王に仕えて変法（改革）を断行した　7　や韓非・　8　に代表される法治主義の法家などがある。

◆ 法家を採用した秦の始皇帝は　9　を行い，儒家を弾圧したが，漢の武帝は　10　の進言で儒家の意見を採用し，前漢代には　11　とよばれる五教を教授する官職が置かれた。後漢では字句解釈を特徴とする　12　が発展し，　13　が大成した。

◆ 戦乱の続いた魏晋南北朝時代には社会秩序の維持を説く儒学は振るわず，知識人の中には竹林の七賢のように，俗世を超越した談義である　14　にふけるものも現れた。

◆ 隋で創設された官吏任用法の科挙で儒学は試験科目の一つとなる。模範解答を必要とした唐の太宗の命で　15　は『　16　』を編纂して教義の統一を図ったが，一方で学説の固定化を招いた。

◆ 宋代の儒学では北宋の　17　を祖とする宋学がおこり，宇宙の根本原理を追求した。宋学は南宋の　18　が大成したため　19　ともいわれ，大義名分論や華夷の区別を説き，また五経よりも　20　を重んずるなど知識の重視を特徴とした。しかし南宋の　21　はこれを批判した。

◆ モンゴル人の支配した元では科挙が一時廃止されるなど，儒学の沈滞期であったが，明では洪武帝により朱子学が官学となった。一方で　21　の影響を受けた　22　は実践を重視する　23　を創始し，知行合一を説いた。

◆ 明末には実証的な文献研究を特徴とする　24　が黄宗羲や　25　を祖としておこり，経世実用を重んじた。しかし清代には厳しい思想統制により実用の学としての性格は失われた。その中にあって　26　は　24　の成果を歴史研究に反映させた。

◆ 清末には　27　が隆盛し，政治改革の必要性を　28　は梁啓超とともに説き，立憲政の樹立をめざす変法運動を推進した。

重要用語チェック

1 仁
2 孔子
3 孟子
4 荀子

5 老子
6 荘子
7 商鞅
8 李斯

9 焚書・坑儒
10 董仲舒
11 五経博士
12 訓詁学
13 鄭玄

14 清談

15 孔穎達
16 五経正義

17 周敦頤
18 朱熹（朱子）
19 朱子学
20 四書
21 陸九淵

22 王守仁（王陽明）
23 陽明学

24 考証学
25 顧炎武
26 銭大昕

27 公羊学
28 康有為

時代と場所をつかむ

●**仏教**…インドから伝来，魏晋南北朝時代に一般民衆に普及

西域僧	[仏図澄]（五胡十六国） …亀茲（クチャ）出身，寺院の建立など 　布教に尽力 [鳩摩羅什]（五胡十六国） …亀茲（クチャ）出身，仏典の漢訳
渡印僧	[法顕]（東晋→グプタ朝） …『仏国記』，往路は陸路・復路は海路 　を利用 [玄奘]（唐→ヴァルダナ朝） …『大唐西域記』，往復とも陸路を利用 [義浄]（唐→ラージプート時代） …『南海寄帰内法伝』，往復とも海路を 　利用
石窟寺院	敦煌石窟（甘粛省）…莫高窟（4〜14世紀に造営） 北魏時代（太武帝の廃仏後に造営開始） 　　雲崗石窟（山西省）…平城（現大同）近郊に造営 　　竜門石窟（河南省）…洛陽近郊に造営
浄土宗	阿弥陀仏信仰，民衆らに浸透
禅宗	座禅修行を重視，士大夫層が受容

●**道教**…道家思想（老荘思想）や神仙思想に太平道や五斗米道（天師道）などが結合

寇謙之（北魏）	新天師道として大成→太武帝が国教化し，仏教を弾圧（廃仏）
王重陽（金）	全真教を創始→儒教・道教・仏教の融合を図る

●**清談**…老荘思想に基づく超俗的な哲学談議
　「竹林の七賢」（魏晋時代）…阮籍ら7人の清談家

●**キリスト教**

景教（ネストリウス派）	唐代にササン朝を経て伝播（中国最初のキリスト教） 祆教（ゾロアスター教）・マニ教とともに流行（三夷教）
モンテ＝コルヴィノ	海路来訪し，元代にカトリックを大都（現北京）で布教
イエズス会宣教師	明末清初に来訪→カトリックの布教とともに西洋の文化や技術 を中国に紹介（p.40参照）

◆ 仏教は中国に紀元前後, インドから中央アジアを経て [1] が伝来した。漢代は儒教が国教だったため広まらなかったが, 魏晋南北朝時代に入ると一般民衆にまで普及し, 西域から来訪した [2] は寺院の建立など布教に, [3] は仏典の漢訳にそれぞれ尽力した。東晋の [4] はインドのグプタ朝へおもむき, 帰国後に『仏国記』を著した。唐代にもヴァルダナ朝におもむき『[5]』を著した玄奘や, スマトラのシュリーヴィジャヤで『南海寄帰内法伝』を著した [6] がともに [7] で学んだ。また北魏では平城の近郊に [8] 石窟が, 洛陽の近郊に [9] 石窟が造営された。また唐宋代には阿弥陀仏信仰の [10] はおもに庶民に, 座禅による修行を重視する [11] は士大夫層に受容された。

◆ 道教は道家思想や神仙思想, 後漢末の宗教結社である [12] や五斗米道(天師道)などが結合し, 北魏の [13] により新天師道として大成された。さらに華北を統一した [14] は道教を国教に定め, 仏教を弾圧した。金代には王重陽が道教教団の一派として [15] を創始し, 儒教・道教・仏教の融合を図った。

◆ 魏晋代には「竹林の七賢」に代表される老荘思想に基づく超俗的な哲学談議である [16] が流行した。

◆ キリスト教は当初, ネストリウス派が西方から伝わり, [17] とよばれ, [18](ゾロアスター教)やマニ教とともに唐代に流行した。元代には [19] がカトリックの布教のため来訪し, 都の大都(現北京)で布教にあたった。明末清初にはイエズス会の [20] が来訪し, 中国最初の世界地図である「[21]」の作成やエウクレイデスの数学書の漢訳である『[22]』などを著した。また, ドイツ人宣教師の [23] は徐光啓と協力して『[24]』を著し, 清代に来訪したフランス人宣教師の [25] はレジスとともに中国最初の実測図である「[26]」を作成した。また [27] は西洋画法を紹介したほか, 北京の郊外にバロック様式を取り入れた [28] を設計した。しかしイエズス会は [29] とよばれる他の会派との布教をめぐる対立を起こした。このため [30] はイエズス会以外の宣教師の入国を禁じ, さらに [31] はキリスト教の布教を禁止した。キリスト教はその後, アロー戦争後の [32] 条約(1860)により中国での布教が認められた。

	重要用語チェック
1	大乗仏教
2	仏図澄
3	鳩摩羅什
4	法顕
5	大唐西域記
6	義浄
7	ナーランダー僧院
8	雲崗石窟
9	竜門石窟
10	浄土宗
11	禅宗
12	太平道
13	寇謙之
14	太武帝
15	全真教
16	清談
17	景教
18	祆教
19	モンテ゠コルヴィノ
20	マテオ゠リッチ
21	坤輿万国全図
22	幾何原本
23	アダム゠シャール
24	崇禎暦書
25	ブーヴェ
26	皇輿全覧図
27	カスティリオーネ
28	円明園
29	典礼問題
30	康熙帝
31	雍正帝
32	北京条約

▚ 時代と場所をつかむ

時代	文学	歴史	絵画・陶芸	書	技術
春秋・戦国	『詩経』 『楚辞』	[孔子]『春秋』 （編年体）			
前漢		[司馬遷]『史記』 （紀伝体）	 ▲「女史箴図」	 ▲「蘭亭序」	
後漢		[班固]『漢書』 （紀伝体）			[蔡倫] 製紙法
魏晋南北朝	[陶潜]（東晋） 「帰去来辞」 [謝霊運]（宋） [昭明太子]（梁） 『文選』		[顧愷之]（東晋） 「女史箴図」 唐三彩（陶器）	[王羲之]（東晋） 「蘭亭序」	『斉民要術』 （北魏，農業） 『水経注』 （北魏，地理）
唐	唐詩 [李白] [杜甫]「春望」 [王維] [白居易]「長恨歌」 唐宋八大家 [韓愈]・[柳宗元]・		[呉道玄]山水画 [王維] 唐三彩（陶器） ◀唐三彩	[顔真卿] …重厚な書体 ▲顔真卿の書	
宋	[欧陽脩]・ [蘇軾]「赤壁の賦」 宋詞	[欧陽脩] 『新唐書』 （紀伝体） [司馬光] 『資治通鑑』 （編年体）	院体画〔北宗画〕 [徽宗]「桃鳩図」 文人画〔南宗画〕 青磁・白磁（磁器）	[蘇軾] ▲「桃鳩図」（模写）	木版印刷 火薬・羅針盤
元	元曲 『西廂記』 『琵琶記』		 ▲青磁	染付（陶磁器） 	[郭守敬]授時暦
明	小説（四大奇書） 『三国志演義』 『水滸伝』 『西遊記』 『金瓶梅』		赤絵（陶磁器） 赤絵▶ （赤を主調に多色で文様を描き、焼きつける）	▲染付 （ペルシア伝来のコバルト＝ブルーを顔料に利用）	『本草綱目』 （薬学 [李時珍]） 『天工開物』 （技術 [宋応星]） 『農政全書』 （農業 [徐光啓]）
清	小説 『紅楼夢』『聊斎志異』『儒林外史』				

◆ 文学では春秋・戦国時代に華北で中国最古の詩集である『　1　』が，江南で屈原らの詩賦を収めた『　2　』が成立した。魏晋南北朝時代には田園詩人の東晋の　3　や宋の謝霊運が詩作を行い，梁の　4　は技巧的な四六駢儷体の文を含む『　5　』を編纂した。唐代には李白や「詩聖」とよばれた　6　らが多くの唐詩を残し，　7　は玄宗と楊貴妃の悲恋をうたった「長恨歌」を著した。　8　や柳宗元は古文の復興を提唱し，その流れは宋代に「赤壁の賦」を著した　9　らに受け継がれた。

◆ 宋では詞が流行し，この時代に成立した雑劇は元代に元曲として完成した。宰相の娘と書生の恋愛をテーマとした『　10　』や士大夫層を批判した『　11　』などが作られた。明代には印刷術の普及を背景に小説が普及し，歴史物語の『　12　』や108人の豪傑の武勇を描いた『　13　』，玄奘のインド求法に妖怪説話が加わった『　14　』や風俗小説の『金瓶梅』などが著された。さらに清代にも科挙を風刺した『　15　』や没落満洲人貴族の悲哀を描く『紅楼夢』，怪異短編小説の『　16　』などが著された。

◆ 歴史では前漢の　17　の著した『史記』を先駆として，後漢の　18　による『漢書』や宋の　19　による『新唐書』など，すべての正史（王朝の編纂による正統とされる歴史書）は　20　の形式で書かれた。これに対し宋の司馬光が編纂した『　21　』は年代順形式の　22　で著された。

◆ 美術のうち絵画では東晋の　23　が「女史箴図」を描き，唐代には呉道玄らにより山水画が発展した。宋代には宮廷に付属する画院を中心に　24　が皇帝の　25　らにより隆盛する一方，士大夫の間では　26　がもてはやされた。書道では東晋の　27　が楷・行・草の三書体を完成し，唐代の　28　は重厚な書体で知られた。

◆ 技術では，製紙法が後漢の　29　により改良され，唐代のタラス河畔の戦いを機に西方に伝播した。また漢字の字数の多さから木版印刷が普及し，　30　や羅針盤はヨーロッパのルネサンスにも影響を与えた。明代には実学が重んじられ，李時珍は薬学書の『　31　』を，徐光啓は農書の『　32　』を，宋応星は産業技術書の『　33　』を著した。

1 詩経
2 楚辞
3 陶潜（陶淵明）
4 昭明太子
5 文選
6 杜甫
7 白居易
8 韓愈
9 蘇軾

10 西廂記
11 琵琶記
12 三国志演義
13 水滸伝
14 西遊記
15 儒林外史
16 聊斎志異

17 司馬遷
18 班固
19 欧陽脩
20 紀伝体
21 資治通鑑
22 編年体

23 顧愷之
24 院体画
25 徽宗
26 文人画
27 王羲之
28 顔真卿

29 蔡倫
30 火薬
31 本草綱目
32 農政全書
33 天工開物

イスラーム世界の成立

時代と場所をつかむ

●イスラーム以前のアラビア半島

— おもな東西交通路
— ビザンツ帝国とサ
サン朝の対立により,盛
んに利用されるように
なった交通路

●イスラーム教の特色

①[唯一神アッラー]への絶対的服従

②[偶像崇拝の禁止]

③[ムハンマド]は最後の最も偉大な預言者

④「[六信五行]」の義務

六信…神・天使・啓典・預言者・来世・天命
五行…信仰告白・礼拝・断食・喜捨・巡礼

⑤神の前の平等

⑥異教徒には寛大

（ユダヤ教徒やキリスト教徒は「啓典の民」とされ,
[ジズヤ(人頭税)]を納めれば信仰を承認）

⑦聖典は『[コーラン(クルアーン)]』

（アラビア語で記されたムハンマドがアッラー
から授けられた啓示の記録。教義だけでなく,
日常生活で遵守することも含む）

●イスラーム帝国の発展

☐ムハンマド時代の領域
☐正統カリフ時代の領域
☐ウマイヤ朝時代の領域

国名 滅ぼした国
→ 進出ルート

▲メッカにある
カーバ神殿
（東の角に黒石がは
めこまれている）

●ジズヤ(人頭税)とハラージュ(地租)の納税の義務

○…納税・×…免税

	ウマイヤ朝中期まで (アラブ帝国)		ウマイヤ朝末期～アッバース朝 (イスラーム帝国)	
	[ジズヤ]	[ハラージュ]	[ジズヤ]	[ハラージュ]
アラブ人ムスリム	× アラブ人第一主義	×	× ムスリム間の平等 ×	○
非アラブ人ムスリム (マワーリー)	○	○		○
非改宗者 (ズィンミー)	○	○	○	○

流れで覚える

◆ サザン朝とビザンツ帝国の抗争が激しくなり、陸路の絹の道を用いた交易ルートが衰退すると、代わって紅海沿岸を経由する遠隔地貿易が発展して、[1]などの商業都市が繁栄した。しだいに[1]では貧富の差が広がり、富裕な[2]族がアラビア半島における多神教信仰の中心である[3]神殿を管理した。

◆ [2]族出身のムハンマドは唯一神[4]の啓示を受け、預言者としての自覚を抱き、イスラーム教を[1]で創始した。しかし、多神教や偶像崇拝を批判したため、迫害を受け、622年、[5](イスラーム教徒)は[6]に逃れた。この出来事は[7](聖遷)とよばれ、[8]暦であるイスラーム暦の紀元の由来とされる。[6]で[9](信仰共同体)を形成したムハンマドは630年に[1]を征服し、[3]神殿を信仰の中心とした。

◆ ムハンマドの死後、後継者であるカリフとしてアブー＝バクルが信徒により選出された(以後、選挙でカリフを選んだ時代を[10]時代という)。盛んに[11](聖戦)が行われ、ビザンツ帝国からシリア・[12]を奪い、ササン朝を[13]の戦いで破った。各地に進出したアラブ人は支配の拠点として[14](軍営都市)を建設した。

◆ 第4代カリフの[15]が暗殺されると、661年、[16]が[17]を都にウマイヤ朝を開き、カリフを世襲化した。一方、[15]の子孫のみを正統なカリフと認める一派は[18]派とよばれ、代々のカリフを正統と認める[19]派と対立した。ウマイヤ朝も[11]を進め、東方ではインダス川流域にまで、西方では北アフリカを征服し、イベリア半島の[20]王国を滅ぼした。さらにフランク王国に侵入したが、732年に[21]の戦いに敗れ、ピレネー山脈以南に退いた。

◆ ウマイヤ朝まではアラブ人が支配民族として免税特権をもち、一方、被征服民はイスラーム教に改宗しても[22](人頭税)と[23](地租)を負担した。この政策に反発したマワーリー(非アラブ人改宗者)や[18]派の不満を利用したアッバース家は革命でウマイヤ朝を打倒し、750年にアッバース朝が成立した。

◆ アッバース朝はアラブ人の免税特権を廃止して、イスラーム教徒間の平等を原則とし、アラブ帝国からイスラーム帝国への転換を図った。新都として[24]を建設し、8世紀末の第5代カリフ、[25]の時代に全盛期を迎えた。

時代と場所をつかむ

●地域ごとのイスラーム諸王朝

イラク　・　イラン
（メソポタミア）　（ペルシア）

中央アジア
（トルキスタン）

イベリア半島

[後ウマイヤ]朝
（756 ～ 1031）
[ナスル]朝
（1232 ～ 1492）

エジプト

[ファーティマ]朝
（909 ～ 1171）
[アイユーブ]朝
（1169 ～ 1250）
[マムルーク]朝
（1250 ～ 1517）

バグダードに
[ブワイフ]朝　➡ 946 入城
（932 ～ 1062）
[セルジューク]朝 ➡ 1055 入城
（1038 ～ 1194）
[イル＝ハン]国 ➡ 1258 入城
（1258 ～ 1353）

[サーマーン]朝
（875 ～ 999）
[カラハン]朝
（10 世紀中頃 ～ 12 世紀中頃）
[ホラズム（＝シャー）]朝
（1077 ～ 1231）
[チャガタイ＝ハン]国
（1227 ～ 14 世紀後半）

北アフリカ
（マグリブ地方）

[ムラービト]朝
（1056 ～ 1147）
[ムワッヒド]朝
（1130 ～ 1269）

────イラン系　　-----トルコ系
────ベルベル系　────モンゴル系
□ シーア派　　無印：その他

アフガニスタン

[ガズナ]朝
（977 ～ 1187）
[ゴール]朝
（1148 ～ 1215）

北インド

[デリー＝スルタン]朝
（1206 ～ 1526）

奴隷王朝
ハルジー朝
トゥグルク朝
サイイド朝
ロディー朝
（アフガン系）

●カリフ位の変遷

□ …支配者がカリフを名
乗った王朝（時代）

カリフ

▶ 正統カリフ時代 …選挙で選出
　ウンマ（イスラーム共同体）を統率
▶ ウマイヤ朝 …世襲制に
▶ アッバース朝 …世襲制を継承
　対抗して ファーティマ朝・後ウマイ
　ヤ朝 もカリフを自称

←── ブワイフ朝がバグダードに入城（946）。
　　　大アミールに
　　　⇨カリフは政治的実権を喪失
←── セルジューク朝がバグダードに入城
　　　（1055）。スルタン の称号を得る（スル
　　　タン制成立）
　　　⇨スンナ派イスラーム世界での聖権と
　　　　俗権の分離が明確化

←── モンゴルのフレグがバグダード入城
断絶　　アッバース朝滅亡（1258）

▶ オスマン帝国 …マムルーク朝を征服
　（1517）
　　→メッカ・メディナ両聖地の保護権を
　　　獲得し, イスラーム世界の盟主を自認

復活 ←── 18世紀末以降, スルタン がカリフ位の
　　　継承主張

▶ ムスタファ＝ケマルのトルコ革命
　…スルタン制廃止（1922）
　⇨オスマン帝国滅亡

廃止 ←── カリフ制廃止（1924）
　　　⇨政教分離政策採用

●イスラーム世界の変遷

10世紀

11世紀 ←── セルジューク朝の進出ルート

13世紀

▪▪▪ 流れで覚える

◆ アッバース朝の成立後，ウマイヤ家の一族がイベリア半島に移り，ㅤ1ㅤを都にㅤ2ㅤ朝を建てた。チュニジアに成立したシーア派のㅤ3ㅤ朝が建国当初からカリフを名のったことに影響を受け，ㅤ2ㅤ朝もカリフの称号を使用したため，イスラーム世界には3人のカリフが並立した。

◆ アッバース朝でも自立したアミール（総督）が地方に軍事政権を建て，分裂が進んだ。中央アジアではイラン系のㅤ4ㅤ朝が成立し，ㅤ3ㅤ朝はエジプトに侵入し，新都としてㅤ5ㅤを建設した。さらにイラン系でシーア派のㅤ6ㅤ朝は946年にバグダードに入城し，カリフよりㅤ7ㅤに任命され，統治の実権を掌握したため，アッバース朝は名目的存在となった。ㅤ6ㅤ朝は従来の現金を支給するアター制に代わり，官僚や軍人に土地の徴税権を与えるㅤ8ㅤ制を創始し，以後も多くの王朝が採用した。

◆ 中央アジアに入ったトルコ人はㅤ9ㅤとよばれる軍人奴隷から頭角を現し，次第にイスラーム世界の支配層となった。10世紀には最初のトルコ系イスラーム王朝であるㅤ10ㅤ朝が中央アジアに成立した。またㅤ11ㅤが建てたㅤ12ㅤ朝は1055年にバグダードに入城し，カリフからㅤ13ㅤの称号を受け，ㅤ6ㅤ朝を滅ぼした。

◆ モンゴル帝国のㅤ14ㅤはイスラーム遠征を行い，1258年にバグダードに入城してアッバース朝を滅ぼしたため，カリフ制は断絶した。彼はイラン・イラクにㅤ15ㅤ国（フレグ=ウルス）を建て，ㅤ16ㅤの時代にイスラーム教が国教とされた。

◆ エジプト・シリアではクルド人のㅤ17ㅤがㅤ3ㅤ朝を打倒して，ㅤ18ㅤ朝を建て，キリスト教徒による第3回十字軍と対戦した。その後，トルコ系のㅤ19ㅤ朝がとって代わり，都のカイロはインド洋・紅海と地中海を結ぶ国際交易の中心として繁栄した。

◆ 北アフリカのマグリブ地方では，11世紀以降，先住民であるㅤ20ㅤ人のイスラーム化が進み，モロッコのマラケシュを都として，ㅤ21ㅤ朝やムワッヒド朝が相次いで成立した。ともにイベリア半島に進出し，キリスト教徒のㅤ22ㅤ（レコンキスタ）に対抗した。またイベリア半島にはㅤ23ㅤ朝がㅤ24ㅤを都に成立したが，1492年にㅤ25ㅤ王国に滅ぼされ，イベリア最後のイスラーム王朝となった。

重要用語チェック

1 コルドバ

2 後ウマイヤ朝

3 ファーティマ朝

4 サーマーン朝

5 カイロ

6 ブワイフ朝

7 大アミール

8 イクター制

9 マムルーク

10 カラハン朝

11 トゥグリル=ベク

12 セルジューク朝

13 スルタン

14 フレグ

15 イル=ハン国

16 ガザン=ハン

17 サラディン

18 アイユーブ朝

19 マムルーク朝

20 ベルベル人

21 ムラービト朝

22 国土回復運動

23 ナスル朝

24 グラナダ

25 スペイン王国

26　イスラーム帝国の繁栄（ティムール・サファヴィー・ムガル）

時代と場所をつかむ

●ティムール朝の最大領域

▲イスファハーンにあるイマームのモスク
（サファヴィー朝のアッバース1世が造営）

●ガズナ朝とゴール朝

□ ガズナ朝の最大領域
▨ ゴール朝の最大領域

●ムガル帝国の皇帝

［バーブル］（初代）	ロディー朝（最後のデリー＝スルタン朝）を滅ぼす。［デリー］を都にムガル帝国を建国
［アクバル］（第3代）	北インドを統一し，都を［アグラ］に移す　ヒンドゥー教徒との融和に努める　**ジズヤ（人頭税）を廃止**
シャー＝ジャハーン（第5代）	妃の墓廟としてアグラに［タージ＝マハル］を造営
［アウラングゼーブ］（第6代）	南端を除くインドを統一　厳格なイスラーム主義をとる　**ジズヤを復活→異教徒の離反をまねく**

●ムガル帝国の発展

□ アクバル帝時代の領域
■ ムガル帝国の最大領域（アウラングゼーブ帝時代）
□ はムガル帝国の支配に反発した勢力

●インド＝イスラーム文化
…ヒンドゥー文化とイスラーム文化の融合

言語	［ウルドゥー語］→［ヒンディー語］（北インドの共通語）などにペルシア語・アラビア語の単語を取り入れ成立。アラビア文字で表記。現パキスタンの国語
宗教	［シク教］→16世紀初頭に［ナーナク］が創始。ヒンドゥー教のバクティ信仰とイスラーム教が融合。偶像崇拝やカースト制を否定。パンジャーブ地方中心
美術	ムガル絵画→イランの細密画の影響

▲タージ＝マハル

▲ムガル絵画

◆ 中央アジアを支配したモンゴル系の [1] 国は内紛により14世紀前半に東西に分裂した。このうち<u>西チャガタイ＝ハン国</u>から勃興した [2] が<u>ティムール朝</u>を建国し，[3] を都とした。[2] は西進してイル＝ハン国の故地をあわせ，南ロシアの [4] 国や北インドにも侵入した。さらに1402年，<u>オスマン帝国</u>を [5] の戦いで破ったが，中国の [6] への遠征途上で病死した。ティムール朝は15世紀前半に全盛期を迎え，[3] には第4代のウルグ＝ベクにより天文台が建設されるなど学術も発展したが，後に分裂し，トルコ系の [7] に滅ぼされた。

◆ ティムール朝衰退後のイランでは，<u>神秘主義教団</u>の指導者であった [8] が，1501年に [9] 朝を建国し，国教として [10] 派の一派の<u>十二イマーム</u>派を，王の称号として [11] を採用した。[9] 朝は [12] の時代に最盛期を迎え，[13] を新たな都とし，この都市の繁栄は「[13] は世界の半分」と表現された。しかし18世紀中頃，<u>アフガン人</u>に都を占領され，滅亡した。

◆ インドのイスラーム化は11世紀以降，アフガニスタンに成立したイスラーム王朝のインド侵入により本格化した。まずトルコ系の [14] 朝は北インドに侵入し，12世紀には [15] 朝が侵入して北インドの大部分を支配した。また [16]（イスラーム神秘主義）の活動も，インドにイスラーム教が広がる要因となった。

◆ ゴール朝に仕えた<u>マムルーク</u>の [17] は13世紀にインド最初のイスラーム王朝である [18] 王朝を創始した。以後，デリーを都とした5つのイスラーム王朝を [19] 朝と総称する。

◆ ティムールの子孫 [20] はロディー朝を破って，<u>デリー</u>を都に [21] 帝国を建国した。第3代皇帝の [22] は北インドの統一に成功し，新たに [23] に都を移した。また全国を州・県・郡に分けて中央集権的な統治を進め，官僚制度として<u>マンサブダール制</u>を定めた。またヒンドゥー教徒との融和に努め，従来異教徒に課された [24] を廃止した。

◆ 第6代皇帝の [25] は南端を除くインドを統一し，領土最大を実現した。一方で，厳格なスンナ派イスラーム主義をとり，[24] を復活させ，シーア派や異教徒を迫害した。このため<u>ヒンドゥー教徒</u>や16世紀に [26] が創始した [27] 教の信徒らの反抗を招き，帝国の衰退が始まった。[25] に反抗したヒンドゥー教徒はデカン高原西部に [28] 王国を建てた。

1 チャガタイ＝ハン国
2 ティムール
3 サマルカンド
4 キプチャク＝ハン国
5 アンカラ（アンゴラ）の戦い
6 明（ミン）
7 遊牧ウズベク（ウズベク人）

4章 イスラーム世界の形成と発展

8 イスマーイール（1世）
9 サファヴィー朝
10 シーア派
11 シャー
12 アッバース1世
13 イスファハーン

14 ガズナ朝
15 ゴール朝
16 スーフィズム

17 アイバク
18 奴隷王朝（どれい）
19 デリー＝スルタン朝

20 バーブル
21 ムガル帝国
22 アクバル
23 アグラ
24 ジズヤ（人頭税）

25 アウラングゼーブ
26 ナーナク
27 シク教
28 マラーター王国

トルコ人王朝とオスマン帝国の繁栄

時代と場所をつかむ

●トルコ人の移動と諸王朝

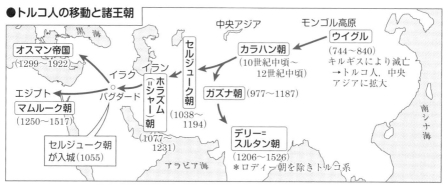

●オスマン帝国とサファヴィー朝

14世紀中頃までのオスマン帝国領
—— オスマン帝国の最大領域
‥‥ サファヴィー朝の最大領域

●オスマン帝国の発展

スルタン	戦争	結果
バヤジット1世	[ニコポリスの戦い](1396)でヨーロッパ連合軍を破る	ブルガリア併合
	[アンカラの戦い](1402)でティムールに大敗	オスマン帝国分裂，一時中断
メフメト2世	[ビザンツ帝国]を滅ぼす(1453)	[イスタンブル]に遷都
セリム1世	チャルディラーンの戦い(1514)でサファヴィー朝を破る	アナトリア東部併合
	[マムルーク朝]を滅ぼす(1517)	メッカとメディナの保護権獲得
スレイマン1世	モハーチの戦いに勝利(1526)	[ハンガリー]を征服
	ウィーンを包囲(1529)	撤退→神聖ローマ帝国での新旧両教徒の対立が再燃
	[プレヴェザの海戦](1538)に勝利	地中海の制海権を得る

流れで覚える

◆ トルコ人は元来，モンゴル高原で遊牧を営んだが，9世紀の ___1___ の崩壊を機に中央アジアに拡大した。___2___ 朝のカリフが彼らを奴隷（どれい）として購入して以降，イラン系の ___3___ 朝の領内に設けられた奴隷市場などを経て，トルコ人は西アジアにも送られ，___4___ （軍人奴隷）としてアラブ系やイラン系王朝に仕えた。さらに自立した ___4___ はエジプトの ___5___ 朝やアフガニスタンの ___6___ 朝，中央アジアの ___7___ 朝などのトルコ人王朝を建てた。

◆ 10世紀にイスラーム教を受容したトルコ系の ___8___ 朝によりサーマーン朝が滅亡すると，アラル海東方から起こった ___9___ 朝は西進して，西アジア一帯に領域を広げた。また ___9___ 朝の一族が小アジア（アナトリア）に建てた<u>ルーム＝セルジューク朝</u>はこの地のトルコ化とイスラーム化に大きな役割を果たした。

◆ オスマン帝国は13世紀末に小アジア西北部で建国され，<u>バルカン半島</u>に領域を拡大し，東南部の ___10___ を都とした。その後，___11___ は<u>ニコポリスの戦い</u>でヨーロッパ連合軍に勝利したが，1402年に<u>ティムール朝</u>に ___12___ の戦いで敗れ，帝国建設は一時停滞した。

◆ ___13___ は1453年に<u>ビザンツ帝国</u>を滅ぼし，その都<u>コンスタンティノープル</u>（後の ___14___ ）に遷都した。1517年に ___15___ はエジプト・シリアを支配した ___4___ 朝を滅ぼし，聖地メッカ・メディナの保護権を獲得した。さらに ___16___ はオスマン帝国の最盛期を築き，<u>ハンガリー</u>を獲得して，神聖ローマ帝国の都 ___17___ を包囲した。1538年にはスペイン・ヴェネツィア・ローマ教皇の連合艦隊を ___18___ の海戦で破り，地中海での制海権を掌握（しょうあく）した。

◆ オスマン帝国は神聖ローマ皇帝であるハプスブルク家との対抗上，___19___ 王国と同盟し，領事裁判権や税金免除などを保障する ___20___ を与えた。その後，1571年の ___21___ の海戦でスペインなどに敗れたが，17世紀までではヨーロッパに対し優勢を保った。

◆ オスマン帝国ではスルタン直属の常備歩兵軍団である ___22___ を<u>デヴシルメ</u>（バルカン半島のキリスト教徒を，イスラーム教に改宗させ，官僚・軍人とする制度）によって徴用した男子で編成した。また軍事奉仕の代償（だいしょう）としてシパーヒー（騎士）に土地の徴税権にあたる ___23___ を与えた。また ___24___ に基づく統治が行われたが，非ムスリムには宗派別の ___25___ （共同体）を作らせて，納税を条件に自治や慣習を認めるなど寛容策をとった。

4章　イスラーム世界の形成と発展

1 ウイグル
2 アッバース朝
3 サーマーン朝
4 マムルーク
5 トゥールーン朝
6 ガズナ朝
7 ホラズム（＝シャー）朝

8 カラハン朝
9 セルジューク朝

10 エディルネ
　（アドリアノープル）
11 バヤジット1世
12 アンカラ（アンゴラ）
　の戦い

13 メフメト2世
14 イスタンブル
15 セリム1世
16 スレイマン1世
17 ウィーン
18 プレヴェザの海戦

19 フランス王国
20 カピチュレーション
21 レパントの海戦

22 イェニチェリ
23 ティマール
24 シャリーア
　（イスラーム法）

25 ミッレト

時代と場所をつかむ

●アフリカの黒人王国

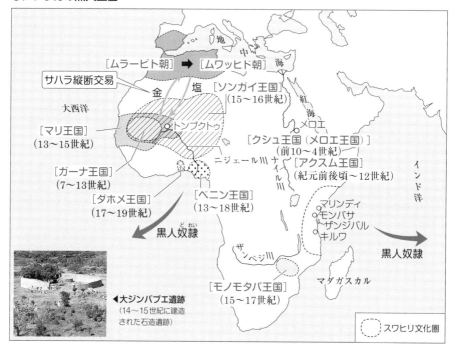

［ムラービト朝］ ➡ ［ムワッヒド朝］

サハラ縦断交易

金　塩　［ソンガイ王国］
（15～16世紀）

大西洋

［マリ王国］
（13～15世紀）

○トンブクトゥ

メロエ

［クシュ王国（メロエ王国）］
（前10～4世紀）

ニジェール川

［ガーナ王国］
（7～13世紀）

［アクスム王国］
（紀元前後頃～12世紀）

［ダホメ王国］
（17～19世紀）

［ベニン王国］
（13～18世紀）

黒人奴隷

マリンディ
モンバサ
ザンジバル
キルワ

黒人奴隷

ザンベジ川

イ　ン　ド　洋

［モノモタパ王国］
（15～17世紀）

マダガスカル

◀大ジンバブエ遺跡
（14～15世紀に建造
された石造遺跡）

スワヒリ文化圏

●（大西洋）三角貿易（17～19世紀前半）

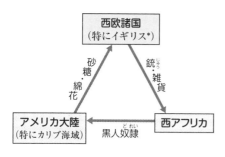

西欧諸国
（特にイギリス*）

砂糖・綿花

銃・雑貨

アメリカ大陸
（特にカリブ海域）

黒人奴隷

西アフリカ

＊イギリスはスペイン継承戦争後のユトレヒト
条約（1713）で**アシエント**（奴隷供給請負契約）
をスペインから付与され，18世紀に全盛を迎
えた奴隷貿易の中心となり，産業革命につな
がる資本を蓄積した。

●アメリカ植民地に送られた黒人奴隷の
地域分布

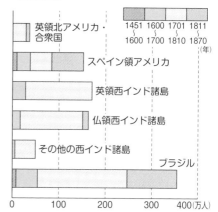

英領北アメリカ・
合衆国

| 1451 | 1600 | 1701 | 1811 |
| 1600 | 1700 | 1810 | 1870 |
(年)

スペイン領アメリカ

英領西インド諸島

仏領西インド諸島

その他の西インド諸島

ブラジル

0　　　100　　　200　　　300　　　400(万人)

:::::: 流れで覚える

◆ アフリカでは大河の流域を中心に黒人国家が成立した。<u>ナイル川上流</u>（現スーダン）には，前10世紀頃に最古の黒人王国である［　1　］王国が建てられ，前8世紀には下流のエジプトに進出した。しかしその後，オリエントを初めて統一することになる［　2　］の攻撃によりナイル川上流に撤退した。その後，［　1　］王国は［　3　］に都を置き，製鉄や商業で発展したが，<u>エチオピア</u>に建国された［　4　］王国により滅ぼされた。［　4　］王国は紅海・インド洋交易で繁栄し，［　5　］教を受容したが，7世紀以降はイスラーム勢力の勃興により衰退した。

◆ <u>ニジェール川</u>の流域には7世紀頃に［　6　］王国が成立し，流域で産出される［　7　］とサハラ砂漠でとれる［　8　］を交換するサハラ縦断交易で繁栄した。この王国は<u>ベルベル人</u>の［　9　］朝の侵入で衰退し，以後この地域のイスラーム化が進んだ。13世紀に成立した［　10　］王国や，15世紀に成立した［　11　］王国はイスラーム王国で，経済・文化の中心として［　12　］が繁栄した。［　10　］王国最盛期の［　13　］王はメッカに巡礼したことで知られる。

◆ 10世紀以降，イスラーム世界での交易の中心が<u>ペルシア湾</u>ルートから<u>カイロ</u>を起点とする<u>紅海</u>ルートに移ると，アフリカ東岸にはイスラーム商人の来航が増え，沿岸住人の使う<u>バントゥー諸語</u>とアラビア語が融合して［　14　］語が形成された。東南アジアの［　15　］や中国の陶磁器などが輸入され，アフリカからは［　16　］や象牙などが輸出された。交易で栄えた海港都市として，明の［　17　］やインド航路を開拓した［　18　］も来訪した<u>マリンディ</u>や，<u>モンバサ</u>・<u>ザンジバル</u>・［　19　］などがある。<u>ザンベジ川</u>以南には14世紀以降，［　20　］王国などの国々が成立してインド洋交易で繁栄し，「石の家」を意味する［　21　］遺跡を残した。

◆ 16世紀以降，ヨーロッパ諸国がアメリカに進出すると，砂糖やタバコ，綿花などのプランテーションの労働力として［　16　］をアフリカから輸入し，（<u>大西洋</u>）<u>三角貿易</u>を形成した。奴隷制度が廃止される19世紀までに1000万人以上の青壮年人口が流出したためアフリカは深刻な社会的停滞に陥った。一方で，西アフリカ沿岸にはナイジェリアの［　22　］王国やベナンの［　23　］王国のように，［　16　］をヨーロッパ人のもたらす武器や綿布などと交換して繁栄する黒人王国も存在した。

重要用語チェック

1 クシュ王国
2 アッシリア
3 メロエ
4 アクスム王国
5 キリスト教

6 ガーナ王国
7 金
8 塩（岩塩）
9 ムラービト朝
10 マリ王国
11 ソンガイ王国
12 トンブクトゥ
13 マンサ＝ムーサ王

14 スワヒリ語
15 香辛料
16 黒人奴隷
17 鄭和
18 ヴァスコ＝ダ＝ガマ
19 キルワ
20 モノモタパ王国
21 大ジンバブエ遺跡

22 ベニン王国
23 ダホメ王国

4章 イスラーム世界の形成と発展

29 イスラームの社会と文化

時代と場所をつかむ

●イスラーム社会の特徴

都市文明→メッカへの巡礼路が商業ルートとなり，中継地の都市が地域経済の中心に

都市の特徴	[ドーム](円屋根)や[ミナレット](尖塔)を特徴とする[モスク](礼拝所)や[スーク](市場)が中核。[キャラヴァンサライ](隊商宿)も整備
[マドラサ] (学院)	[ウラマー](学者)の育成機関。[ワクフ](信託財産)からの収入などで維持 ①[アズハル学院]…ファーティマ朝が[カイロ]にシーア派教学のために設立。アイユーブ朝以降はスンナ派に転じ，現在もイスラーム世界の最高学府 ②[ニザーミーヤ学院]…セルジューク朝の宰相[ニザーム＝アルムルク]が，ファーティマ朝の喧伝活動に対抗し，スンナ派教学のために各地に設立

●イスラーム文化の特色

融合文化→イスラーム教徒とアラビア語をもとにアラブ文化とオリエント・ヘレニズム・インドなど周辺地域の諸文化が融合(ギリシア語文献をアラビア語に翻訳)

固有の学問	神学	[ガザーリー]…イスラーム神学の大成者。後年スーフィズム(神秘主義)に傾斜
	法学	イスラーム法([シャリーア])の発達→『コーラン』やハディース(ムハンマドの言行や伝承の記録)の解釈に基づく
	歴史学	タバリー…『預言者たちと諸王の歴史』 [イブン＝ハルドゥーン]…『世界史序説』歴史発展の法則を説く ラシード＝アッディーン…イル＝ハン国のガザン＝ハンの宰相。『集史』
外来の学問	数学	ゼロなどのインド数字がアラビア数字に影響 [フワーリズミー]…アラビア数学の確立。代数学の発展
	医学	[イブン＝シーナー](ラテン名アヴィケンナ)…『医学典範』(中世ヨーロッパに伝わり，サレルノ大学などで医学の教科書に)
	哲学	[イブン＝ルシュド](ラテン名アヴェロエス)…アリストテレス哲学の注釈
	その他	天文学・化学(錬金術から発展)・地理学など
文学	説話集	『[千夜一夜物語(アラビアン＝ナイト)]』…16世紀にカイロで現在の形に
	詩	[ウマル＝ハイヤーム]…『ルバイヤート(四行詩集)』 [フィルドゥシー]…『シャー＝ナーメ(王の書)』イラン民族叙事詩
美術		[アラベスク](幾何学的な装飾文様)…イスラーム教の偶像崇拝禁止により発展 [細密画](ミニアチュール)…中国絵画の影響を受けて，イランで発展
建築		[アルハンブラ宮殿]…グラナダ。ナスル朝が建設 [クトゥブ＝ミナール] …デリー郊外。奴隷王朝の創始者アイバクが建設 [タージ＝マハル] …アグラ。ムガル皇帝シャー＝ジャハーンが妃の墓廟として建設

▲アルハンブラ宮殿　▲クトゥブ＝ミナール
　(獅子の中庭)

∷∷ 流れで覚える

◆ イスラーム社会は都市を中心に形成され，都市には信徒の礼拝のために ___1___ が造られ，また付属の教育機関として ___2___ が置かれた。これらの施設は支配者や富裕層の ___3___ （財産寄進）により建設・維持された。___2___ の代表的なものは，シーア派の ___4___ 朝が**カイロ**に建設した ___5___ **学院**や，これに対抗したスンナ派の**セルジューク朝**が各地に設立した ___6___ **学院**である。この普及のための商業活動の中核は**スーク**や**バザール**とよばれた ___7___ で，都市間を往来する商人のために隊商宿の ___8___ も整備された。

◆ イスラーム文化は，元々アラビア語を用いた人々による『コーラン』の解釈から発展した神学・法学・歴史学などが「**固有の学問**」と見なされ，___9___ （学者・知識人）を担い手として発展した。神学では後に ___10___ （イスラーム神秘主義）に傾斜した ___11___ が，歴史学では『世界史序説』を著した ___12___ が著名である。

◆ イスラーム世界が拡大し，さらにイスラーム商人らの活動で周辺地域との交流が盛んになると，ギリシアやローマ，ペルシアやインドといった先進文化が積極的に吸収され，哲学・医学・数学・天文学などが「**外来の学問**」として発展した。アッバース朝の都の ___13___ には9世紀初めに「**知恵の館**」が置かれて ___14___ の文献が**アラビア語**に翻訳され，___15___ **の戦い**を機に中国から伝来した ___16___ を用いて記録された。哲学ではアリストテレスの注釈で知られるコルドバ出身の ___17___ が，医学では『医学典範』を著した ___18___ が，数学ではインド数字を用いて代数学を確立した ___19___ が著名である。また『**ルバイヤート**（四行詩集）』の作者でもある ___20___ らが発展させた天文学の知識は中国に伝播し，元代の郭守敬の作成した ___21___ に影響を与えた。

◆ イスラーム文化の成果は11世紀以降，**十字軍**や**レコンキスタ**を機に西欧のキリスト教徒にも認知されることとなり，イベリアの ___22___ やコルドバ，シチリア島のパレルモなどで**アラビア語**から ___23___ に翻訳され，スコラ学の大成など，___24___ とよばれる中世文化の復興の動きに影響を与えた。

◆ 文学ではアラビア語による代表的説話集である『 ___25___ 』や，**フィルドゥシー**の著したイラン人の民族叙事詩である『 ___26___ 』がよく知られる。

1 モスク
2 マドラサ
3 ワクフ
4 ファーティマ朝
5 アズハル学院
6 ニザーミーヤ学院
7 市場
8 キャラヴァンサライ

9 ウラマー
10 スーフィズム
11 ガザーリー
12 イブン＝ハルドゥーン

13 バグダード
14 ギリシア語
15 タラス河畔の戦い
16 紙（製紙法）
17 イブン＝ルシュド
　（アヴェロエス）
18 イブン＝シーナー
　（アヴィケンナ）
19 フワーリズミー
20 ウマル＝ハイヤーム
21 授時暦

22 トレド
23 ラテン語
24 12世紀ルネサンス

25 千夜一夜物語
　（アラビアン＝ナイト）
26 シャー＝ナーメ
　（王の書）

30　西ヨーロッパ中世世界の成立

時代と場所をつかむ

●民族の大移動

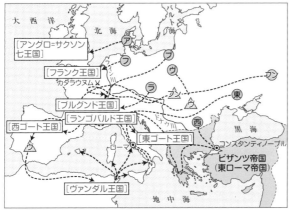

(参考)北イタリアの勢力
①[ローマ帝国]
②[西ローマ帝国]
③オドアケルの王国
④東ゴート王国
⑤[ビザンツ帝国]
⑥[ランゴバルド王国]
⑦フランク王国

部族	移動と建国	滅ぼした国
[西ゴート人]	アラリックに率いられ一時ローマ占領(410)→[イベリア半島]に建国	ウマイヤ朝(711)
[東ゴート人]	[テオドリック]に率いられオドアケルを破る→[イタリア半島]に建国	東ローマ帝国(ユスティニアヌス帝)
[ヴァンダル人]	ガイセリックに率いられ,[アフリカ北岸]に建国	東ローマ帝国(ユスティニアヌス帝)
[ブルグンド人]	[ガリア東南部]に建国	フランク王国
[フランク人]	[ガリア北部]に建国	分裂
[アングロ＝サクソン人]	[ブリタニア](大ブリテン島)に七王国(ヘプターキー)を建国	ノルマン人による征服
[ランゴバルド人]	[北イタリア]に建国	フランク王国(カール大帝)

●フランク王国の発展

[メロヴィング]朝(481〜751)	[クローヴィス]	[アタナシウス派]に改宗→ローマ系住民を懐柔,王国発展の基礎
	[カール＝マルテル]	宮宰(マヨル＝ドムス,宮廷の最高職)カロリング家…[トゥール・ポワティエ間の戦い](732)で[ウマイヤ朝]軍を撃退
[カロリング]朝(751〜987)	[ピピン]	カール＝マルテルの子→カロリング朝を創始[ラヴェンナ地方]を教皇に寄進(教皇領の起源)
	[カール大帝]	西ヨーロッパの大部分を統一→ローマ皇帝の帝冠を授与される(800)

::::: **流れで覚える**

	重要用語チェック

◆ 　 **1** 　沿岸を原住地とするゲルマン人は先住民の **2** 人を圧迫し，紀元前後にはライン川から，黒海沿岸にいたる広範な地域に拡大した。大移動前のゲルマンについては，**カエサル**の『 **3** 』や**タキトゥス**の『 **4** 』に記される。部族ごとに王や数名の首長が統率し，戦士でもある自由民（貴族・平民）による **5** が政治の最高機関であった。大移動前にもローマ帝国内に傭兵や下級官吏，コロヌスとして平和的に移動する者もいた。

1 バルト海

2 ケルト人

3 ガリア戦記

4 ゲルマニア

5 民会

◆ アジア系のフン人はゲルマン人の一派 **6** 人を征服，さらに **7** 人を圧迫した。 **7** 人が376年に **8** 川を渡ってローマ帝国内に移動すると他のゲルマン部族も大移動を開始した。フン人は **9** 王がパンノニア（現ハンガリー）に大帝国を建てたが451年 **10** で敗れ，やがて崩壊した。この混乱の中，西ローマ帝国は476年ゲルマン人傭兵隊長 **11** に滅ぼされた。

6 東ゴート人

7 西ゴート人

8 ドナウ川

9 アッティラ王

10 カタラウヌムの戦い

11 オドアケル

◆ フランク王国の**カール大帝**は北イタリアでは **12** 王国を滅ぼし，北ドイツでは **13** 人を征服し，東では侵入してきたアジア系遊牧民の **14** 人を撃退した。国内では全土を州に分け地方有力者を州長官の **15** に任命し，また， **16** に **15** を監視させるなど中央集権体制を確立させた。

12 ランゴバルド王国

13 ザクセン人

14 アヴァール人

15 伯

16 巡察使

◆ 800年，教皇 **17** はカールに**ローマ皇帝**の帝冠を授与した。この**カールの戴冠**は，①西ローマ帝国滅亡後の西欧が一つの政治勢力に統合された。②ローマ的要素やキリスト教的要素にゲルマン的要素を融合した，新たな文化圏が成立した。③新しい政治的保護者を得たことで，ローマ教会がビザンツ帝国への従属から自立した，など重要な意義をもつ。このカールの帝国は，843年の **18** 条約と870年の **19** 条約により3分割された。

17 レオ3世

18 ヴェルダン条約

19 メルセン条約

◆ 西フランク（フランス）では987年にカロリング家が断絶し，パリ伯の **20** が王位について **21** 朝を開いた。しかし，王領は極めて狭く，諸侯が多数分立していたため王権は弱体であった。

20 ユーグ＝カペー

21 カペー朝

◆ 東フランク（ドイツ）では911年にカロリング家が断絶し，選挙王政に移行した。 **22** 家の **23** は，**マジャール人**をレヒフェルトの戦いで破り，また，イタリア遠征で教皇を救援すると962年に戴冠され **24** が成立した。しかし，歴代の皇帝はイタリア政策に熱中して国内統治を怠ったため国内の不統一を招いた。

22 ザクセン家

23 オットー1世

24 神聖ローマ帝国

◆ イタリアでは875年にカロリング家が断絶すると，神聖ローマ皇帝や**イスラーム勢力**の進出などで，小国家の分立が続いた。

5章

ヨーロッパ世界の形成と発展

▪▪▪ 時代と場所をつかむ

●ビザンツ帝国

発展	[ユスティニアヌス帝] (位527〜565) 〈外征〉[ヴァンダル王国] (北アフリカ)・[東ゴート王国] (イタリア) 征服 →地中海帝国の再現 〈内政〉中国より養蚕術を導入→絹織物産業の振興 『[ローマ法大全]』…法学者の**トリボニアヌス**を中心に編纂 [ハギア (セント) =ソフィア聖堂]…ビザンツ様式
縮小① (6世紀〜)	**ランゴバルド人**…北イタリアを征服 **ブルガール人**…バルカン半島に**ブルガリア帝国 (第1次)** 建国 **イスラーム勢力**…[シリア]・[エジプト] を奪う (正統カリフ時代)
変質①	**ヘラクレイオス1世**…ギリシア語を公用語化 [軍管区 (テマ) 制]…軍司令官に軍事と行政の権限を与える [屯田兵制]…農民に土地を与え、兵役義務を課す [レオン3世] (聖像禁止令 (726) を発布)→ローマ教会との対立へ
盛期	バシレイオス2世 (マケドニア朝)…[ブルガリア] 帝国 (第1次) を征服
縮小② (11世紀〜)	[セルジューク朝] のアナトリア進出→**マンジケルトの戦い**に敗北 (1071) **セルビア人**…バルカン半島に**セルビア王国**建国 **ブルガール人**…バルカン半島に**ブルガリア帝国 (第2次)** 建国
変質②	[プロノイア制]…有力な貴族らに国有地を管理させ、代償に軍役義務を課す
滅亡	[第4回十字軍]…コンスタンティノープル占領、[ラテン帝国] を樹立 [オスマン帝国]…**メフメト2世**がビザンツ帝国を滅ぼす (1453)

●ユスティニアヌス時代のビザンツ帝国

●スラヴ人の移動と宗教

:::::: 流れで覚える

◆ **ビザンツ帝国**はゲルマン人移動の影響がほとんどなく，中央集権体制や貨幣経済を維持した。西ローマ滅亡後は西方のゲルマン諸国家やローマ教会を服従させ，西欧が**カールの戴冠**で自立後も，経済・文化面で優位を保った。また，西欧は教皇と皇帝の聖俗両権が並立したのに対し，ビザンツ皇帝はギリシア聖俗両権を握った。

◆ ビザンツ皇帝の 1 は，6世紀中頃北アフリカの 2 やイタリアの 3 を滅ぼした。 1 の死後，異民族が侵入し，北イタリアはゲルマンのフランク人や 4 人に，イスラーム勢力には**シリア**や 5 を奪われた。そこでビザンツ帝国は各地の軍司令官に軍事と行政の権限を与える 6 制や，農民に土地を与えて兵役義務を課す 7 制を実施し，中央集権を進めた。11世紀にはバシレイオス2世が 8 帝国（第1次）を征服するなど領土を回復したが，同世紀後半には 9 がアナトリアに進出したため教皇に救援を請うた（**十字軍の契機**）。帝国内部でも軍事奉仕の代償に国有地を管理させる 10 がとられ地方分権が進んだ。13世紀には 11 主導の 12 に都 13 を奪われ 14 を建設されるなど衰退が続き，1453年オスマン帝国により滅んだ。

◆ スラヴ人はゲルマン移動後，東欧一帯に拡大した。西スラヴ人は 15 に改宗し， 16 人は14世紀成立の 17 朝のもとで東欧の強国となった。 18 人は**ベーメン（ボヘミア）王国**を樹立したが，神聖ローマ帝国に編入された。南スラヴ人のうち 19 人，**スロヴェニア人**は 15 を， 20 人やアジア系からスラヴに同化した 21 人は 22 に改宗し，ともにビザンツを圧迫したが，14世紀，オスマン帝国の支配下に入った。

◆ ロシア人などの東スラヴ人が広がったロシアには，9世紀にノルマン人が**ノヴゴロド国**や 23 を建てた（ノルマン人はその後ロシア人に同化）。 23 の 24 はギリシア正教に改宗し，ビザンツ文化も取り入れ最盛期を築いた。しかし，13世紀に**バトゥ**が侵入し， 25 を建てるとモンゴル人支配が始まった。15世紀にはモスクワを中心とした**モスクワ大公国**が勢力を拡大し， 26 のもとで 25 からの独立を達成した。 26 はビザンツ皇帝の後継を自任して 27 の称号を用い，孫の 28 は 27 を正式採用するとともに，国内の貴族を弾圧して中央集権化を進めた。ウラル語系の 29 人は東フランクのオットー1世に敗れた（955，レヒフェルトの戦い）後，パンノニアに定着して 30 王国を建設し，**カトリックを受容**した。

5章 ヨーロッパ世界の形成と発展

67

封建社会の成立

■ 時代と場所をつかむ

●ノルマン人の活動

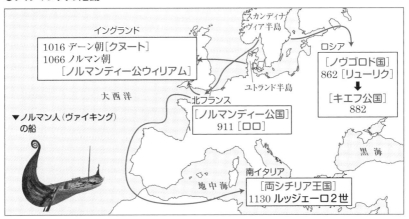

▼ノルマン人（ヴァイキング）の船

- イングランド
  - 1016 デーン朝［クヌート］
  - 1066 ノルマン朝
    - ［ノルマンディー公ウィリアム］
- スカンディナヴィア半島
- ユトランド半島
- ロシア
  - ［ノヴゴロド国］
  - 862［リューリク］
  - →
  - ［キエフ公国］
  - 882
- 大西洋
- 北フランス
  - ［ノルマンディー公国］
  - 911 ［□□］
- 黒海
- 地中海
- 南イタリア
  - ［両シチリア王国］
  - 1130 ルッジェーロ2世

●封建社会の成立

起源 ・主君が奉仕の代償に臣下に土地を貸与するローマ末期の［恩貸地制（おんたいちせい）］
↓ ・臣下が有力者に忠誠を誓い軍役を奉仕するゲルマン人の［従士制］ ｝結合

完成 8世紀頃からのノルマン人やイスラーム勢力などの侵入を契機に完成

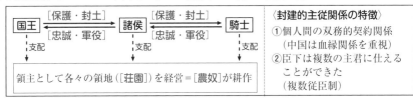

国王	←［保護・封土］→	諸侯	←［保護・封土］→	騎士
	←［忠誠・軍役］→		←［忠誠・軍役］→	

国王 ↓支配　諸侯 ↓支配　騎士 ↓支配

領主として各々の領地（［荘園］）を経営＝［農奴］が耕作

〈封建的主従関係の特徴〉
①個人間の双務的契約関係
　（中国は血縁関係を重視）
②臣下は複数の主君に仕える
　ことができた
　（複数従臣制）

●ローマ＝カトリック教会の発展

［聖像禁止令］	ビザンツ皇帝［レオン3世］が発布（726） →ゲルマン布教への必要上，ローマ教会が反発
フランク王国との提携	ローマ教会はピピンによるカロリング朝創始（751）を支持→ピピンの寄進 ［カールの戴冠（たいかん）］（800）→ローマ教会はビザンツ帝国の従属から自立
教会の腐敗	8世紀頃からノルマン人・イスラーム勢力などの進出 →信者から土地や財産の寄進＝教会の領主化，聖職者の堕落（だらく）化（妻帯・聖職売買）
教会改革運動	［クリュニー］修道院（910年，フランス中東部に創建）が中心
［叙任権闘争］	教皇［グレゴリウス7世］は俗人による聖職者叙任を禁止 →帝国教会政策をとるドイツ王（後の神聖ローマ皇帝）［ハインリヒ4世］が反発 →［カノッサの屈辱］（1077）…ハインリヒ4世がグレゴリウス7世に屈服 →［ヴォルムス協約］（1122）…教皇優位の妥協が成立
教皇権の隆盛	教皇［インノケンティウス3世］のもとで教皇権の絶頂期

◆ ノルマン人は [1] **半島**や**ユトランド半島**を原住地とする。造船や航海にすぐれ，漁業や商業，略奪などを生業とし [2] としておそれられた。8世紀末より移動を開始し， [3] に率いられたルーシはロシアに [4] ，次いで [5] を建てた。また，首長□□が率いた一派は北仏に [6] を建てた。イングランドにはノルマン人の一派デーン人が侵入したが，9世紀にアングロ＝サクソンの [7] に撃退された。しかし，1016年にデーン人は [8] のもとでイングランドを征服し，1066年に [9] がノルマン朝を開いた。また南伊には [6] の騎士が [10] を建てた。原住地の北欧ではノルマン人の統合が進み， [11] **王国**，**ノルウェー王国**，**スウェーデン王国**が成立した。

◆ ヨーロッパの封建的主従関係（封建制度）は，ローマ末期の [12] **制**とゲルマン人の**従士制**が融合して成立した。外敵の侵入などから自衛のため，有力者との結びつきを強める必要があったからである。

◆ 王や諸侯・騎士の所領を荘園とよぶ。内部には領主の [13] ，農民の [14] ，森や牧地などの [15] があり，自給自足の現物（自然）経済が営まれた。耕作者は [16] とよばれ移動や職業選択の自由はなかったが，家族・住居・財産の所有は認められた。 [16] は [13] での労働提供である [17] や [14] での生産物を納める [18] のほか， [19] や**死亡税**を負担し領主裁判権に服する義務もあった。また，教会に [20] を払った。10〜12世紀には耕地を春耕地・秋耕地・休耕地に三分し，3年で一巡する [21] や，深耕可能な [22] ，**水車**の普及で生産量が増した。領主は王の役人の立ち入りや課税を拒む [23] を有したため，中世西欧各国は王権が弱く分権的だった。

◆ カールの戴冠で事実上ギリシア正教会と分離したローマ＝カトリック教会は，教皇を頂点に階層制（組織）を作り，西欧に精神的権威を確立した。有力な教会は土地を寄進されて領主化し，支配階級を形成した。しかし，国王などの世俗権力は俗人を聖職者に任命するなど教会に介入し， [24] などの腐敗が進んだ。

◆ 教会の腐敗刷新を担った修道院は， [25] がイタリアの [26] に設立したほか，フランスに [27] や**シトー修道会**なども設立された。教皇 [28] は俗人による聖職者叙任禁止などを断行し，帝国教会政策から反発したドイツ王 [29] を屈服させた（ [30] ）。1122年の [31] で教皇の叙任権が確立されると，教皇権は13世紀初めの [32] のもとで絶頂期を迎えた。

1 スカンディナヴィア半島
2 ヴァイキング
3 リューリク
4 ノヴゴロド国
5 キエフ公国
6 ノルマンディー公国
7 アルフレッド大王
8 クヌート
9 ノルマンディー公ウィリアム
10 両シチリア王国
11 デンマーク王国

12 恩貸地制

13 領主直営地
14 農民保有地
15 共同利用地（入会地）
16 農奴
17 賦役（労働地代）
18 貢納（生産物地代）
19 結婚税
20 十分の一税
21 三圃制
22 重量有輪犂
23 不輸不入権

24 聖職売買

25 ベネディクトゥス
26 モンテ＝カシノ
27 クリュニー修道院
28 グレゴリウス7世
29 ハインリヒ4世
30 カノッサの屈辱
31 ヴォルムス協約
32 インノケンティウス3世

時代と場所をつかむ

●西ヨーロッパ世界の拡大

▶[三圃制(さんぼせい)]の普及

▶[重量有輪犂(じゅうりんすき)]の普及

↓

農業生産力上昇, 人口増加

↓

対外膨張の本格化

西ヨーロッパ内部
[大開墾運動]

エルベ川以東
[東方植民]

イベリア半島
[国土回復運動 (レコンキスタ)]

西アジア
[十字軍]

●十字軍

回	年	おもな人物	結果
1	1096〜99	仏・伊の諸侯や騎士	聖地イェルサレムを占領 →[イェルサレム王国] を建国
2	1147〜49	仏王・独帝	両者の反目で失敗
3	1189〜92	独帝 **フリードリヒ1世** 仏王 [フィリップ2世] 英王 [リチャード1世]	[アイユーブ朝] の [サラディン] →イェルサレムを攻略 (第3回の契機) { フリードリヒ1世…事故死 フィリップ2世…途中帰国 リチャード1世…孤軍奮闘 →聖地回復に失敗
4	1202〜04	教皇 [インノケンティウス3世] の提唱 仏・独の諸侯	[ヴェネツィア商人] が主導 →[コンスタンティノープル] を占領 →[ラテン帝国] を建国 (脱線十字軍)
5	1228〜29	独帝 [フリードリヒ2世]	交渉により一時的にイェルサレムを回復
6	1248〜54	仏王 [ルイ9世]	海路エジプトを攻撃→失敗
7	1270	仏王 [ルイ9世]	海路チュニスを攻撃→失敗 (最後の十字軍)

●中世都市

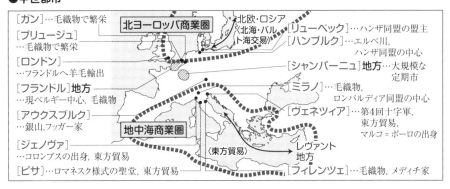

[ガン]…毛織物で繁栄

[ブリュージュ]…毛織物で繁栄

[ロンドン]…フランドルへ羊毛輸出

[フランドル]地方…現ベルギー中心, 毛織物

[アウクスブルク]…銀山, フッガー家

[ジェノヴァ]…コロンブスの出身, 東方貿易

[ピサ]…ロマネスク様式の聖堂, 東方貿易

北ヨーロッパ商業圏

北欧・ロシア〈北海・バルト海交易〉

[リューベック]…ハンザ同盟の盟主

[ハンブルク]…エルベ川, ハンザ同盟の中心

[シャンパーニュ]地方…大規模な定期市

[ミラノ]…毛織物, ロンバルディア同盟の中心

[ヴェネツィア]…第4回十字軍, 東方貿易, マルコ=ポーロの出身

地中海商業圏

〈東方貿易〉

レヴァント地方

[フィレンツェ]…毛織物, メディチ家

◆　農業生産力の上昇で人口が増すと，西欧の人々は新開拓地を求めて周辺へ膨張を始めた。イベリア半島での　1　や，エルベ川以東への　2　，西アジアへの**十字軍**などである。

◆　十字軍は人口増加や，ローマ・イェルサレム・　3　などへの聖地巡礼が流行する中，　4　の圧迫からビザンツ皇帝が教皇へ救援を求めたことが原因で始まった。教皇　5　は1095年　6　を開催し，十字軍の派遣を決定した。

◆　十字軍による一時的な聖地　7　の回復はあったものの，1291年に　8　が陥落し失敗に終わった。その結果，①自費で参加していた諸侯や騎士は財政的圧迫などから没落し，指揮者として活躍した国王は戦死した諸侯などの土地を没収して王権を強化させた。②教皇は十字軍の失敗で教皇権を衰退させた。③東方貿易の発展により都市や商業が発達した。④ビザンツ帝国やイスラームの文物が流入し，中世西欧の文化に影響を与えた。

◆　十字軍は聖地防衛や巡礼者保護を行う**宗教騎士団**を生んだ。この中には，マルタ騎士団ともよばれ，後にレパントの海戦で活躍した　9　や，仏王フィリップ4世の弾圧を受けた　10　，13世紀以降東方植民の先頭に立った　11　などがある。

◆　農業生産力の向上により余剰生産物が発生すると，各地で**定期市**が開催され，また，ノルマン人やムスリム商人に影響され貨幣経済が復活した。これを　12　という。商人は市場に定住し，**中世都市**が成立した。都市に住む市民（商人・手工業者）は国王や諸侯から自治権を得，イタリアでは　13　，ドイツでは皇帝直属の　14　が誕生した。都市には競争排除と生産の独占などを目的とする同業組合の　15　が存在し，　16　や　17　で親方層のみが一定の権利を確保した　18　（ツンフト）があった。また，都市は自治権や商業利益を守るため**都市同盟**を結成した。北イタリア都市を中心とする　19　や，北ドイツ都市を中心とする　20　などがある。

◆　商業の復活は広大な商業圏を出現させた。**北ヨーロッパ商業圏**では北ドイツ都市を中心に，北欧やロシア産の毛皮や海産物など日用品を輸入する北海・バルト海交易が行われた。**地中海商業圏**では北イタリア都市中心の　21　**貿易**により，アジアの　22　や**絹織物**などの奢侈品が輸入され，フィレンツェなどの　23　や南ドイツの　24　などと交換された。

1 国土回復運動
　（レコンキスタ）

2 東方植民

3 サンチャゴ＝デ＝
　コンポステラ

4 セルジューク朝

5 ウルバヌス2世

6 クレルモン宗教
　会議

7 イェルサレム

8 アッコン

9 ヨハネ騎士団

10 テンプル騎士団

11 ドイツ騎士団

12 商業の復活
　（商業ルネサンス）

13 コムーネ
　（自治都市）

14 帝国都市
　（自由都市）

15 ギルド

16 商人ギルド

17 ツンフト闘争

18 同職ギルド

19 ロンバルディア同盟

20 ハンザ同盟

21 東方（レヴァント）
　貿易

22 香辛料

23 毛織物

24 銀

時代と場所をつかむ

●封建社会の崩壊

① 荘園に基づく経済体制の崩壊（農奴解放により農奴は［独立自営農民］へ）

要因 a. 地代の変化←貨幣経済の浸透

[賦役（労働地代）]→[生産物地代]→[貨幣地代]：農奴は蓄財が可能に

b. ［黒死病（ペスト）］の流行

14世紀に大流行→労働力不足→領主は農民確保のため，**農民の待遇改善**

c. 貨幣による地位向上←蓄財に成功した者は，解放金を支払い農奴身分から解放

d. 農民一揆←領主による[封建反動]（農奴支配の再強化など）に反発

フランス：[ジャックリーの乱]　イギリス：[ワット＝タイラーの乱]

② 諸侯・騎士の没落

要因 a. ①による経済的基盤の喪失，十字軍の戦費負担→経済的に疲弊

b. ［火砲（火器）］の使用，傭兵や農兵を用いての集団戦など**戦術の変化**→地位の低下

③ 王権の伸長・中央集権化の進展

要因 a. ②による王領の拡大

b. 活動範囲拡大のため，政治的統合を望む[大商人]と提携→経済的支援

●中世のイギリスとフランス

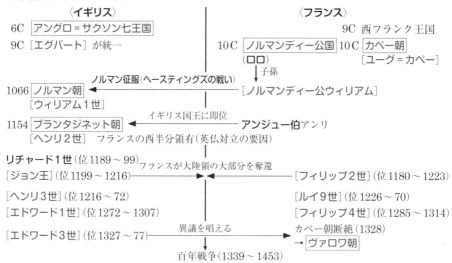

〈イギリス〉　　　　　　　　　　　　　　　　　　〈フランス〉

6C ［アングロ＝サクソン七王国］　　　　　　　9C 西フランク王国

9C ［エグバート］が統一　　　　10C ［ノルマンディー公国］ 10C ［カペー朝］

　　　　　　　　　　　　　　　　　（□□）　　　　　［ユーグ＝カペー］

ノルマン征服（ヘースティングズの戦い）　　　子孫

1066 ［ノルマン朝］◀　　　　　　　［ノルマンディー公ウィリアム］

［ウィリアム1世］

イギリス国王に即位

1154 ［プランタジネット朝］◀　　**アンジュー伯**アンリ

［ヘンリ2世］　フランスの西半分領有（英仏対立の要因）

リチャード1世（位1189～99）フランスが大陸領の大部分を奪還

［ジョン王]（位1199～1216）━━━━━◀━━━━━━━━［フィリップ2世]（位1180～1223）

［ヘンリ3世]（位1216～72）　　　　　　　　　　　　［ルイ9世]（位1226～70）

［エドワード1世]（位1272～1307）　　　　　　　　［フィリップ4世]（位1285～1314）

［エドワード3世]（位1327～77）━━━異議を唱える━━▶ カペー朝断絶（1328）

　　　　　　　　　　　　　　　　　　　　　　→ ［ヴァロワ朝］

　　　　　　　　　　　　百年戦争（1339～1453）

●教皇権の衰退

［アナーニ事件］（1303）	教皇［ボニファティウス8世］が仏王の軍に捕らわれる
［教皇のバビロン捕囚］（1309～77）	教皇庁が南仏の［アヴィニョン］に
［教会大分裂］（1378～1417）	ローマとアヴィニョンに（後にピサにも）教皇並立
革新運動	［ウィクリフ］（イギリス）・［フス］（ベーメン）
［コンスタンツ公会議］（1414～18）	**教会大分裂の収束，フスを火刑に** → ［フス戦争］

流れで覚える

◆ 荘園内部でも**貨幣経済**が浸透すると領主は貨幣獲得のため定額の貨幣地代を求めるようになった。蓄財などで自由を得た**農奴**を　1　（イギリスでは　2　）とよぶ。西欧では　1　の出現が一般的にみられたが、ドイツではスラヴ人や農民を農奴化し、大農園を経営する　3　が発展し、領主は　4　とよばれた。

◆ 14世紀初頭、教皇　5　は**聖職者課税問題**から仏王　6　と対立し捕らえられた。この　7　**事件**後、　6　により教皇庁は南仏の　8　に移転し、教皇は仏王の監視下におかれた。これを　9　とよぶ。1378年には**ローマ**にも教皇が擁立され　8　の教皇と争った。この　10　で教皇の権威は失墜（しっつい）し、教会の堕落（だらく）・腐敗が進んだ。これに対し、イギリスの　11　は聖書を信仰の根本として**聖書の英訳**などを進めた。　11　に共鳴したベーメンの　12　も教会改革を推進した。こうした宗教界の混乱収拾のため、　13　が開催され、ローマの教皇を正統として　10　が終結し、　12　は火刑となり、　14　が発生した。

◆ イギリスではノルマン朝断絶後、フランスの諸侯アンジュー伯がヘンリ2世として英仏にまたがる　15　朝を開いた。しかし、3代目の　16　は、仏王　17　と争ってフランス内の領土の大部分を失い、カンタベリ大司教の任免問題から教皇　18　に破門されるなど失政を重ねた。そこで貴族は、聖職者・貴族の承認無しの課税禁止などを含む　19　を承認させた。続く**ヘンリ3世**が　19　を無視すると　20　が反乱を起こし、諮問議会を王に認めさせた（イギリス議会の起源）。　21　の時代には聖職者・貴族の代表に州と都市の代表を加えた身分制議会である　22　が招集され、　23　の代には**二院制**が成立した。

◆ フランスのカペー朝は当初王権が極めて弱かったが、第7代の　17　は　16　と争って領土を拡大し、　24　は異端の　25　を討伐して干領を南仏まで拡大した。　6　は　26　を開いて国内の結束を強め、教皇を屈服させるなど王権を伸長させた。

◆ **百年戦争**は毛織物工業の盛んな　27　**地方**などをめぐる英仏の経済的対立に、ヴァロワ朝成立をめぐる英王　23　との王位継承問題という政治的対立が絡（から）んで勃発（ぼっぱつ）した。当初は　28　率いる英軍が優勢であったが、　29　の登場により形勢は逆転し、仏王　30　は英軍を撃退し、イギリスはカレーを除く大陸領土を失った。この戦争で諸侯や騎士が没落し、両国で中央集権化が進んだ。

5章

ヨーロッパ世界の形成と発展

■■ 時代と場所をつかむ

●国土回復運動（レコンキスタ）の進展

●神聖ローマ帝国の分権化

［イタリア政策］	［オットー1世］の戴冠（962） →教皇の保護を名目にイタリアに介入（＝国内統治を怠る） →国内諸侯の自立化
［大空位時代］（13世紀）	シュタウフェン朝断絶→皇帝が実質不在→諸侯の自立促進
［金印勅書（黄金文書）］ （1356）	［カール4世］が発布 →皇帝選出権を国内の七選帝侯に委ねる →諸侯の独立的地位を保障（半独立の小国家（領邦）へと分裂）

*おもな領邦
［ブランデンブルク辺境伯領］ ［ドイツ騎士団領］	｝ ドイツ人の東方植民により形成→後のプロイセン王国の母体

［ベーメン王国］（［チェック］人が建国）→神聖ローマ帝国に編入，フスを輩出
［オーストリア］（［ハプスブルク］家の支配）→15世紀～神聖ローマ皇帝位を独占
［スイス］（ハプスブルク家より独立（1499））→［ウェストファリア条約］（1648）で国際承認

●イタリアの分裂

北部	［コムーネ（自治都市）］の分立 →ジェノヴァ共和国・ヴェネツィア共和国・フィレンツェ共和国・ミラノ公国
中部	［教皇領］（「ピピンの寄進」に始まるローマ教皇の領土）
南部	［両シチリア王国］（1130，ルッジェーロ2世） →シチリア王国（アラゴン家）・ナポリ王国（アンジュー家）に分裂（13世紀）
抗争	皇帝のイタリア政策→皇帝党（［ギベリン］）・教皇党（［ゲルフ］）の抗争（統一を困難に）

●北欧

北欧3国	ノルマン人の統合→デンマーク・ノルウェー・スウェーデンの3王国
［カルマル同盟］ （1397）	ハンザ同盟によるバルト海進出への対抗などを目的とする →3国がデンマークの摂政［マルグレーテ］主導に同君連合を結成 →［デンマーク連合王国］を形成 →スウェーデンの離脱で解消（16世紀）

◆ イベリア半島では8世紀に [1] 朝が侵入して [2] 王国を滅ぼし，イスラーム教徒による支配が開始された。これに対しキリスト教徒は [3] 王国や**アラゴン王国**，12世紀に [3] 王国より独立した [4] 王国を中心に**国土回復運動**（**レコンキスタ**）を展開した。15世紀に [3] 王女の [5] とアラゴン王子の [6] の結婚を機に，両国が合併して**スペイン王国**が成立した。スペインは1492年， [7] 朝の都 [8] を陥落させて，レコンキスタを完了させた。

◆ [9] が皇帝の戴冠を受けたドイツ（神聖ローマ帝国）では歴代皇帝が [10] 政策のために国内政策をおろそかにしたため国内の不統一を招き，国内には [11] とよばれる小国家が多数成立し，皇帝は有名無実化していった。13世紀には [12] 朝断絶後，実質上の皇帝不在という [13] となった。14世紀，皇帝 [14] は [15] を発して皇帝選挙の制度などを確立した。この [15] では，国内の有力7諸侯（ベーメン，ザクセン，ファルツ，ブランデンブルクの4世俗諸侯とトリール，マインツ，ケルンの3大司教）が**選帝侯**として皇帝選出権を握ること，有力諸侯に独立的地位を保障することなどが規定され，ドイツの分裂はさらに進むことになった。15世紀前半以降は，オーストリアの [16] 家が帝位を独占するようになった。

◆ イタリアではカロリング朝の断絶後，小国家の分立状態が続いた。北部には**コムーネ**（**自治都市**）から発展し，周辺の農村部をも支配する都市国家が多数乱立した。14世紀にジェノヴァを破り**東方**（**レヴァント**）**貿易**を独占した [17] や，**メディチ家**が台頭した [18] ，ヴィスコンティ家が支配した [19] などが名高い。中部には [20] の寄進を起源とする教皇領が広がり，南部はノルマン人によって建国された**両シチリア王国**の後継国家であるナポリ王国が支配した。またイタリア内部の勢力は，皇帝党（ [21] ）と教皇党（ [22] ）に分かれて対立し，また，教皇権の衰退後はフランスが介入するなど常に国際紛争地となったため，長く分裂状態が続くことになった。

◆ 北欧ではノルマン人の統合が進み，デンマーク，ノルウェー，スウェーデンの3王国が成立していたが，1397年にデンマークの摂政 [23] の主導で [24] が結成され，3王国は同君連合国家（**デンマーク連合王国**）となった。この連合は16世紀に [25] が離脱するまで続いた。

重要用語チェック

1 ウマイヤ朝
2 西ゴート王国
3 カスティリャ
4 ポルトガル王国
5 イサベル
　（イザベラ）
6 フェルナンド
7 ナスル朝
8 グラナダ

9 オットー1世
10 イタリア
11 領邦
12 シュタウフェン朝
13 大空位時代
14 カール4世
15 金印勅書
　（黄金文書）
16 ハプスブルク家

17 ヴェネツィア共和国
18 フィレンツェ共和国
19 ミラノ公国
20 ピピン
21 ギベリン
22 ゲルフ

23 マルグレーテ
24 カルマル同盟
25 スウェーデン

■■■ 時代と場所をつかむ

●中世ヨーロッパの学問

▶キリスト教会の権威大→キリスト教中心, 担い手は聖職者→神学が最高の学問
▶共通語として［ラテン語］を使用→地域による差異の少ない普遍的文化

<table>
<tr>
<td rowspan="8">神学</td>
<td></td>
<td>［アウグスティヌス］</td>
<td>最大の教父（正統教義の体系化を行った教会公認の著作家）
『［神の国］』『告白録』→中世神学の基礎を築く</td>
</tr>
<tr>
<td rowspan="7">スコラ学</td>
<td>［アルクイン］</td>
<td>［カール大帝］にアーヘン宮廷に招かれる
→［カロリング＝ルネサンス］の中心人物</td>
</tr>
<tr>
<td>［アンセルムス］</td>
<td>カンタベリ大司教
普遍論争で［実在論］（普遍者（神）は個物に先立って存在）
を主張→信仰を重視</td>
</tr>
<tr>
<td>［アベラール］</td>
<td>普遍論争で［唯名論］（実在するものは個物であり, 普遍は
名目にすぎない）を主張→理性を重視</td>
</tr>
<tr>
<td>［トマス＝アクィナス］</td>
<td>［アリストテレス］哲学を導入
→『［神学大全］』で信仰と理性を調和→スコラ学を大成</td>
</tr>
<tr>
<td>［ロジャー＝ベーコン］</td>
<td>イスラーム科学の影響で実験や観察を重視
→スコラ学の動揺</td>
</tr>
<tr>
<td>［ウィリアム＝オブ
＝オッカム］</td>
<td>唯名論を体系化。信仰と理性, 神学と哲学を分離
→スコラ学の崩壊</td>
</tr>
</table>

●イスラーム世界との交流

①［ギリシア語］文献を［アラビア語］へ翻訳
　（バグダードの知恵の館）
②自然科学（天文学・医学・錬金術など）の発展
　アリストテレス哲学の研究（イブン＝ルシュド）
③［アラビア語］文献を［ラテン語］へ翻訳
　（スペインの［トレド］, シチリアの［パレルモ］）
④［12世紀ルネサンス］

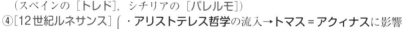

④［12世紀ルネサンス］
- ・アリストテレス哲学の流入→トマス＝アクィナスに影響
- ・中世大学の発展
- ・科学的精神の発達→ロジャー＝ベーコンは実験や観察重視

●中世ヨーロッパの教会建築

様式	特色	おもな教会
［ビザンツ様式］	ドーム ［モザイク］壁画	ハギア（セント）＝ソフィア聖堂 （コンスタンティノープル）
［ロマネスク様式］	重厚で荘重な外観 半円状アーチ	ピサ大聖堂（イタリア） ヴォルムス大聖堂（ドイツ）
［ゴシック様式］	尖頭アーチ ［ステンドグラス］	ノートルダム大聖堂（パリ） ケルン大聖堂（ドイツ）

▲ハギア（セント）＝ソフィア
聖堂

流れで覚える

◆ 中世の西欧文化は，ローマ＝カトリック教会が絶大な権威のもとで人々の精神面・生活面を支配したため，キリスト教中心に発展し，教会の統制下に合理的かつ現実的な文化の発展は抑制された。

◆ 学問ではキリスト教の信仰や教理を探求する神学が諸学問の中心であった。この神学の土台を築いたのが教会公認の著作家である［ 1 ］で，『［ 2 ］』や『告白録』を著した［ 3 ］が名高い。［ 3 ］らの［ 1 ］の思想を基礎に形成された神学を［ 4 ］とよぶ。この［ 4 ］はカール大帝時代に開花したカロリング＝ルネサンスの中心人物［ 5 ］に始まり，実在論（「スコラ学の父」［ 6 ］が代表）と唯名論（12世紀，フランスの哲学者［ 7 ］が代表）の間の普遍論争を経て，13世紀に［ 8 ］が『［ 9 ］』で信仰と理性を調和させて大成した。しかし，14世紀にイギリスのスコラ学者［ 10 ］が信仰と理性の分離を主張し，唯名論が主流となるとスコラ学は衰退に向かった。

◆ 十字軍や東方貿易を契機に東方との交流が盛んになると，ビザンツ帝国やイスラーム世界からギリシア・ローマ時代の古典がもたらされた（左図参照）。またイスラーム科学にも影響されて科学的精神が発達し，イギリスの［ 11 ］は実験・観察を重視し，近代科学への道を開いた。

◆ 大学は教会や修道院の付属学校を母体に，教授や学生の組合として形成され，ギルド形式で運営された。法学で有名な北イタリアの［ 12 ］大学，医学で有名な南イタリアの［ 13 ］大学，また神学で有名なパリ大学やオックスフォード大学などがある。各大学は自治を認められたが，学問や思想の自由はなかった。

◆ 中世西欧の美術は，キリスト教の隆盛から教会建築が発達した。初期は，［ 14 ］を使用した壁画とドームを特徴とする［ 15 ］が盛んで，コンスタンティノープルの［ 16 ］が有名である。11世紀には，半円状アーチを用い，重厚感がある［ 17 ］が現れ，イタリアの［ 18 ］などが築かれた。12世紀には，尖頭アーチと［ 19 ］を使用した窓，高い塔を備える［ 20 ］が登場し，パリの［ 21 ］やドイツの［ 22 ］などが築かれた。

◆ 学問にはラテン語が用いられたが，民衆の間では日常語による口語（俗語）文学が誕生した。ブルグンド人の英雄を題材とした『［ 23 ］』，カール大帝の遠征を題材とした『［ 24 ］』，ケルト人の伝説を題材とした『［ 25 ］』などが名高い。

重要用語チェック

1 教父
2 神の国
3 アウグスティヌス
4 スコラ学
5 アルクイン
6 アンセルムス
7 アベラール
8 トマス＝アクィナス
9 神学大全
10 ウィリアム＝オブ＝オッカム
11 ロジャー＝ベーコン
12 ボローニャ大学
13 サレルノ大学
14 モザイク
15 ビザンツ様式
16 ハギア（セント）＝ソフィア聖堂
17 ロマネスク様式
18 ピサ大聖堂
19 ステンドグラス
20 ゴシック様式
21 ノートルダム大聖堂
22 ケルン大聖堂
23 ニーベルンゲンの歌
24 ローランの歌
25 アーサー王物語

37　ラテンアメリカの古代文明・大航海時代

 時代と場所をつかむ

●中南米の古代文明

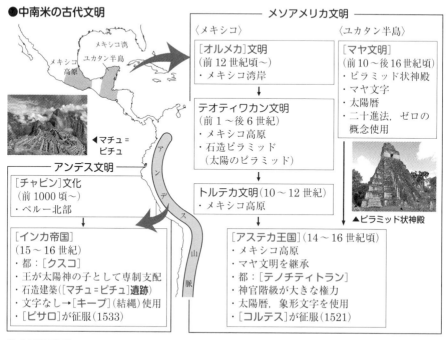

メソアメリカ文明

〈メキシコ〉

[オルメカ]文明
（前 12 世紀頃～）
・メキシコ湾岸

テオティワカン文明
（前 1 ～後 6 世紀）
・メキシコ高原
・石造ピラミッド
　（太陽のピラミッド）

トルテカ文明（10 ～ 12 世紀）
・メキシコ高原

[アステカ王国]（14 ～ 16 世紀頃）
・メキシコ高原
・マヤ文明を継承
・都：[テノチティトラン]
・神官階級が大きな権力
・太陽暦，象形文字を使用
・[コルテス]が征服（1521）

〈ユカタン半島〉

[マヤ文明]
（前 10 ～後 16 世紀頃）
・ピラミッド状神殿
・マヤ文字
・太陽暦
・二十進法，ゼロの
　概念使用

▲ピラミッド状神殿

◀マチュ＝
　ピチュ

── アンデス文明 ──

[チャビン]文化
（前 1000 頃～）
・ペルー北部

[インカ帝国]
（15 ～ 16 世紀）
・都：[クスコ]
・王が太陽神の子として専制支配
・石造建築（[マチュ＝ピチュ]遺跡）
・文字なし→[キープ]（結縄）使用
・[ピサロ]が征服（1533）

●大航海時代

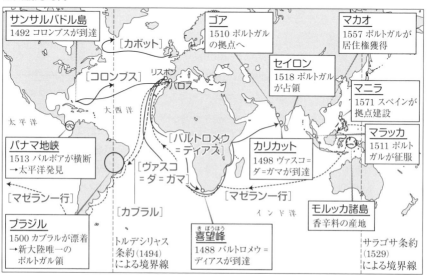

サンサルバドル島
1492 コロンブスが到達

[カボット]

[コロンブス]

ゴア
1510 ポルトガル
の拠点へ

マカオ
1557 ポルトガルが
居住権獲得

セイロン
1518 ポルトガル
が占領

マニラ
1571 スペインが
拠点建設

パナマ地峡
1513 バルボアが横断
→太平洋発見

[バルトロメウ
＝ディアス]

カリカット
1498 ヴァスコ＝
ダ＝ガマが到達

マラッカ
1511 ポルト
ガルが征服

[ヴァスコ
＝ダ＝ガマ]

[マゼラン一行]

[マゼラン一行]

モルッカ諸島
香辛料の産地

ブラジル
1500 カブラルが漂着
→新大陸唯一の
ポルトガル領

[カブラル]

喜望峰
1488 バルトロメウ＝
ディアスが到達

トルデシリャス
条約（1494）
による境界線

サラゴサ条約
（1529）
による境界線

大西洋　太平洋　リスボン　パロス　アンデス山脈　メキシコ湾　ユカタン半島　メキシコ高原　インド洋

◆ アメリカ大陸の先住民はヨーロッパ人から**インディオ**やインディアンとよばれた。メキシコ高原やアンデス山中に成立した各文明の特徴としては，① [1] を中心にジャガイモ・サツマイモ・トマト・カボチャなどを栽培する農耕文明であること。②天文学の知識にすぐれ，高度な**太陽暦**を作成したこと。③**ピラミッド状神殿**などの石造建造物を建設したこと。④金・銀・青銅器の使用はみられたが，鉄・車輪などは未使用であったこと。⑤牛・馬などの大型の家畜は存在しなかったこと，などがあげられる。

◆ ヨーロッパは15世紀末から**大航海時代**に突入する。背景には① [2] の『世界の記述』が東方への関心を高めていたこと。②東方貿易の利益を独占するイタリア諸都市への不満や [3] の進出で東方貿易が妨害されたことでアジアとの新通商路が求められたこと。③中央集権をめざす各国国王が財源獲得のために航海者を支援したこと。④羅針盤や快速帆船の使用，地球球体説に基づく [4] の世界地図といった科学技術の進歩があったこと，などがある。

◆ ポルトガルは15世紀の「航海王子」 [5] が新航路開拓を奨励し，アフリカ西岸探検を推進した。国王 [6] の支援を受けた [7] は喜望峰に到達し，[8] は1498年にインド西岸の [9] に到着。1510年には [10] を占領して総督府を設け，南アジアの**セイロン**・東南アジアの**マラッカ**，香料諸島とも称された [11] を占領して**香辛料貿易**を独占し，首都 [12] は一時世界商業の中心となった。新大陸では1494年にスペインと結んだ [13] や [14] の漂着によりブラジルを領有した。

◆ ジェノヴァ出身の [15] はスペイン女王 [16] の支援を受け，1492年に**西インド諸島**の [17] に到達した。[18] は南米各地を調査し**新大陸**であることを確認した。[19] はパナマ地峡を渡って太平洋に進出し，[20] は [21] を滅ぼしメキシコを，[22] は [23] を滅ぼし，ペルーを征服した。ポルトガル出身の [24] はスペイン王の命で出発し，[24] はフィリピンで亡くなったが，部下により**世界周航**が達成された。

◆ 大航海時代以降，世界の一体化が進み貿易にも変化が生じた。ヨーロッパから新大陸へ**毛織物**，新大陸からアジアへ**銀**，アジアからヨーロッパへ**香辛料**が運ばれて，貿易の中心も地中海から大西洋岸へ移った（ [25] ）。物価が高騰する [26] も起こり，定額の貨幣地代にたよる領主の没落を促進した。

1 トウモロコシ

2 マルコ＝ポーロ

3 オスマン帝国

4 トスカネリ

5 エンリケ

6 ジョアン2世

7 バルトロメウ＝ディアス

8 ヴァスコ＝ダ＝ガマ

9 カリカット

10 ゴア

11 モルッカ諸島

12 リスボン

13 トルデシリャス条約

14 カブラル

15 コロンブス

16 イサベル（イザベラ）

17 サンサルバドル島

18 アメリゴ＝ヴェスプッチ

19 バルボア

20 コルテス

21 アステカ王国

22 ピサロ

23 インカ帝国

24 マゼラン

25 商業革命

26 価格革命

6章

近世ヨーロッパ世界の形成と発展

時代と場所をつかむ

●イタリア＝ルネサンス

背景 ①富の蓄積 ：[東方貿易]で都市や市民が成長
②古典文化の継承：古代ローマの文化遺産が多く，古典文化への関心が強かった
③先進文化の流入：東方貿易・ビザンツ帝国滅亡（イスラーム文化・ビザンツ文化流入）
④政治的分裂 ：各小国家が富強や国威向上のため，有能な人材を集め文芸を保護

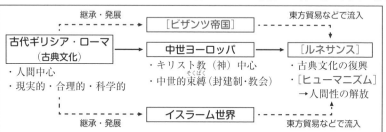

中心 ① 14・15 世紀 ［フィレンツェ]（[メディチ家]の保護）
② 16 世紀 ［ローマ]・ヴェネツィア（ローマ教皇[レオ 10 世]らの保護）

衰退 ①新航路発見による[商業革命]（商業の中心が地中海沿岸から大西洋沿岸へ移動）
→東方貿易の衰退
②[イタリア戦争]（1494〜1559）による政治的混乱，国土の荒廃

文学	［ダンテ]	『[神曲]』（[トスカナ語]で記述）	絵画・彫刻	［レオナルド＝ダ＝ヴィンチ]	「[最後の晩餐]」「[モナ＝リザ]」
	［ペトラルカ]	『[叙情詩集]』		［ミケランジェロ]	「[最後の審判]」（システィナ礼拝堂)，ダヴィデ像
	［ボッカチオ]	『[デカメロン]』		［ラファエロ]	[聖母子像]，「アテネの学堂」
絵画・彫刻	［ジョット]	ルネサンス絵画の先駆	建築	［ブルネレスキ]	サンタ＝マリア大聖堂のドーム
	ドナテロ	ルネサンス彫刻を確立		［ブラマンテ]	［サン＝ピエトロ大聖堂]の設計
	［ボッティチェリ]	「[ヴィーナスの誕生]」「春」	政治	［マキァヴェリ]	『[君主論]』

●他国のルネサンス

ネーデルラント	人文主義	［エラスムス]	『[愚神礼賛]』で教会批判	フランス	文学	［ラブレー]	『[ガルガンチュアとパンタグリュエルの物語]』
	絵画	［ファン＝アイク兄弟]	[油絵]技法			［モンテーニュ]	『[エセー（随想録)]』
		［ブリューゲル]	「農民の踊り」	スペイン	文学	［セルバンテス]	『[ドン＝キホーテ]』レパントの海戦で負傷
ドイツ	人文主義	ロイヒリン	ヘブライ語研究	イギリス	文学	［チョーサー]	『[カンタベリ物語]』
	絵画	［デューラー]	「[四人の使徒]」			［トマス＝モア]	『[ユートピア]』
		ホルバイン	イギリス宮廷画家「エラスムス像」			［シェークスピア]	『[ハムレット]』など四大悲劇

⠿ 流れで覚える

重要用語チェック

◆ ギリシア・ローマ時代の古典文化の研究を通じて，人間性の解放を目指す ____1____ を根本精神とするルネサンスは**イタリア**を発祥とする。その背景には，①____2____ により富が蓄積され都市や市民が成長していたこと。②ローマ帝国の故地として遺物や遺跡が多く，古典文化に対する関心が強かったこと。③____2____ やビザンツ帝国の滅亡による学者の亡命などで先進のイスラーム文化やビザンツ文化が流入したこと。④都市の大商人や貴族，教皇などが積極的に文芸を保護したことなどがある。当初は ____3____ の保護のもと ____4____ を中心に展開されたが，16世紀にはローマ教皇の保護のもと ____5____ ，さらには**ヴェネツィア**へと中心が移った。

◆ 文学では ____6____ が ____7____ 語で『神曲』を書き，____8____ は『叙情詩集』を残した。____9____ は『**デカメロン**』を著し，近代小説の祖とされる。芸術では ____10____ を使用した絵画，解剖学も利用した写実的な彫刻，半円アーチやドーム，ギリシア風の列柱を使用した教会建築などがみられた。政治では『君主論』を著した ____11____ が権謀術数を説き，イタリア統一こそ急務と訴えた。

◆ イタリアのルネサンスは，文芸を享受できたのが上層市民のみで民衆にまで広まらなかったこと，大商人や貴族の保護下にあり貴族的性格が濃かったため，社会的・政治的運動にまで発展しなかったこと，などの限界がみられた。また，大航海時代に入ると東方貿易が衰退し，____12____ により国土も荒廃すると，**都市の繁栄**を基盤としていたイタリアのルネサンスは急速に衰えた。

◆ 西欧諸国のルネサンスは，イタリアに比べて①伝統的権威に対する批判的精神が強くて，社会変革と結びつきやすく，宗教改革を誘発した。②各国君主による保護を受けた。③多くの作品で母国語が用いられるなど，国民性が強いなどの特色がある。

◆ ルネサンス期には**イスラーム科学**の流入や古代の合理的精神復活などで科学が発達した。いずれも中国を起源とする**ルネサンス三大発明**のうち ____13____ は，戦術を変化させ騎士の没落を促し，____14____ は遠洋航海を可能にした。____15____ は15世紀半ばにドイツの ____16____ が改良したとされ，書籍の製作を安価にして聖書の普及を容易にした結果，特に**宗教改革**に影響を与えた。ポーランドの ____17____ は**地動説**を提唱し，イタリアの ____18____ は汎神論と地動説を主張して火刑となった。同じくイタリアの ____19____ は望遠鏡を用いた天体観測で地動説を確認し，ドイツの ____20____ は地動説を数理的に証明した。

重要用語チェック

1 ヒューマニズム
　（人文主義）

2 東方貿易

3 メディチ家

4 フィレンツェ

5 ローマ

6 ダンテ

7 トスカナ語

8 ペトラルカ

9 ボッカチオ

10 遠近法

11 マキァヴェリ

12 イタリア戦争

13 火薬

14 羅針盤

15 活版印刷術

16 グーテンベルク

17 コペルニクス

18 ジョルダーノ＝
　ブルーノ

19 ガリレイ
　（ガリレオ＝ガリレイ）

20 ケプラー

▲「最後の審判」
（ミケランジェロ）

6章 近世ヨーロッパ世界の形成と発展

時代と場所をつかむ

●ヨーロッパの宗教分布（16世紀）

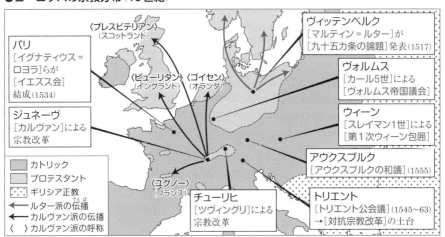

〈プレスビテリアン〉
（スコットランド）

ヴィッテンベルク
［マルティン＝ルター］が
［九十五カ条の論題］発表(1517)

パリ
［イグナティウス＝
ロヨラ］らが
［イエズス会］
結成(1534)

〈ピューリタン〉　〈ゴイセン〉
（イングランド）　（オランダ）

ヴォルムス
［カール5世］による
［ヴォルムス帝国議会］

ジュネーヴ
［カルヴァン］による
宗教改革

ウィーン
［スレイマン1世］による
［第1次ウィーン包囲］

□ カトリック
□ プロテスタント
□ ギリシア正教
← ルター派の伝播
← カルヴァン派の伝播
〈　〉カルヴァン派の呼称

〈ユグノー〉
（フランス）

チューリヒ
［ツヴィングリ］による
宗教改革

アウクスブルク
［アウクスブルクの和議］(1555)

トリエント
［トリエント公会議］(1545～63)
→［対抗宗教改革］の土台

●新教（プロテスタント）諸派の比較

	教義	教会制度	社会観	職業観	影響	伝播
ルター派	聖書主義 ［信仰義認説］	カトリック の司教制を 維持	既存の権 力や秩序 を肯定	職業神授説	信仰のみを 強調 →社会的影 響小さい	［北ドイツ］・ ［北欧］ 諸侯・富裕市 民・富農
カルヴァン派	聖書主義 禁欲主義 ［予定説］	［長老主義］	政教一致 の神権政 治を実施	禁欲的労働 の結果とし ての営利・蓄 財を肯定	信仰に加え 自由も重視 →社会的影 響大きい	西ヨーロッパ 各地の［新興 商工業者］
イギリス 国教会	ルター派やカ ルヴァン派を 導入	主教制（≒司 教制）を維持	カトリックとの差異は小さい			大ブリテン 島や北アイ ルランド

●対抗宗教改革（カトリック改革）

［イエズス会］	1534年，［イグナティウス＝ロヨラ］らが**パリ**で結成 教皇を頂点とする軍隊的組織。カトリックの失地回復を目的とする 海外伝道 ⎰［マテオ＝リッチ］（中国） 　　　　 ⎱［フランシスコ＝ザビエル］（日本）
［トリエント 公会議］ (1545～63)	当初は新旧両派の調停が目的→**新教徒側が出席を拒否** ［教皇至上権］の再確認 ［禁書目録］（読書や所有を禁じた書物のリスト）の作成 ［宗教裁判］の強化→各地で「［魔女狩り］」の盛行（**新旧両派が行う**）

▶▶▶ 流れで覚える

- 教会改革運動はウィクリフやフスらがすでに行っていたが、<u>人文主義</u>の流行や聖書の原典研究から聖書に忠実な信仰が求められたことで16世紀には宗教改革に発展した。これは教皇 [1] による [2] 修築費捻出のための<u>贖宥状</u>販売に端を発する。

- ドイツの [3] 大学教授の<u>マルティン＝ルター</u>は1517年、『 [4] 』で贖宥状販売を批判した。[5] 討論で教皇権威を否定し破門通告を受けるが、『 [6] 』を発表し<u>信仰義認説</u>と聖書主義を示した。皇帝 [7] が開催した [8] で自説の撤回を拒否したため帝国追放処分を受けたが、[9] に保護され [10] を完成させた。

- ルターの活動に刺激され、社会不安を抱く階層が蜂起した。[11] が指導した<u>ドイツ農民戦争</u>では当初ルターはこれを支持したが、後に過激化すると不支持に回った。農民戦争は鎮圧され農奴解放、さらにはドイツ近代化の遅れにもつながった。1526年、イタリア戦争やオスマン帝国の圧迫といった情勢から [7] はいったんルター派を容認したが、1529年に再禁止した。これに抗議したルター派諸侯は [12] を結成し、ついには内戦に発展した。1555年に [13] が締結され、①ルター派のみを公認し他の新教は非公認とする。②カトリックかルター派かの選択権は諸侯にあること（個人には選択権がない）が定められたが、不満が残存し、後の<u>三十年戦争</u>の原因にもなった。こうしてドイツでは、領邦君主が領内の教会を統制する [14] が確立した。

- スイスの [15] では [16] が改革を行ったが、戦死した。<u>カルヴァン</u>は、主著『 [17] 』で魂の救済は予め定まっているとする [18] を主張、勤労により魂の救済を確信できるとし、禁欲的労働の結果としての蓄財を容認したため、この説は新興商工業者の間に広く支持を得た。またカルヴァンは司教制を廃して [19] を採用し、[20] で政教一致の<u>神権政治</u>を展開した。

- イギリスの宗教改革はテューダー朝の国王 [21] による離婚問題や中央集権化のために、教皇からの離脱を図るという国王の世俗的・政治的動機から開始された。[21] は [22] の発布で<u>イギリス国教会</u>を創設し、修道院を解散させた。続く [23] は一般祈禱書を制定して教義を定めた。[24] の時代に旧教に復帰したが、[25] は [26] によりイギリス国教会を確立させた。

1 レオ10世
2 サン＝ピエトロ大聖堂
3 ヴィッテンベルク大学
4 九十五カ条の論題
5 ライプツィヒ討論
6 キリスト者の自由
7 カール5世
8 ヴォルムス帝国議会
9 ザクセン選帝侯フリードリヒ
10 『新約聖書』のドイツ語訳

11 ミュンツァー
12 シュマルカルデン同盟
13 アウクスブルクの和議
14 領邦教会制

15 チューリヒ
16 ツヴィングリ
17 キリスト教綱要
18 予定説
19 長老主義
20 ジュネーヴ

21 ヘンリ8世
22 首長法（国王至上法）
23 エドワード6世
24 メアリ1世
25 エリザベス1世
26 統一法

ルター▶

■■時代と場所をつかむ

[主権国家]…明確な国境と独立した主権をもち，国内では国王が最高権力者
→互いに外交官を常駐させ，**主権国家体制**を形成

●絶対王政の仕組み

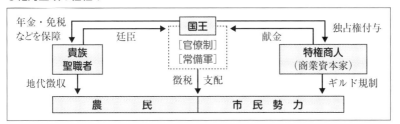

●スペイン＝ハプスブルク家

[カルロス１世] （位1516〜56）	スペイン＝ハプスブルク家を創始→[カール５世]として**神聖ローマ皇帝を兼任** **新大陸へ進出（コルテス・ピサロ）**→銀を独占
[フェリペ２世] （位1556〜98）	[レパントの海戦]でオスマン艦隊を破る（1571） [ポルトガル]を併合（1580）→「**太陽の沈まぬ国**」を現出 **カトリック政策**→[オランダ独立戦争]を誘発 **イギリスと対立**→[無敵艦隊]（アルマダ）敗北で海上覇権を失う

●オランダ独立戦争（1568〜1609）

背景 フェリペ２世による自治剥奪，重税，カトリック強制などの圧迫

1568	オランダ独立戦争開始（首領：[オラニエ公ウィレム（オレンジ公ウィリアム）]）
1579	カトリック教徒が多い**南部10州**→**戦争を離脱** カルヴァン派（ゴイセン）が多い**北部７州**→[ユトレヒト同盟]を結成（[ホラント州]が中心）
1581	北部７州が[ネーデルラント連邦共和国]（オランダ）として独立宣言
1609	スペインとの**休戦条約**成立（**事実上の独立**）→[ウェストファリア条約]で国際的に承認

●テューダー朝（イギリス）

[ヘンリ７世] （位1485〜1509）	[バラ戦争]（ランカスター家・ヨーク家の争い）に勝利 →テューダー朝を創始
[ヘンリ８世] （位1509〜47）	[首長法（国王至上法）]を発布→イギリス国教会を創設 **修道院を解散**→領地の没収 [星室庁裁判所]を整備→政敵を弾圧
[エリザベス１世] （位1558〜1603）	[統一法]を発布→イギリス国教会を確立 スペインに対抗→**私拿捕船**による略奪（[ドレーク]の活動） **オランダ独立戦争で北部７州を支援** **無敵艦隊（アルマダ）を撃破**（1588） [東インド会社]を設立（1600）→海外進出を本格化

◆　16〜18世紀のヨーロッパでは，絶対王政（絶対主義国家）が成立した。　　1　　と常備軍を政治的支柱とし，　　2　　を経済的支柱とした。　　2　　は初期には直接金・銀を獲得する重金主義，後には輸出超過により貨幣を獲得する　　3　　が中心となった。そこで輸入を抑えるため保護関税政策がとられ，国内産業の育成が行われた。生産手段も王と提携した商業資本家（大商人）が手工業者に原料・道具を貸与して商品を独占的に買い取る　　4　　や産業資本家が労働者を集めて行う　　5　　などが成立した。思想的には　　6　　が唱えられ，イギリスのチャールズ1世に仕えた　　7　　や，フランスのルイ14世に仕えた　　8　　などが名高い。

◆　スペインではハプスブルク家の　　9　　が即位し，中南米などに進出した。　　9　　の後ハプスブルク家はスペインとオーストリアに分裂し，スペイン王は　　10　　が継承した。彼は1571年の　　11　　でオスマン艦隊を破って西地中海の覇権を握ると，1580年にはポルトガルを併合し，その海外領土を併せて「　　12　　」を現出した。しかし，カトリック政策はオランダ独立戦争を招き，　　13　　がイギリスに敗北して海上覇権を失った。

◆　スペイン領ネーデルラントは毛織物工業と中継貿易で栄えたが，　　10　　による重税や旧教強制などから　　14　　を首領に独立戦争を開始した。1579年に旧教徒の多い南部10州が離脱したが，北部7州は　　15　　を結成して対抗した。1581年には　　16　　（オランダ）として独立宣言を出し，1609年の休戦条約で事実上独立した。1648年の　　17　　で独立が国際的に承認された。独立後は海外へも進出し，首都　　18　　は貿易・金融の中心となり，17世紀前半は「オランダの世紀」とよばれた。

◆　イギリスでは　　19　　がバラ戦争を終結させ　　20　　朝を開いた。また，続く　　21　　は王妃離婚問題から　　22　　を発布してローマ教会から独立し，政敵弾圧のために　　23　　を整備するなど王権を強化した。絶対主義の全盛期を築いた　　24　　は，国内では　　25　　でイギリス国教会を確立し，また　　26　　で生じた没落農民を救済した。対外的にはオランダ独立を支援し，　　13　　に勝利した。1600年には　　27　　を設立して海外進出を本格化させた。イギリスの絶対王政は　　28　　を傭兵として組織し，ジェントリ（郷紳）を治安判事に任命して地方行政を担当させるなど，官僚制や常備軍が未発達であった。

重要用語チェック

1　官僚制
2　重商主義
3　貿易差額主義
4　問屋制度
5　工場制手工業（マニュファクチュア）
6　王権神授説
7　フィルマー
8　ボシュエ

9　カルロス1世
10　フェリペ2世
11　レパントの海戦
12　太陽の沈まぬ国
13　無敵艦隊（アルマダ）

14　オラニエ公ウィレム（オレンジ公ウィリアム）
15　ユトレヒト同盟
16　ネーデルラント連邦共和国
17　ウェストファリア条約
18　アムステルダム

19　ヘンリ7世
20　テューダー朝
21　ヘンリ8世
22　首長法（国王至上法）
23　星室庁裁判所
24　エリザベス1世
25　統一法
26　第1次囲い込み（エンクロージャー）
27　東インド会社
28　独立自営農民（ヨーマン）

■ 時代と場所をつかむ

●ユグノー戦争（1562～98）

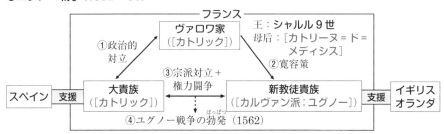

●ブルボン朝（フランス）

［アンリ4世］ （位1589～1610）	ヴァロワ朝の断絶で即位→［ブルボン朝］を創始 即位後、**新教から旧教へ改宗**（旧教徒との融和） ［ナントの王令］（1598）→ユグノー戦争終結
［ルイ13世］ （位1610～43）	王権強化のため、［全国三部会］の招集を停止 宰相［リシュリュー］…三十年戦争に新教側で参戦（反ハプスブルク）
［ルイ14世］ （位1643～1715）	宰相［マザラン］…三十年戦争終結、［フロンドの乱］を鎮圧 親政（1661～）…軍事力強化（ルーヴォワ）、重商主義（［コルベール］） 侵略戦争（反ハプスブルク）…南ネーデルラント継承戦争、オランダ侵略戦争、 　　　　　　　　　　　　　　ファルツ継承戦争、［スペイン継承戦争］ ［ヴェルサイユ宮殿］（バロック様式）の造営 ［ナントの王令］を廃止→**ユグノーの商工業者が国外に亡命**（財政の悪化）

●三十年戦争（1618～48）

背景	アウクスブルクの和議の不備（カルヴァン派非公認、個人に信仰の自由なし） →宗派間の対立は継続
発端	ハプスブルク家によるカトリック政策に反発→ベーメン（ボヘミア）反乱（三十年戦争の勃発）

●17世紀中頃のヨーロッパ（ウェストファリア条約後）

対立	 ─────新教側───── デンマーク スウェーデン 　（［グスタフ＝アドルフ］） フランス（反ハプスブルク政策） 　　　↕　対立 ─────旧教側───── 神聖ローマ皇帝（ハプスブルク家） 傭兵隊長［ヴァレンシュタイン］ スペイン（ハプスブルク家）
結果	［ウェストファリア条約］で終結

∷∷∷ 流れで覚える

◆ フランスでは16世紀，大貴族抑圧のため，国王 ___1___ の母后 ___2___ が勢力を拡大していた新教徒への寛容策をとると，宗派対立に貴族同士の権力闘争も加わった<u>ユグノー戦争</u>に発展した。1572年の ___3___ で対立が激化し，1589年にヴァロワ朝が断絶すると，新教徒の ___4___ が王位につき ___5___ を創始した。___4___ は旧教徒との融和のため旧教に改宗し，1598年には ___6___ を発布して新教徒に旧教徒と同等の権利を保障し，また，個人に信仰の自由を承認してユグノー戦争を終結させた。

◆ フランスはブルボン朝の時代に絶対王政を完成させた。初代 ___4___ は ___7___ を設立し，続く ___8___ の時代は ___9___ の招集が停止されて王権強化が進み，また宰相 ___10___ のもと<u>三十年戦争</u>には反ハプスブルクの立場から新教側に立って参戦した。1643年に幼少で即位した ___11___ の時代，宰相 ___12___ は三十年戦争終結で領土を拡大し，国内では王令審査機関の ___13___ を中心とした貴族の反乱である ___14___ を鎮圧した。1661年から親政を開始した ___11___ は，精強な陸軍を整備し，___15___ を財務総監に任じて<u>重商主義</u>政策を展開するかたわら，自然国境説を根拠に積極的な対外戦争を行った。1701年に勃発した ___16___ ではスペインと共同でイギリスやオーストリアと戦い，1713年の ___17___ で孫 ___18___ のスペイン王位継承を認められた（スペイン＝ブルボン家の承認）が，フランスはイギリスに<u>ハドソン湾地方</u>，<u>アカディア</u>，___19___ を割譲し，スペインも ___20___ ，<u>ミノルカ島</u>をイギリスに割譲した。___11___ によるたびかさなる対外戦争や ___21___ の造営，___6___ 廃止による商工業者の亡命などの結果，フランスの財政は著しく悪化した。

◆ ドイツでは ___22___ の不備から新旧両派が同盟を結成して対立していた。1618年，ハプスブルク家による新教徒弾圧から ___23___ で反乱が発生すると諸外国も介入して<u>三十年戦争</u>が始まった。新教側にはデンマークや ___24___ 王が率いるスウェーデン，反ハプスブルクの立場からフランスなどがつき，旧教側は ___25___ が傭兵隊長として活躍した。1648年の ___26___ により終結し，①ドイツの諸領邦がほぼ完全な主権を認められ，神聖ローマ帝国の有名無実化が決定的となった。②<u>スイス</u>，___27___ の独立が承認された。③フランスが ___28___ とロレーヌの一部，スウェーデンが ___29___ を獲得した。④カルヴァン派が公認された。また，この戦争で傭兵による略奪が横行した結果，ドイツの人口は激減し，農村や都市が衰退して近代化の遅れの要因となった。

重要用語チェック

1　シャルル9世
2　カトリーヌ＝ド＝メディシス
3　サンバルテルミの虐殺
4　アンリ4世
5　ブルボン朝
6　ナントの王令（勅令）

7　東インド会社
8　ルイ13世
9　全国三部会
10　リシュリュー
11　ルイ14世
12　マザラン
13　高等法院
14　フロンドの乱
15　コルベール
16　スペイン継承戦争
17　ユトレヒト条約
18　フェリペ5世
19　ニューファンドランド
20　ジブラルタル
21　ヴェルサイユ宮殿

22　アウクスブルクの和議
23　ベーメン（ボヘミア）
24　グスタフ－アドルフ王
25　ヴァレンシュタイン
26　ウェストファリア条約
27　オランダ
28　アルザス
29　西ポンメルン

6章
近世ヨーロッパ世界の形成と発展

主権国家体制の成立③（プロイセン・オーストリア・ロシア）

時代と場所をつかむ

●**大航海時代（15世紀末〜）以降の西欧・東欧における政治・経済の比較**

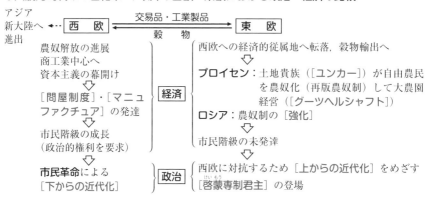

アジア
新大陸へ　← …　西 欧　交易品・工業製品　東 欧
進出　　　　　　　　　穀　物

西欧
農奴解放の進展
商工業中心へ
資本主義の幕開け
⇩
［問屋制度］・［マニュ
ファクチュア］の発達
⇩
市民階級の成長
（政治的権利を要求）
⇩
市民革命による
［下からの近代化］

｝［経済］

東欧
西欧への経済的従属地へ転落，穀物輸出へ
⇩
プロイセン：土地貴族（［ユンカー］）が自由農民
　　　　　を農奴化（再版農奴制）して大農園
　　　　　経営（［グーツヘルシャフト］）
ロシア：農奴制の［強化］
⇩
市民階級の未発達

｝［政治］

⇩
西欧に対抗するため［上からの近代化］をめざす
［啓蒙専制君主］の登場

●**プロイセン・オーストリア**

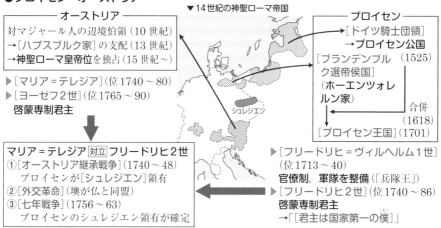

▼14世紀の神聖ローマ帝国

― オーストリア ―
対マジャール人の辺境伯領（10世紀）
→［ハプスブルク家］の支配（13世紀）
→**神聖ローマ皇帝位を独占**（15世紀〜）

▶［マリア＝テレジア］（位1740〜80）
▶［ヨーゼフ2世］（位1765〜90）
　啓蒙専制君主

マリア＝テレジア ［対立］ フリードリヒ2世
①［オーストリア継承戦争］（1740〜48）
　プロイセンが［シュレジエン］領有
②［外交革命］（墺が仏と同盟）
③［七年戦争］（1756〜63）
　プロイセンのシュレジエン領有が確定

― プロイセン ―
→［ドイツ騎士団領］
→**プロイセン公国**
［ブランデンブル　（1525）
ク選帝侯国］
（**ホーエンツォレ
ルン家**）
　　　　　　合併
　　　　　　（1618）
［プロイセン王国］（1701）

▶［フリードリヒ＝ヴィルヘルム1世］
　（位1713〜40）
官僚制，軍隊を整備（「兵隊王」）
▶［フリードリヒ2世］（位1740〜86）
　啓蒙専制君主
　→「［君主は国家第一の僕］」

シュレジエン

●**ロマノフ朝（ロシア）**

［ピョートル1世（大帝）］ （位1682〜1725）	清（康熙帝）との間に［ネルチンスク条約］を締結（1689） 西欧への大使節団→**ロシアの西欧化を推進** ［北方戦争］で［スウェーデン］を破る→［バルト海］へ進出 新都［ペテルブルク］を建設→「**西欧への窓**」 ベーリングの探検→［アラスカ］に到達（ロシア領へ）
［エカチェリーナ2世］ （位1762〜96）	ディドロ・［ヴォルテール］らと交流→**啓蒙専制君主** ［プガチョフ］の農民反乱→**鎮圧後，反動化** ［ポーランド分割］（3回）に参加 ［ラクスマン］の根室来航→日本との通交を要求（失敗）

重要用語チェック

◆ ドイツでは三十年戦争後の　1　条約で諸領邦がほぼ完全な主権を認められ，神聖ローマ帝国の分裂が決定的となった。諸領邦で特に強大だったのが<u>プロイセン</u>とオーストリアである。

◆ 12世紀からドイツではエルベ川以東への東方植民が行われ，　2　辺境伯領（14世紀後半からは選帝侯国。15世紀以降は　3　家が支配）やドイツ騎士団領（1525年に　4　と改称）が成立した。1618年に両国は合併し，　5　の際に神聖ローマ皇帝を支援した功績から<u>プロイセン王国</u>に昇格（初代国王は　6　）し，次の　7　は官僚制と軍隊を整備して<u>絶対王政</u>の基礎を築いた。続く　8　はフランスの<u>啓蒙思想家</u>　9　の影響で，信仰の自由や産業保護など開明的な政策を実行して啓蒙専制君主の代表とされ，「　10　」という言葉を残した。

◆ 　11　人に備え設置された辺境伯領を起源とするオーストリアは，13世紀から　12　家が支配し，15世紀からは神聖ローマ皇帝位を独占した。婚姻政策などで領土を拡大したが，　13　人の多いベーメンや　11　人の多い<u>ハンガリー王国</u>（1699年の　14　条約でオスマン帝国より獲得）などを領有した結果，国内に複数の民族を含む複合民族国家となり，統一的な統治は困難であった。

◆ 1740年，　15　がハプスブルク家の家督（かとく）を相続すると，　8　は異議を唱えて資源の豊富な　16　を占領し，反ハプスブルク家の立場をとるフランス，スペイン（ともにブルボン家）らとともにイギリスの支援を受けたオーストリアと戦った（<u>オーストリア継承戦争</u>）。家督の相続は認められたが，　16　を失った　15　は宿敵フランスと同盟（1756年，　17　）し，イギリスと同盟した　8　と再び戦った（<u>七年戦争</u>）が，再び敗れ，　16　はプロイセン領であることが確認された。

◆ ロシアではイヴァン4世の死後に内紛が発生したが，1613年に　18　が<u>ロマノフ朝</u>を創始して事態を収拾した。17世紀後半に即位した　19　は官僚制を整備するなどの西欧化政策を実施し，また新都　20　を建設した。対外面では<u>南下政策</u>を開始する一方で，　21　で　22　治下の　23　を破りバルト海の覇権を握った。18世紀後半に即位した　24　は啓蒙専制君主として開明的な政治を行ったが，　25　の鎮圧後は反動化した。対外面では南下政策をさらに推進して<u>クリミア半島</u>を奪い，また，3回にわたって行われた　26　にはすべて参加した。

重要用語チェック
1　ウェストファリア条約
2　ブランデンブルク
3　ホーエンツォレルン家
4　プロイセン公国
5　スペイン継承戦争
6　フリードリヒ1世
7　フリードリヒ＝ヴィルヘルム1世
8　フリードリヒ2世
9　ヴォルテール
10　君主は国家第一の僕
11　マジャール人
12　ハプスブルク家
13　チェック人
14　カルロヴィッツ条約
15　マリア＝テレジア
16　シュレジエン
17　外交革命
18　ミハイル＝ロマノフ
19　ピョートル1世（大帝）
20　ペテルブルク
21　北方戦争
22　カール12世
23　スウェーデン
24　エカチェリーナ2世
25　プガチョフの農民反乱
26　ポーランド分割

6章　近世ヨーロッパ世界の形成と発展

フリードリヒ2世▶

43　ヨーロッパ諸国の海外進出

■ 時代と場所をつかむ

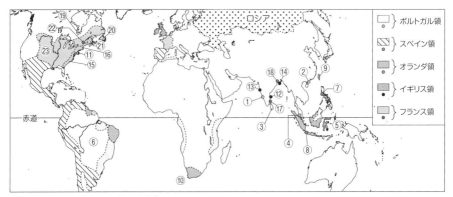

●西ヨーロッパ諸国の植民活動

ポルトガル	①[ゴア](総督府設置)，②[マカオ](明より居住権)， ③セイロン島・④[マラッカ]・⑤モルッカ諸島→[オランダ]が奪取， ⑥[ブラジル](トルデシリャス条約)→19世紀に独立
スペイン	⑦フィリピン([マニラ]を建設)，おもに中南米→19世紀に独立
オランダ	⑧[バタヴィア](建設)，⑨台湾(占領)，⑩[ケープ植民地](本国との中継地)， ③セイロン島・④[マラッカ]・⑤モルッカ諸島→ポルトガルより奪取， ⑪ニューネーデルラント([イギリス＝オランダ(英蘭)戦争])でイギリス領に)
イギリス	⑫マドラス・⑬ボンベイ・⑭[カルカッタ]→インドにおける拠点， ⑮ヴァージニア(北米初の植民地)，⑯ニューイングランド(移住者の開拓)
フランス	⑰ポンディシェリ・⑱シャンデルナゴル→インドにおける拠点， ⑲ハドソン湾地方・⑳ニューファンドランド・㉑アカディア→英領(ユトレヒト条約)， ㉒[カナダ](ケベック中心)，㉓[ルイジアナ]→英・スペイン領(パリ条約)

●海外におけるイギリスとオランダの抗争

[アンボイナ事件] (1623)	オランダがイギリスをモルッカ諸島より駆逐 →オランダが香辛料貿易を独占，イギリスはインドに専念
[イギリス＝オランダ(英蘭)戦争] (17世紀後半)	クロムウェルによる[航海法]発布(1651)が契機 →イギリスが新大陸におけるオランダ領と海上権を掌握

●北米におけるイギリスとフランスの抗争

ヨーロッパ	北 米	条 約	結 果
[スペイン 継承戦争]	アン女王戦争	[ユトレヒト条約] (1713)	仏→英[ハドソン湾地方]・ 　　　[ニューファンドランド]・アカディア 西→英[ジブラルタル]・ミノルカ島
[七年戦争]	[フレンチ＝イン ディアン戦争]	[パリ条約] (1763)	仏→英[カナダ]・[ミシシッピ川以東のルイジアナ] 西→英[フロリダ] 仏→西 ミシシッピ川以西のルイジアナ

∷∷ 流れで覚える

◆ 絶対王政時代の西欧各国は海外市場獲得のため活発な植民活動を進め，海上覇権を競った。16世紀は ⬚1⬚ と**スペイン**が，17世紀前半には ⬚2⬚ ，その後 ⬚3⬚ と ⬚4⬚ が争い，18世紀後半に ⬚3⬚ が勝利して植民地帝国を樹立した。

1 ポルトガル
2 オランダ
3 イギリス
4 フランス

◆ **インド航路**を開拓したポルトガルはインド西岸の ⬚5⬚ や，東南アジアの要衝 ⬚6⬚ を拠点に，香料諸島として名高い ⬚7⬚ に到達して香辛料貿易を独占した。1557年には ⬚8⬚ での居住権を得て中国とも交易した。また新大陸では ⬚9⬚ を領有した。こうして首都の ⬚10⬚ は繁栄したが，国内の工業生産が弱かったために植民地の喪失とともにその勢力は衰退した。

5 ゴア
6 マラッカ
7 モルッカ諸島
8 マカオ
9 ブラジル
10 リスボン

◆ 新大陸に進出したスペインは，毛織物を輸出して銀を独占した。国王は「征服者」に統治を任せる ⬚11⬚ を採用したが，その過酷な支配は神父 ⬚12⬚ などの非難を受け，奴隷使用の大農園制度である ⬚13⬚ に移行した。アジアではフィリピンの ⬚14⬚ を経由しメキシコ銀を中国に運ぶ ⬚15⬚ を行った。だが，国王 ⬚16⬚ の旧教強制で毛織物業者が亡命し，オランダの独立戦争を招き，さらに ⬚17⬚ がイギリスに敗北すると衰退した。

11 エンコミエンダ制
12 ラス＝カサス
13 アシエンダ
　　（大農場）制
14 マニラ
15 アカプルコ貿易
16 フェリペ2世
17 無敵艦隊
　　（アルマダ）

◆ オランダは1602年に ⬚18⬚ を設立し，独立後はアジアに先着のポルトガルからマラッカや ⬚7⬚ を奪い，ジャワの ⬚19⬚ に拠点を築いた。1623年には ⬚20⬚ **事件**でイギリスを駆逐して ⬚7⬚ の支配を確立した。また台湾を占領して日本にも進出した。新大陸では北米東部に ⬚21⬚ **植民地**を建設した。首都 ⬚22⬚ は17世紀前半に金融・商業の中心となったが，イギリス＝オランダ（英蘭）戦争に敗北して以降は衰退していった。

18 東インド会社
19 バタヴィア
20 アンボイナ事件
21 ニューネーデルラント植民地
22 アムステルダム

◆ イギリスは1600年に東インド会社を設立した。アジアでは ⬚20⬚ **事件**の敗北後，**マドラス**，**ボンベイ**，⬚23⬚ などを拠点にインド支配に専念した。新大陸方面では ⬚24⬚ に最初の植民地を築き，イギリス＝オランダ（英蘭）戦争では ⬚21⬚ **植民地**を奪い，その中心都市を ⬚25⬚ と改称した。

23 カルカッタ
24 ヴァージニア
25 ニューヨーク

◆ フランスではルイ14世の財務総監であった ⬚26⬚ が ⬚18⬚ を再建し，**ポンディシェリ**や ⬚27⬚ を拠点にインドへ進出した。インド総督 ⬚28⬚ の活躍でイギリスとの抗争を優位に進めたが，1757年の ⬚29⬚ では東インド会社書記の ⬚30⬚ が指揮するイギリスに敗れてインドにおける勢力は後退した。また，北米でも植民地をめぐりイギリスと抗争したが，敗北し撤退した。

26 コルベール
27 シャンデルナゴル
28 デュプレクス
29 プラッシーの戦い
30 クライヴ

7章

近代ヨーロッパ・アメリカ世界の成立

イギリス革命

 時代と場所をつかむ

●ピューリタン革命

[ジェームズ1世] (位1603〜25)	スコットランド王**ジェームズ6世**が即位 →[ステュアート朝]創始(スコットランドとイングランドは同君連合に) [王権神授説]を信奉 [イギリス国教会]を強制→[ピルグリム＝ファーザーズ]の渡米
[チャールズ1世] (位1625〜49)	先王と同様の専制政治→議会は「[権利の請願]」を提出(1628) 　　　　　　　　　　→翌年, 王は議会を解散 [スコットランド]の反乱(1639)→戦費調達のため議会を招集 **短期議会**→すぐに解散も再び招集 **長期議会**→王党派・議会派の内乱(ピューリタン革命)へ(1642)

王党派(イギリス国教会) 拠点：**ヨーク** 中心：聖職者 　　　貴族 　　　特権大商人	←→ **対立**	**議会派(ピューリタン中心)** 拠点：**ロンドン** [長老派](非特権商人・ジェントリ)：立憲君主政 [独立派](ジェントリ・ヨーマン・産業資本家)： 　　　　　　　共和政・制限選挙　代表[クロムウェル] [水平派](小農民・小商人)：共和政・普通選挙

▶ **ネーズビーの戦い**で議会派軍(クロムウェルの**鉄騎隊**がモデル)が国王軍を破る→後, 王を捕らえる
▶ クロムウェルが立憲君主派の**長老派**を追放し国王を処刑(1649)→**共和政**へ

●共和政(コモンウェルス)…国王チャールズ1世を処刑→**共和政(コモンウェルス)の開始**

1649	クロムウェル, **水平派を弾圧** クロムウェル, [アイルランド]を征服(王党派の根絶を口実に)
1651	共和国政府, [航海法]を発布→[イギリス＝オランダ(英蘭)戦争]へ
1653	クロムウェル, [護国卿](政治・軍事の最高官職)就任→厳格な軍事独裁体制
1658	クロムウェル死去→国民の不満から共和政が動揺, **王政復古**(1660)へ

●王政復古と名誉革命

[チャールズ2世] (位1660〜85)	国王に即位(1660)＝**王政復古(ステュアート朝の復活)** **カトリックの復活**, 専制政治を展開→議会の反発 議会が[審査法](1673)(公職就任者を国教徒に限定) 議会が[人身保護法](1679)(法によらない逮捕・裁判を禁止) 王弟ジェームズの即位をめぐり議会内部で対立・分裂 →{ [トーリ党](王権を擁護, 後の[保守党]) 　　[ホイッグ党](王権を制限, 後の[自由党])
[ジェームズ2世] (位1685〜88)	カトリック・専制政治の復活を強行 →議会はオランダよりオラニエ公ウィレム・メアリ夫妻を招く＝**名誉革命**
[ウィリアム3世] (位1689〜1702) [メアリ2世] (位1689〜94)	議会提出の「[権利の宣言]」を承認して即位 →「権利の宣言」を「[権利の章典]」として発布 　**(議会主権に基づく立憲王政が確立)**

:::: 流れで覚える

重要用語チェック

◆ イギリスは百年戦争時にフランドルから職人を招き**毛織物工業**が発展した。 1 （郷紳）や 2 （独立自営農民）の中には15世紀末以降，非合法的に推進した 3 や国王からの修道院領の払い下げなどで得た土地に牧羊場をつくり，毛織物マニュファクチュア経営で産業資本家となる者もあった。彼らの間には16世紀の宗教改革以降，おもにカルヴァン派（ 4 ）が広まっていった。しかし17世紀に成立した 5 朝の王が**特権大商人**（**商業資本家**）に種々の独占権を与えると，彼らの間に不満が蓄積されていった。

◆ 5 朝を開いた 6 は 7 を信奉し，イギリス国教の強制など専制政治を展開した。続く 8 に対し，議会が1628年 9 を提出すると，翌年に議会は解散された。1639年 10 での反乱が発生すると 8 は戦費調達のため議会を招集したが反発にあい，1642年 11 が勃発した。議会派の 12 により 8 は1649年処刑されて共和政が成立したが，実態は 13 についた 12 の独裁であった。

◆ 1660年，長老派と**王党派**により王政復古がなり，処刑された 8 の子が 14 として即位した。しかし， 14 が旧教復活など**専制政治**を行うと，議会は1673年に 15 ，1679年には 16 を制定して対抗した。この頃議会には 17 （王権擁護派）と 18 （王権制限派）が成立した。続く国王 19 も専制政治を展開したので，両党は 19 を廃位し，その娘と夫を新国王に招いた。これを 20 という。議会は両者に 21 を承認させ，これを 22 として発布し，娘は 23 ，夫は 24 として即位した。こうしてイギリスでは，議会主権に基づく立憲王政が確立することになった。

◆ ウィリアム3世に続く 25 の時代にはイングランドとスコットランドが合併し**グレートブリテン王国**となった。 25 の死で 5 朝が断絶するとドイツからハノーヴァー選帝侯が招かれた。彼は 26 として即位し， 27 朝（現在のウィンザー朝）が成立した。また，首相 28 が国王の慰留にもかかわらず，議会での多数派でなくなったことを理由に辞任したことを機に内閣が王ではなく議会に責任を負う 29 が開始された。こうしてイギリスでは「 30 」の原則が確立し，議会政治が進展したが，当時の選挙資格は大地主に限定されており，真の意味での**議会制民主主義**が実現したわけではなかった。

重要用語チェック

1 ジェントリ

2 ヨーマン

3 第1次囲い込み
（エンクロージャー）

4 ピューリタン

5 ステュアート朝

6 ジェームズ1世

7 王権神授説

8 チャールズ1世

9 権利の請願

10 スコットランド

11 ピューリタン
（清教徒）革命

12 クロムウェル

13 護国卿

14 チャールズ2世

15 審査法

16 人身保護法

17 トーリ党

18 ホイッグ党

19 ジェームズ2世

20 名誉革命

21 権利の宣言

22 権利の章典

23 メアリ2世

24 ウィリアム3世

25 アン女王

26 ジョージ1世

27 ハノーヴァー朝

28 ウォルポール

29 議院内閣制
（責任内閣制）

30 王は君臨すれども
統治せず

7章

近代ヨーロッパ・アメリカ世界の成立

時代と場所をつかむ

●**哲学**…自然科学の発達から学問や認識の方法が説かれる

[経験主義]…実験と観察の結果から一般法則
を導く[帰納法]が特色
▶[フランシス＝ベーコン]（英）　『新オルガヌム』
▶[ホッブズ]（英）
▶[ロック]（英）　「人間の心は白紙」
▶ヒューム（英）　懐疑論

[合理主義]…論理的に結論を導く[演繹法]が特色
▶デカルト（仏）　『方法叙説』
　　　　　　　「われ思う，ゆえにわれあり」
▶パスカル（仏）　[[パンセ](瞑想録)]
▶スピノザ（蘭）　汎神論を説く
▶[ライプニッツ]（独）　単子論（モナド論）

[ドイツ観念論]…経験論や合理論を批判的に統合
▶[カント]　『純粋理性批判』『永遠平和のために』
▶[フィヒテ]　「[ドイツ国民に告ぐ]」
▶[ヘーゲル]　ドイツ観念論を大成（[弁証法哲学]）

◀ヘーゲル

最初の主張テーゼ（正）には，必ず
対立する主張アンチテーゼ（反）が
現れる。これを統合してジンテー
ゼ（合）が生まれるんです。

●**政治**…絶対王政を正当化する説に対し，これを批判する学説が登場

[王権神授説]
…絶対王政を正当化
▶フィルマー（英）
▶ボダン（仏）
▶[ボシュエ]（仏）

[自然法思想]
▶[自然法]…人間が生まれながらにもつ権利（自由・平等など＝
　　　　　　[自然権]）を守る法
▶[グロティウス]（蘭）　「自然法の父」「国際法の祖」
　　『[海洋自由論]』…貿易や航海の自由を主張
　　『[戦争と平和の法]』…国家間の法の必要性を主張

影響

[社会契約説]…自由な個人相互の契約により国家が成り立つ
▶[ホッブズ]（英）　自然状態＝「[万人の万人に対する闘い]」，『[リヴァイアサン]』
▶[ロック]（英）　人民主権論，[革命権][抵抗権]を肯定，『[統治二論（市民政府二論）]』

[啓蒙思想]…理性の力で不合理な慣習・制度を批判する
▶[モンテスキュー]（仏）　[三権分立]を主張。『[法の精神]』
▶[ヴォルテール]（仏）　『哲学書簡（イギリス便り）』，[フリードリヒ２世]（普）らと親交
▶[ルソー]（仏）　『[社会契約論]』『[人間不平等起源論]』，「自然に帰れ」
▶[ディドロ]（仏）　百科全書派，エカチェリーナ２世と交流
▶[ダランベール]（仏）　百科全書派

●**経済**…絶対王政を支える学説に対し，個人の自由を重んじる思想が登場

[重商主義]…国家による経済統制
　　　　→絶対王政を支える
・[重金主義]：スペイン
・[貿易差額主義]：オランダ
　　　　　　　　イギリス
　　　　　　　　フランス

[自由放任主義]…国家による規制や介入を排除
・[重農主義]…「なすに任せよ（レッセ＝フェール）」
▶[ケネー]（仏）　『経済表』
▶[テュルゴ]（仏）　ルイ16世の財務総監
・[古典派経済学]
▶[アダム＝スミス]（英）　『諸国民の富（国富論）』

◆ 17・18世紀のヨーロッパでは自然科学の発達にともない，哲学の分野でも実験や理性を重視する傾向が強まった。イギリスでは　1　が実験と観察の結果から一般法則を導く　2　を確立し，経験主義（経験論）の先駆となった。この理論はホッブズやロックを経て18世紀のヒュームに至ると懐疑的色彩を濃くしていった。

◆ フランスでは　3　が論理的推論や数学的証明で結論を導く　4　を確立し，『　5　』を著して合理主義（合理論）の基礎を築いた。数学者としても著名な　6　は「人間は考える葦である」の言葉で有名な『パンセ（瞑想録）』を残し，オランダの　7　は汎神論を主張して教会から異端視され，ドイツの　8　は単子論で独特の世界観を打ち出した。

◆ この時代は，絶対王政を擁護する政治・経済学説以外に，市民階級の成長や自然科学の発達につれ，合理主義に基づき絶対王政を批判する学説が登場した。政治面では絶対王政を理論的に擁護する　9　を，イギリスのフィルマーやフランスのボダン・　10　らが主張した。一方，オランダの　11　は自然法思想を発達させ，『　12　』の中で自然法に基づく国際法の必要性を主張し，「自然法の父」「国際法の祖」とよばれた。

◆ 自然法に基づき，国家は人民と主権者の契約で成り立つとしたのが社会契約説である。イギリスのホッブズは著書『　13　』の中で自然状態を「　14　」とし，人民は自然権を主権者に委ねることで安全を得ると説き，結果的に絶対王政を擁護した。ロックは著書『　15　』で個々の自然権を守るためにこれを主権者に委ねるべきとしたが，主権者に対する人民の抵抗権を認め，名誉革命を理論的に擁護した。

◆ 人間の理性に基づき古い権威や体制を打破しようとする啓蒙思想は，18世紀のフランスで盛んになった。　16　は著書『　17　』の中で三権分立を主張し，　18　は『　19　』でイギリスの立憲政治を賛美し，またプロイセンの　20　らと積極的に交流した。　21　は『　22　』を著して社会契約説に基づく人民主権を主張し，『　23　』では私有財産制を批判した。

◆ 経済面では，絶対王政を支える重商主義に対抗して自由放任主義が登場した。このうち　24　の代表的理論家は『経済表』を著したフランスの　25　や，その弟子の　26　である。またイギリスの　27　は　28　を創始し，著書『　29　』のなかで「見えざる手」が経済を正しい秩序に導くとした。

1 フランス゠
　ベーコン
2 帰納法

3 デカルト
4 演繹法
5 方法叙説
6 パスカル
7 スピノザ
8 ライプニッツ

9 王権神授説
10 ボシュエ
11 グロティウス
12 戦争と平和の法

13 リヴァイアサン
14 万人の万人に対する闘い
15 統治二論
　（市民政府二論）

16 モンテスキュー
17 法の精神
18 ヴォルテール
19 哲学書簡
　（イギリス便り）
20 フリードリヒ2世
21 ルソー
22 社会契約論
23 人間不平等起源論

24 重農主義
25 ケネー
26 テュルゴ
27 アダム゠スミス
28 古典派経済学
29 諸国民の富
　（国富論）

46 17・18世紀のヨーロッパ文化② (文学・美術・音楽・自然科学)

■■ 時代と場所をつかむ

●文学

フランス…ルイ14世の絶対王政全盛期
→王の保護下にギリシア・ローマに範をとった［古典主義文学］が発展

悲劇	［コルネイユ］・［ラシーヌ］
喜劇	［モリエール］『タルチュフ』『人間嫌い』

イギリス…市民革命を経て市民階級が台頭
→ピューリタンの生き方を描く［ピューリタン文学］や風刺文学が発展

ピューリタン文学	［ミルトン］『失楽園』，［バンヤン］『天路歴程』
風刺文学	［デフォー］『ロビンソン＝クルーソー』 ［スウィフト］『ガリヴァー旅行記』

●美術

17世紀…絶対王政全盛期を背景に豪壮・華麗な［バロック美術］が流行

建築		［ヴェルサイユ宮殿］ ルイ14世がパリ近郊に造営
絵画	スペイン派	［エル＝グレコ］（ギリシア出身）， ［ベラスケス］（スペイン宮廷画家），ムリリョ（聖母子画）
	フランドル派	［ルーベンス］（バロック絵画の巨匠）， ファン＝ダイク（イギリス宮廷画家）
	オランダ派	［レンブラント］（光と影の対比）「夜警」▶

18世紀…曲線を多用した繊細・優美な［ロココ美術］が流行

建築	［サンスーシ宮殿］（フリードリヒ2世がベルリン郊外のポツダムに造営）
絵画	［ワトー］（「シテール島の巡礼」），フラゴナール（「ぶらんこ」）

●自然科学

ルネサンスで芽生えた科学精神の影響などで，実験・観察を重視する自然科学が発達
→17世紀は「［科学革命］」の時代と称される

物理	［ボイル］（英）	**ボイルの法則**発見，気体力学を創始
	ホイヘンス（蘭）	**振り子時計**の発明，**光の波動説**の発見
	［ニュートン］（英）	［万有引力の法則］を発見，『プリンキピア』
	［フランクリン］（米）	**避雷針**の発明，外交官としてアメリカ独立戦争に貢献
化学	［ラヴォワジェ］（仏）	燃焼を理論化し，［質量保存の法則］を発見
生物	［リンネ］（スウェーデン）	**動植物の分類法**を大成
医学	ハーヴェー（英）	**血液循環理論**を確立
	［ジェンナー］（英）	近代予防医学の先駆者，［種痘法］の発明
天文	ラプラース（仏）	カントの**星雲説**を継承・発展させ，宇宙進化論を唱える

◆　17・18世紀のヨーロッパでは，絶対王政期を反映した文化と<u>市民階級</u>の台頭を反映した二つの文化がみられた。文学の面ではフランスで王の保護下にギリシア・ローマ時代の古典に範をとる　[　1　]　が発展した。悲劇作品を残した　[　2　]　やラシーヌの他に，喜劇作家で『人間嫌い』などを残した　[　3　]　も名高い。イギリスでは市民革命を経てピューリタンの心情を描く　[　4　]　など市民的文学が生まれた。[　5　]　は　[　4　]　の『神曲』と称される『<u>失楽園</u>』を著し，[　6　]　は『<u>天路歴程</u>』を残した。また　[　7　]　の『ロビンソン＝クルーソー』や　[　8　]　の『ガリヴァー旅行記』といった当時の社会を風刺する作品も登場した。

◆　美術面では17世紀に絶対王政を象徴する豪壮・華麗な　[　9　]　が流行した。建築では<u>ルイ14世</u>が造営した　[　10　]　が名高い。絵画では放浪の画家として知られ，30代半ばからトレドに定住した　[　11　]　やスペイン宮廷画家を務めた　[　12　]　らがいる。またフランドルの　[　13　]　は雄大な作品を多く残すかたわら，外交官としても名を馳せた。オランダの　[　14　]　は「夜警」を残した。

◆　18世紀になると曲線を多用した繊細・優美な　[　15　]　が流行した。建築ではプロイセンの<u>フリードリヒ2世</u>がベルリン郊外のポツダムに造営した　[　16　]　が代表的である。絵画では田園画などを残したフランスの　[　17　]　やフラゴナールが有名である。

◆　音楽では「音楽の父」と称される　[　18　]　や<u>ヘンデル</u>らによる<u>バロック音楽</u>の後，「交響曲の父」と称される　[　19　]　や歌劇『フィガロの結婚』などで名高い　[　20　]　らの<u>古典派音楽</u>が隆盛した。

◆　ルネサンス以来の科学精神の発達から17世紀は多くの科学者が現れ，「<u>科学革命</u>」の時代とよばれる。イギリスの　[　21　]　は気体力学を創始し，[　22　]　は万有引力の法則などを発見した。米独立革命中に外交官として活躍した　[　23　]　は<u>避雷針</u>を発明した。フランスの　[　24　]　は<u>質量保存の法則</u>を発見したが，フランス革命中に処刑された。生物学ではスウェーデンの　[　25　]　が動植物の分類で名高い。イギリスの医師　[　26　]　は血液循環理論を確立し，[　27　]　は種痘法を完成させて近代予防医学の道を開いた。

◆　大航海時代を経て海外商品が流入し<u>生活革命</u>が起こった。イギリスではコーヒーや茶を飲む　[　28　]　（フランスでは　[　29　]　）で，客同士が政治・文化などの議論を行った。またフランスでは上流階級の婦人らが主催する<u>社交会</u>である　[　30　]　が流行した。

1　古典主義文学
2　コルネイユ
3　モリエール
4　ピューリタン文学
5　ミルトン
6　バンヤン
7　デフォー
8　スウィフト

9　バロック美術
10　ヴェルサイユ宮殿
11　エル＝グレコ
12　ベラスケス
13　ルーベンス
14　レンブラント

15　ロココ美術
16　サンスーシ宮殿
17　ワトー

18　バッハ
19　ハイドン
20　モーツァルト

21　ボイル
22　ニュートン
23　フランクリン
24　ラヴォワジェ
25　リンネ
26　ハーヴェー
27　ジェンナー

28　コーヒーハウス
29　カフェ
30　サロン

47		**産業革命**

 時代と場所をつかむ

●イギリス産業革命（18世紀後半～）の背景

資本の蓄積	マニュファクチュアによる［毛織物工業］の発展，（大西洋）三角貿易
海外市場の拡大	オランダ（17世紀）・フランス（18世紀）に勝利
労働力の創出	［農業革命］（農業技術や経営方式の革新）→［第2次囲い込み］で失地農発生
資源	石炭や鉄鉱石に恵まれる
経済活動の自由	イギリス革命により規制が撤廃

●産業革命における発明

飛び杼	［ジョン＝ケイ］	コークス製鉄法	［ダービー］
多軸（ジェニー）紡績機	［ハーグリーヴズ］	蒸気機関の実用化	［ニューコメン］
水力紡績機	［アークライト］	蒸気機関の改良	［ワット］
ミュール紡績機	［クロンプトン］	蒸気機関車の発明	トレヴィシック
力織機	［カートライト］	蒸気機関車の実用化	［スティーヴンソン］
綿繰り機	［ホイットニー］（米）	蒸気船	［フルトン］（米）

●イギリス産業革命の影響

資本主義の確立	機械制工場の増加（工場制機械工業の成立） →問屋制度・マニュファクチュア（工場制手工業）の衰退 ［産業資本家（ブルジョワジー）］の台頭 →資本主義を推進，政府に政治・経済の自由拡大を要求
新興都市の成立	［マンチェスター］（木綿工業），［リヴァプール］（マンチェスターの外港）， ［バーミンガム］（製鉄業）
社会・労働問題の発生	［労働者（プロレタリアート）］ →女性・子どもも労働に，低賃金・長時間労働を強いられる ［ラダイト運動］（機械打ちこわし運動）の発生 社会主義思想の誕生→私有財産制の廃止，経済の平等を主張

●各国の産業革命

ベルギー	オランダから独立（1830）→1830年代～
フランス	七月革命（1830）→1830年代～
アメリカ	［アメリカ＝イギリス（米英）戦争］（1812～14）→イギリスから経済的に自立 →1830年代～→［南北戦争］（1861～65）後に本格化
ドイツ	［ドイツ関税同盟］結成（1834）→1840年代～
ロシア	［農奴解放令］（1861）→労働者の創出→1860年代～ →［フランス］資本導入（1894，露仏同盟が完成）後の1890年代に本格化

◆ 産業革命は18世紀後半にイギリスで始まった。背景には，①毛織物工業の発展や大西洋三角貿易による富の蓄積があった。②オランダやフランスを破って海外に広大な市場を有し，世界商業の覇権を握っていた。③穀物増産をめざした [1] が合法的に行われ，農業資本家による資本主義的な農業経営が成立したことで失地農が生まれ，豊富な労働力が存在した。④石炭・鉄鉱石などの豊富な資源に恵まれた。⑤イギリス革命により種々の特権や規制が撤廃されて経済活動の自由が実現していた，などがある。

◆ イギリスで**インド**から輸入された綿布の需要が高まると，大西洋三角貿易の奴隷貿易港として繁栄した [2] に近い [3] で木綿工業が発達した。1733年に [4] が飛び杼を発明すると，織布部門が急速に発展したが，一方で綿糸不足が進んだ。そこで [5] の多軸（ジェニー）紡績機， [6] の水力紡績機， [7] のミュール紡績機が相次いで発明され，綿糸の大量生産を可能にした。また [8] が発明した力織機には， [9] によって大幅な改良が加えられていた**蒸気機関**が利用された。

◆ 大量生産が進展すると，商品や原料の大量輸送の必要性も高まった。18世紀には運河や道路の整備が進んだが，19世紀に入ると鉄道が登場した。イギリスの技術者 [10] は1825年にストックトン・ダーリントン間で**蒸気機関車**の実用化に成功すると，30年にはリヴァプール・マンチェスター間で最初の営業運転を開始した。またアメリカ人 [11] は蒸気船を開発し，海上輸送の進化に貢献した。 [12] とよばれるこうした交通・運輸の進展は，人やモノの交流を活発にし，「世界の一体化」を進展させた。

◆ いち早く工業中心の**産業社会**へと移行したイギリスは，低廉・良質な工業製品を生産し，「[13]」の地位を獲得した。国内では農村から都市への人口集中により， [2] や [3] ，製鉄業で繁栄した [14] などの大都市が生まれた。 一方，都市で機械制工場を営む [15] の多くは利潤の追求を優先して，労働者に長時間かつ低賃金での労働を強いた。不衛生な住環境に暮らす労働者は， [16]（機械打ちこわし運動）や [17] を結成するなどした。また労働者の立場で経済の平等などをめざす [18] 思想も生まれた。 [19] はニューラナークで理想工場を経営し， [20] の制定にも尽力した。他にもアメリカ独立戦争に参加した [21] や協同組合的な社会を説いた [22] ，エンゲルスと共に『**共産党宣言**』を発表した [23] らが名高い。

マルクス▶

アメリカ独立革命

時代と場所をつかむ

●イギリスの13植民地

自主独立の気風が強い→［植民地議会］を設置し，自治を展開

［ヴァージニア］	最初の植民地（1607）
プリマス	［ピルグリム＝ファーザーズ］が建設
マサチューセッツ	ニューイングランド植民地の中心，中心都市は［ボストン］
［ニューヨーク］	［イギリス＝オランダ（英蘭）戦争］でニューネーデルラントを奪取
ペンシルヴェニア	ウィリアム＝ペンが建設，中心都市は［フィラデルフィア］
［ジョージア］	13植民地の最後に加わる（1732）

□ 独立13州
▨ ミシシッピ以東のルイジアナ

1 ボストン
2 フィラデルフィア
3 レキシントン
4 サラトガ
5 ヨークタウン

●イギリスの重商主義政策

北米植民地を本国製品の市場・原料供給地ととらえる
→［七年戦争（フレンチ＝インディアン戦争）］終了後，多額の戦費による赤字を軽減するため，植民地への重商主義政策を強化

砂糖法（1764）	砂糖・糖蜜の密貿易への処罰を強化
［印紙法］（1765）	植民地で発行される全ての印刷物に印紙を貼ることを義務化 →植民地側は「代表なくして課税なし」と反発（翌年に撤廃）
［茶法］（1773）	東インド会社に植民地での茶の独占販売権を与える →［ボストン茶会事件］（本国は報復としてボストン港を閉鎖）

●独立革命の展開

［大陸会議］（1774）	［フィラデルフィア］で開催，植民地の自由・団結を示す
［レキシントンの戦い］（1775）	独立戦争の開始→直後に［ワシントン］が総司令官に
植民地側の勢力	国王派：独立反対派（高級官僚・大商人・大地主など）植民地人口の約3分の1 愛国派：独立推進派（プランター・自営農民・中小商人など）植民地人口の約3分の1 中立派：植民地人口の約3分の1（愛国派にとって大きな不安材料）
『［コモン＝センス］』（1776）	［トマス＝ペイン］が独立の必要性を説く→独立の世論高揚
［独立宣言］（1776）	［トマス＝ジェファソン］らが起草 →基本的人権・革命権（ロックの影響）→独立の世論高揚
サラトガの戦い（1777）	植民地側が初めて勝利→［フランス］・スペインが参戦
武装中立同盟（1780）	ロシアの［エカチェリーナ2世］が提唱 中立国船舶の自由航行を守る→イギリスは孤立化
［ヨークタウンの戦い］（1781）	植民地とフランスの連合軍がイギリスに大勝
［パリ条約］（1783）	13植民地（アメリカ合衆国）の独立を承認 イギリスは［ミシシッピ川以東のルイジアナ］を割譲

::::: 流れで覚える

◆ イギリスの北米進出は，カボット父子の探検を経て17世紀から本格化した。1607年に [1] 植民地を建設し，1620年には [2] の一団がプリマスに上陸した。王から特許状を得た会社や [2] などの移住者によって植民地は増加し，オランダとの戦争で得た [3] 植民地や，最後に加わった [4] など18世紀前半までに13植民地が成立した。本国政府は植民地を原料供給地・市場とし，本国の産業を保護する [5] 政策を実施した。

◆ 1763年に [6] 戦争の講和として [7] 条約が結ばれ，北米におけるフランス植民地が消滅すると戦費を捻出させて赤字を軽減し，また本国産業の育成のため重商主義政策が強化された。1765年に [8] を制定したが，植民地側が「[9]」と主張して反発したため翌年には撤回した。1773年，経営不振の東インド会社救済のため制定した [10] に対し，植民地で [11] 事件が発生すると，イギリス本国はボストン港閉鎖などの報復措置をとった。植民地側は [12] に代表者を集めて [13] を開催し，植民地の自由や結束しての反抗を決議したが，本国の態度は変わらず，翌年からいよいよ独立革命に突入した。

◆ 1775年に発生した [14] の戦い後，植民地側は [15] を総司令官に任命した。当時の植民地側内部には，独立をめざす [16] 以外に，独立反対の [17] や和解を願う中立派も多くいた。1776年に [18] が発刊した『[19]』や [20] らが起草した独立宣言はいずれも独立の正当性を訴えるもので，独立の世論高揚に大きく貢献し，フランスの自由主義貴族の [21]，社会主義者の [22]，ポーランドの愛国者 [23] らが義勇兵として参戦した。1777年のサラトガの戦いで植民地側が初めてイギリスに勝利すると，フランスに派遣されていた [24] の尽力もありフランスやスペインなどが植民地側で参戦し，ロシアの [25] の提唱による [26] も植民地側支援に寄与した。完全に孤立したイギリスは，1781年の [27] の戦いに大敗すると1783年のパリ条約で13植民地の独立を承認し [28] を割譲した。

◆ 独立後のアメリカは，革命中に決議された連合規約により13州がゆるやかに結合するのみで，中央政府の力も微弱であった。しかし，戦争による経済悪化や各州の対立から，強力な中央政府を樹立する要求が高まった。1787年，フィラデルフィアにおいて憲法制定会議が開かれ，[29] の原則や人民主権に基づく共和政，各州に広範な自治を認めながらも中央政府の権限を強化した [30] を特色とするアメリカ合衆国憲法が成立した。

重要用語チェック

1 ヴァージニア植民地
2 ピルグリム゠ファーザーズ
3 ニューヨーク植民地
4 ジョージア
5 重商主義政策
6 七年（フレンチ゠インディアン）戦争
7 パリ条約
8 印紙法
9 代表なくして課税なし
10 茶法
11 ボストン茶会事件
12 フィラデルフィア
13 大陸会議
14 レキシントンの戦い
15 ワシントン
16 愛国派（パトリオット）
17 国王派（ロイヤリスト）
18 トマス゠ペイン
19 コモン゠センス
20 トマス゠ジェファソン
21 ラ゠ファイエット
22 サン゠シモン
23 コシューシコ
24 フランクリン
25 エカチェリーナ2世
26 武装中立同盟
27 ヨークタウンの戦い
28 ミシシッピ川以東のルイジアナ
29 三権分立
30 連邦主義

7章 近代ヨーロッパ・アメリカ世界の成立

101

時代と場所をつかむ

●革命前のフランス

［アンシャン＝レジーム］ （旧制度）	第一・二身分→**免税**，重要官職独占 第三身分→重税，政治的権利なし	
経済危機	穀物の不作→国民生活を直撃	
社会批判の高揚	［啓蒙思想］の広まり 『［第三身分とは何か］』（シェイエス） アメリカ独立革命の影響	

▼アンシャン＝レジーム（旧制度）

●フランスの財政危機

国王［ルイ16世］→**アメリカ独立戦争に参戦**（財政破綻が決定的に）
→［テュルゴ］（重農主義者）・［ネッケル］（銀行家）らが財政改革
→特権身分が反発，全国三部会の招集を要求

●フランス革命の展開

国民議会期	1789.5	全国三部会開催（ヴェルサイユ）→議決方式で対立（**身分別・個人別**）
	.6	第三身分の議員が**国民議会**を結成→［球戯場（テニスコート）の誓い］
	.7	［バスティーユ牢獄］の襲撃…フランス革命の開始
	.8	［封建的特権の廃止］…**農奴制・領主裁判権・十分の一税**（無償廃止）・**貢租**（有償廃止） ［人権宣言］（自由・平等，主権在民など）…［ラ＝ファイエット］らが起草
	.10	［ヴェルサイユ行進（十月事件）］…国王一家をパリの**テュイルリー宮殿**に連行
	1791.6	［ヴァレンヌ逃亡事件］（ミラボーの死が背景）→失敗し，国王の信頼失墜
	.8	**ピルニッツ宣言**…オーストリア・プロイセンが王権回復を要求，革命戦争を誘発
	.9	［1791年憲法］…立憲君主政・制限選挙
立法議会期	1791.10	**立法議会招集**→［フイヤン派］（立憲君主派）・［ジロンド派］（穏健共和派）が対立
	1792.4	ジロンド派内閣が［オーストリア］に宣戦（革命戦争）→敗戦の連続
	.8	［8月10日事件］…王権を停止
	.9	［ヴァルミーの戦い］…フランス軍がオーストリア・プロイセン軍に勝利
国民公会期	1792.9	**男子普通選挙**による**国民公会**成立→ジロンド派と［ジャコバン派］（急進共和派）が対立 **王政の廃止宣言**→［第一共和政］（1792〜1804）の成立
	1793.1	**ルイ16世処刑**→［第1回対仏大同盟］結成（イギリスの［ピット］が提唱）
	.3	［ヴァンデーの反乱］（王党派と結びついた農民反乱，徴兵令に反発）
	.6	ジャコバン独裁（内外の危機への対処から，**ジャコバン派がジロンド派を追放**）
	1794.7	［テルミドールの反動］…［ロベスピエール］らを逮捕・処刑
総裁政府期	1795.8	［1795年憲法］（制限選挙・5人総裁制）→**総裁政府**の樹立
	.10	**王党派の反乱**→［ナポレオン＝ボナパルト］の軍隊が鎮圧
	1796〜	［イタリア遠征］…ナポレオンが［オーストリア］を破る（**第1回対仏大同盟崩壊**）
	1796.5	［バブーフ］による共産主義的陰謀→事前に発覚，処刑
	1798〜	［エジプト遠征］…**イギリスのインド交通遮断が目的** →ナポレオンが敗北し，［第2回対仏大同盟］結成
	1799.11	［ブリュメール18日のクーデタ］…ナポレオンが総裁政府を打倒，［統領政府］樹立

◆ 革命前のフランスは［ 1 ］とよばれる<u>身分制社会</u>だった。政治的権限のない第三身分の中には不満が蓄積され，さらに啓蒙思想やアメリカ独立革命の影響で革命の気運が高揚した。

◆ フランスの財政はルイ14世の晩年から悪化し，［ 2 ］の治世には危機に瀕した。［ 2 ］は<u>テュルゴ</u>や［ 3 ］らに命じて財政改革に出たが，反対する特権身分は全国三部会の開催を要求した。議決方法で対立した第三身分の議員は［ 4 ］を結成し，憲法制定まで解散しないことを誓った。これを［ 5 ］という。しかし，［ 2 ］が［ 3 ］を罷免し［ 4 ］を弾圧しようとすると，パリの民衆は［ 6 ］を襲撃し<u>フランス革命</u>が勃発した。

◆ 全国に拡大した暴動に対し，国民議会は［ 7 ］を宣言したが，貢租は有償廃止であったため土地を得た農民は少なかった。続いて議会は<u>人権宣言</u>を採択した。これは［ 8 ］らが起草し，自由・平等，私有財産の不可侵などを表明している。この後，食料不安などから［ 9 ］が発生し，国王一家はパリのテュイルリー宮殿に幽閉された。国民議会は教会財産の没収，<u>ギルドの廃止</u>などの改革後，立憲君主政と制限選挙を規定した［ 10 ］を制定した。

◆ 1791年10月に招集された［ 11 ］では立憲君主派の［ 12 ］と穏健共和派の［ 13 ］が多数を占めた。［ 13 ］内閣が墺との戦争に敗北して革命が危機に瀕すると，全国から集まった<u>義勇軍</u>がパリ民衆とともにテュイルリー宮殿を襲撃して王権を停止させ（［ 14 ］），［ 15 ］では墺・普連合軍を初めて破った。

◆ 1792年9月に男子普通選挙により招集された［ 16 ］では，［ 13 ］や急進共和派の［ 17 ］といった<u>共和派</u>が多数となった。この議会のもとでルイ16世が処刑され，フランス軍がベルギーを占領すると，革命の拡大阻止のため，英首相［ 18 ］の提唱で［ 19 ］が結成された。国内でも農民や<u>王党派</u>の反乱が広がると［ 17 ］が［ 13 ］を追放して独裁体制を築いた。

◆ ［ 17 ］は男子普通選挙を定めた［ 20 ］を制定し，［ 21 ］で大量の自作農を生み，物価統制のための［ 22 ］を出した。中心となった［ 23 ］は反対派を処刑して［ 24 ］を展開したが，急激な改革は人心を離反させ，［ 25 ］により倒れた。

◆ 1795年憲法により発足した［ 26 ］の時代は，［ 27 ］による陰謀の発覚など政情不安が続いた。軍人であった［ 28 ］は<u>イタリア遠征</u>により第1回対仏大同盟を崩壊させたが，<u>エジプト遠征</u>ではイギリスに敗れた。これを機に［ 29 ］が結成されると，［ 28 ］は［ 30 ］により［ 26 ］を打倒して<u>統領政府</u>を樹立した。

ナポレオン時代

▮▮ 時代と場所をつかむ

●統領政府と第一帝政

統領政府期	1799	統領政府成立（ナポレオンは**第一統領**）
	1801	［政教（宗教）協約（コンコルダート）］（教皇と和解）→**カトリックの復活**
	1802	［アミアンの和約］（イギリスとの講和）→**第2回対仏大同盟の解消** →ナポレオンは**終身統領**に
	1804	［ナポレオン法典（フランス民法典）］…個人の自由・私有財産の不可侵など 国民投票により皇帝に即位（**ナポレオン1世**）
第一帝政期	1804	皇帝即位→［第3回対仏大同盟］結成（イギリスの**ピット**が提唱）
	1805	［トラファルガーの海戦］…［ネルソン］に敗れ，イギリス本土進攻を断念 ［アウステルリッツの戦い（三帝会戦）］…オーストリア・ロシアを破る →**第3回対仏大同盟の崩壊**
	1806	［ライン同盟］（西南ドイツ諸邦で結成）→**神聖ローマ帝国の消滅** ［大陸封鎖令］（ベルリン勅令）→大陸諸国とイギリスの通商禁止
	1807	［ティルジット条約］←**イエナの戦い**などでプロイセン・ロシアを破る 　プロイセン　ポーランド地方に［ワルシャワ大公国］（フランスの傀儡） 　　　　→プロイセンはこれを機に［プロイセン改革］へ 　ロシア　大陸封鎖に協力
	1808	［スペイン反乱］（半島戦争）→「1808年5月3日」（ゴヤ）
	1812	［ロシア遠征］→失敗→各国は**解放戦争**へ
	1813	［ライプツィヒの戦い］（諸国民戦争）…ナポレオンが敗北
	1814	パリ陥落→ナポレオンは［エルバ島］へ流刑 　　　　→［ルイ18世］（ルイ16世の弟）即位（ブルボン朝の復活）
	1815	［ウィーン会議］の紛糾，ルイ18世の不人気→ナポレオンが皇帝に復位 ［ワーテルローの戦い］…ウェリントン（英）率いる連合軍に敗北 　　　　→［セントヘレナ］へ流刑（百日天下）

●ナポレオン全盛期のヨーロッパ

1 ［トラファルガーの海戦］（1805）
2 ［アウステルリッツの戦い（三帝会戦）］（1805）
3 ［ライプツィヒの戦い］（1813）
4 ［ワーテルローの戦い］（1815）

▲「1808年5月3日」（ゴヤ）

∷∷∷ 流れで覚える

重要用語チェック

◆ 1799年に統領政府を樹立した<u>ナポレオン＝ボナパルト</u>は第一統領に就任した。そして財政整理のためにフランス銀行を設立し， 1 により革命以来対立していた教皇と和解して旧教を復活させた。1802年にはイギリスと 2 を結んで 3 を解体させ，この成功を背景にナポレオンは<u>終身統領</u>についた。1804年には個人の自由・私有財産の不可侵・法の下の平等など革命の成果を明文化した 4 を発布した。同年ナポレオンは国民投票により皇帝ナポレオン1世となり 5 を開始した。

◆ ナポレオンの<u>皇帝即位</u>によりフランスの強大化を恐れたイギリスは，首相に復帰した<u>ピット</u>の提唱で 6 を結成した。ナポレオンはイギリス上陸をねらったが， 7 でイギリスの 8 に敗れ，その野望はついえた。しかし， 9 ではロシア・オーストリア連合軍を撃破し，これにより 6 は解体した。1806年，ナポレオンが西南ドイツ諸邦をあわせて 10 を結成すると，10世紀以来の 11 は消滅した。同年，ナポレオンは 12 で 13 を発布した。これはイギリス経済に打撃を与え，フランス産業による大陸市場独占をねらったものだったが，逆にイギリス製品に頼っていた大陸諸国を圧迫することになり，反ナポレオン感情を高揚させる結果となった。翌年プロイセン・ロシアと 14 条約を締結し，プロイセンは<u>ポーランド</u>（ナポレオンの傀儡国家 15 が成立）を失うなど領土は半減した。

◆ ナポレオンの征服は自由・平等といったフランス革命の精神をヨーロッパ各地に浸透させた。しかしその精神は各地で民族意識を芽生えさせ，圧政や支配からの解放をめざす反ナポレオン運動へと発展した。プロイセンでは<u>シュタイン</u>や 16 らにより<u>農民解放</u>などのプロイセン改革が行われ，ナポレオン占領下のベルリンでは 17 が「 18 」の講演を行ってドイツ人の民族意識を鼓舞した。スペインでは，ナポレオンの兄ジョゼフの国王就任を機に反乱が発生した（スペイン反乱）。

◆ 1812年，大陸封鎖令無視から始まった 19 <u>遠征</u>でナポレオンが大敗すると，各国は<u>解放戦争</u>に立ち上がった。1813年には 20 に勝利し，翌年にはパリを陥落させた。ナポレオンは 21 に流され，ブルボン家の 22 が国王に即位したが，その不人気と， 23 での各国の紛糾を見たナポレオンは再び帝位についた。しかし，イギリスのウェリントン率いる連合軍に 24 で敗れ，最後は大西洋の孤島 25 へと流された。

1 政教（宗教）協約
 （コンコルダート）

2 アミアンの和約

3 第2回対仏大同盟

4 ナポレオン法典
 （フランス民法典）

5 第一帝政

6 第3回対仏大同盟

7 トラファルガーの
 海戦

8 ネルソン

9 アウステルリッツの
 戦い（三帝会戦）

10 ライン同盟

11 神聖ローマ帝国

12 ベルリン

13 大陸封鎖令
 （ベルリン勅令）

14 ティルジット条約

15 ワルシャワ大公国

16 ハルデンベルク

17 フィヒテ

18 ドイツ国民に告ぐ

19 ロシア遠征

20 ライプツィヒの戦い
 （諸国民戦争）

21 エルバ島

22 ルイ18世

23 ウィーン会議

24 ワーテルローの戦い

25 セントヘレナ

7章

近代ヨーロッパ・アメリカ世界の成立

| 51 | ウィーン体制 |

時代と場所をつかむ

●**ウィーン会議**（1814〜15）…フランス革命・ナポレオン戦争後のヨーロッパの秩序再建
●**ウィーン議定書**

	フランス	ブルボン朝の復活（スペイン・ナポリでも）
	ロシア	［ポーランド王国］の成立， **ロシア皇帝が王位を兼任**
	オーストリア	［ロンバルディア］・［ヴェネツィア］を獲得
	オランダ	オーストリアから［南ネーデルラント］ を獲得し，**立憲王国を樹立**
	イギリス	オランダから［セイロン島］・［ケープ植 民地］を獲得
	スイス	**永世中立国**に
	プロイセン	**ラインラント**などを獲得
	［ドイツ連邦］	35の君主国と4の自由市で構成 （**オーストリアが盟主**）

●**ウィーン体制**（**自由主義・ナショナリズムを抑える保守反動体制**）の成立

支柱	［神聖同盟］	ロシアの［アレクサンドル1世］が提唱，キリスト教の友愛精神が基調
	［四国同盟］	イギリス・ロシア・オーストリア・プロイセン →後にフランスが参加し［五国同盟］に

●**ラテンアメリカの独立**

主体	［クリオーリョ］…ラテンアメリカ生まれの白人，独立運動を主導 ［メスティーソ］…白人と先住民（**インディオ**）の混血，クリオーリョに協力 **ムラート**…白人と黒人の混血，クリオーリョに協力
支援	**イギリス**…ラテンアメリカを市場化するため，独立支持（［カニング］外交） **アメリカ**…ヨーロッパとアメリカ大陸の相互不干渉を主張（［モンロー］宣言（教書））
独立	［ハイチ］…［フランス］より，［トゥサン＝ルヴェルチュール］が指導 ［大コロンビア］（コロンビア，ベネズエラ，エクアドル） 　…［スペイン］より，［シモン＝ボリバル］が指導 **アルゼンチン，チリ，ペルー**…［スペイン］より，［サン＝マルティン］が指導 **メキシコ**…［スペイン］より，［イダルゴ］が先駆者 ［ブラジル］…［ポルトガル］より，平和的独立，帝政を樹立

●**二月革命**（1848）の影響（「**諸国民の春**」）

オーストリア	［ウィーン三月革命］…メッテルニヒが亡命→ウィーン体制の崩壊 ［ベーメン民族運動］…チェック人が反乱→オーストリアが鎮圧 ［ハンガリー民族運動］…［コシュート］が独立宣言→ロシア軍が鎮圧 **スラヴ民族会議**…スラヴ人の結束と自立をめざす→失敗
プロイセン	［ベルリン三月革命］…憲法制定国民議会を開催→弾圧
ドイツ連邦	［フランクフルト国民議会］…ドイツの統一を討議→**小ドイツ主義**に基づく憲法
イタリア	［ローマ共和国］…［マッツィーニ］らの［青年イタリア］が建国
イギリス	［チャーティスト運動］…最高潮に→以後は衰退

流れで覚える

◆ ナポレオン失脚後，ヨーロッパの秩序再建のために　1　が開催された。オーストリアの外相　2　が主宰し，フランス外相　3　，ロシア皇帝　4　などが参加した。指導理念には　3　が提唱したフランス革命以前の領土・体制に戻そうとする　5　が採用された。　1　は「会議は踊る，されど進まず」の言葉が示すほど紛糾したが，　6　が調印され終了した。

◆ ウィーン会議により築かれた国際体制を　7　という。　7　はナポレオンの大陸制覇で広まった自由主義やナショナリズムを抑制する保守反動体制で，その基盤としてロシアのアレクサンドル 1 世が提唱した　8　やイギリス・ロシア・オーストリア・プロイセンが参加した　9　などが組織された。このためドイツでの　10　による運動，イタリアでの　11　による蜂起，ロシアでの　12　の乱などは鎮圧された。

◆ ウィーン体制を動揺させたのがアメリカ独立革命やフランス革命の影響を受けたラテンアメリカ諸国の独立運動である。ウィーン体制の維持のためメッテルニヒは弾圧を企図したが，イギリスが市場獲得を目的に独立を支持（　13　外交）し，アメリカがアメリカ大陸とヨーロッパの相互不干渉を唱えた　14　を発表するなどしたため弾圧を断念した。そのため，世界初の黒人共和国となった　15　（　16　が指導）など多くの独立国が誕生した。

◆ ギリシアが　17　からの独立をめざすと，イギリス・フランス・ロシアはこれを支援し，イギリスの詩人　18　やフランスの画家　19　の活動もあった。ロンドン会議でギリシアは独立し，ウィーン体制成立後初のヨーロッパでの領土変更となった。

◆ フランスではナポレオン失脚後に　20　，次いで　21　が反動政治を展開し，国民の不満は高まった。　21　は不満をそらすために　22　出兵を行ったが，自由主義者が多数を占めた議会を解散すると，パリで　23　が勃発した。　21　は退位し，自由主義者の　24　が新国王に迎えられ七月王政が開始された。また，　23　の影響で　25　がオランダから独立した。

◆ 七月王政期（1830～48）はフランスの産業革命が進展した時期で産業資本家や労働者が台頭したが，極端な制限選挙制のもと銀行家や大資本家が権力を握る状況であった。1848年，首相のギゾーが選挙法改正を求める改革宴会を禁止すると，パリで　26　が発生した。ルイ＝フィリップは亡命し　27　が成立した。　26　の影響は各地に及び，オーストリアでは　28　でメッテルニヒが失脚し，ウィーン体制は完全に崩壊した。

1 ウィーン会議
2 メッテルニヒ
3 タレーラン
4 アレクサンドル1世
5 正統主義
6 ウィーン議定書

7 ウィーン体制
8 神聖同盟
9 四国同盟
10 ブルシェンシャフト
11 カルボナリ
12 デカブリスト
　（十二月党員）の乱

13 カニング
14 モンロー宣言（教書）
15 ハイチ
16 トゥサン＝ルヴェ
　ルチュール

17 オスマン帝国
18 バイロン
19 ドラクロワ

20 ルイ18世
21 シャルル10世
22 アルジェリア出兵
23 七月革命
24 ルイ＝フィリップ
25 ベルギー

26 二月革命
27 第二共和政
28 ウィーン三月革命

🔳 時代と場所をつかむ

●フランスの第二共和政・第二帝政・第三共和政

第二共和政 (1848〜52)	二月革命 (1848)→[ルイ゠フィリップ] が退位 ([七月王政] の崩壊) 臨時政府…ブルジョワ共和派・社会主義者 ([ルイ゠ブラン]) らが参加 四月普通選挙で社会主義者大敗→[国立作業場] 閉鎖→労働者の [六月蜂起] (鎮圧)
第二帝政 (1852〜70)	大統領 [ルイ゠ナポレオン] が皇帝に即位 ([ナポレオン3世]) (1852) [プロイセン (ドイツ) ゠フランス戦争] に敗北→ナポレオン3世退位 (第二帝政の崩壊)
第三共和政 (1870〜1940)	臨時政府→対独屈辱講和に対し民衆が蜂起、[パリ゠コミューン] 樹立 　　　史上初の民衆による自治政府も「血の週間」で崩壊 第三共和政憲法 (1875)…三権分立・二院制・大統領制 (任期7年)

●イギリスの自由主義的改革

宗教	1801	アイルランド併合→アイルランド人 (カトリック) の公職就任が問題化
	1828	[審査法] の廃止…非国教徒 (カトリックを除く) に公職就任の権利保障
	1829	[カトリック教徒解放法]…カトリック教徒への差別撤廃
政治	1832	[第1回選挙法改正]…腐敗選挙区の廃止、産業資本家に選挙権 →労働者中心に [人民憲章] を掲げた [チャーティスト運動] が展開 (1837〜)
経済	1813	[東インド会社] の貿易独占権廃止 (1813：対インド，1833：対中国)
	1824	[団結禁止法] 廃止→労働組合の結成が認められる
	1846	[穀物法] 廃止 ([コブデン]・[ブライト] らの [反穀物法同盟] が指導)
	1849	[航海法] 廃止→自由貿易体制の確立

●サルデーニャ王国によるイタリアの統一

▼　　　1855年段階でのサルデーニャ領

1855	[クリミア戦争] 参戦→フランスと同盟
1859	イタリア統一戦争 (対オーストリア) →[ロンバルディア] を獲得
1860	中部イタリアを併合 (住民投票による) →[サヴォイア]・[ニース] をフランスへ [ガリバルディ] が両シチリア王国を征服 →サルデーニャ王に献上
1861	[イタリア王国] の成立 (都：トリノ)
1866	[ヴェネツィア] を併合 (普墺戦争に参戦)
1870	[ローマ教皇領] を占領 (普[独]仏戦争に乗じる)

＊[未回収のイタリア]：南チロル・トリエステ

A サルデーニャ島
B ピエモンテ
C サヴォイア
D ニース

E 南チロル
F トリエステ
→14世紀から墺領

G ロンバルディア
H ヴェネツィア
→ウィーン会議で
墺領

●プロイセン王国によるドイツの統一

1866	[プロイセン゠オーストリア (普墺) 戦争]→オーストリアをドイツ統一から排除
1867	[北ドイツ連邦]…プロイセンを中心とする北ドイツ諸邦による連邦制国家 [オーストリア゠ハンガリー帝国]…オーストリアがマジャール人に自治を認めて成立
1870	[プロイセン (ドイツ) ゠フランス戦争] (〜71)→ナポレオン3世をスダンで捕虜に
1871	[ドイツ帝国] の成立→フランスから [アルザス]・[ロレーヌ] を獲得

◆　1848年にフランスでは第二共和政が成立した。産業資本家を中心とするブルジョワ共和派に　1　ら社会主義者も政府に参加したものの，選挙では社会主義者が大敗し，労働者は　2　を起こしたが鎮圧された。1851年には大統領の　3　がクーデタで独裁権を握り，翌年　4　として皇帝に即位し第二帝政を開始した。　4　は外征で人気を得たが，　5　に失敗して権威が失墜し，　6　戦争中に捕虜となり第二帝政は終了した。

◆　イギリスでは19世紀前半に自由主義的改革が進展した。宗教面では　7　が尽力した1828年の審査法廃止と，翌年制定の　8　で国教徒以外の公職就任を可能にした。経済面では産業資本家の要求で　9　の貿易独占権が廃止された。1846年には　10　やブライトらの尽力で　11　が廃止され，1849年には航海法も廃止されて自由貿易体制が確立した。

◆　イタリアでは1820年代に秘密結社　12　の蜂起や，二月革命の影響で青年イタリア出身の　13　が　14　を樹立するなどしたが，失敗した。1849年にサルデーニャ王に即位した　15　は，首相に　16　を起用した。　16　はサルデーニャの国際的地位向上のため　17　戦争に参戦し，フランスとの同盟を実現した。イタリア統一戦争では　18　を得，1860年には　19　・ニースをフランスに割譲する代償に中部イタリアを併合した。また，　20　は千人隊（赤シャツ隊）を率いて両シチリア王国を滅ぼし，　15　に献上した。1861年にイタリア王国が成立し，1866年には　21　戦争に参戦して　22　，1870年にはプロイセン（ドイツ）＝フランス戦争に乗じて教皇領を併合したが，　23　やトリエステは「未回収のイタリア」とよばれ，オーストリア領にとどまった。

◆　ドイツ連邦では1834年に　24　が発足した。二月革命の影響でウィーン体制が崩壊すると，統一と憲法制定を討議するため　25　が開催されたが，プロイセン国王が帝冠を拒否して失敗した。その後，プロイセン王　26　は首相に　27　を任じ，彼は　28　政策をとって，統一を推し進めた。　29　・ホルシュタイン問題からデンマークを破り，その帰属問題から勃発した　21　戦争に勝利した。ドイツ連邦は解体して　30　が成立し，敗れたオーストリアはマジャール人に自治を認めて　31　となった。　27　は　32　問題とこれにともなうエムス電報事件を機に起こったプロイセン（ドイツ）＝フランス戦争でフランスをも破り，1871年ドイツ帝国が成立してドイツの統一が実現した。

53　アメリカ合衆国の発展

時代と場所をつかむ

●初期の大統領と領土拡大

◆…獲得した領土，A〜Eは下図に対応

大統領	出来事・政策
ワシントン	フランス革命戦争に対して**中立**
[トマス=ジェファ ソン](第3代)	◆ミシシッピ川以西のルイジアナ (A)…**フランスより買収 (1803)** ナポレオン戦争に対して**中立**
マディソン (第4代)	[アメリカ=イギリス (米英) 戦争] →北部ニューイングランド地方で綿工業発展 (→アメリカの経済的自立促進)
[モンロー] (第5代)	◆**フロリダ (B)**…スペインより買収 (1819) [モンロー宣言 (教書)] (1823) →ヨーロッパとアメリカ大陸の相互不干渉
[ジャクソン] (第7代)	ジャクソニアン=デモクラシー→[民主党] (支持派)，ホイッグ党 (反対派) [先住民強制移住法] →先住民は「**涙の旅路**」など過酷な移動で保留地へ
ポーク (第11代)	◆**テキサス (C)**…アメリカに編入 (1845) ◆**オレゴン (D)**…イギリスとの協定で獲得 (1846) ◆**カリフォルニア (E)**…[アメリカ=メキシコ戦争]で獲得 (1848) 　　　　　　　　　　→[ゴールドラッシュ] (移民の殺到)

●北部と南部の相違

	北部	南部
経済の主体	商工業	綿花プランテーション
貿易政策	保護貿易	自由貿易
支持政体	連邦主義	反連邦主義 (州権主義)
支持政党	共和党	民主党
奴隷制	拡大反対	維持・拡大

●奴隷制をめぐる南北対立と南北戦争

西部への領土拡大→奴隷制をめぐる北部と南部の対立激化

北部 自由な賃金労働者を確保するため，奴隷制の拡大に反対

南部 プランテーションにおける安価な労働者を確保するため，奴隷制の維持・拡大主張

1820	[ミズーリ協定]…北緯36度30分以北は自由州，以南は奴隷州→**南北が妥協**
1854	[カンザス・ネブラスカ法]…新州における奴隷制の可否を住民投票に委ねる →**南北対立の激化**，[共和党] の結成
1860	共和党の [リンカン] が大統領に当選
1861	南部が合衆国を離脱→[アメリカ連合国] を結成 (首都 [リッチモンド]) →**南北戦争**勃発
1862	[ホームステッド法]…公有地で5年間定住し，開墾した者に無償で土地を供与 →**西部農民の北部支持**，戦後に西部開拓が進展
1863	[奴隷解放宣言]→北部は内外の支持を拡大 [ゲティスバーグの戦い]→北部が勝利，「**人民の人民による人民のための政治**」
1865	リッチモンドが陥落→南北戦争の終結

流れで覚える

◆ アメリカはイギリスからの独立後，中央政府の権限強化を望む ［ 1 ］ と各州の独立性を主張する ［ 2 ］ が対立した。1787年に連邦主義に立つ ［ 3 ］ が成立したが，両派の対立はその後も続いた。1801年に第3代大統領に就任した ［ 2 ］ の ［ 4 ］ は，反連邦主義（州権主義）に立ちつつも ［ 1 ］ との妥協を図り，国家の統一と民主主義の拡大に努めた。

◆ ［ 5 ］ 戦争中，イギリスの海上封鎖が中立政策をとるアメリカの通商を妨害したため ［ 6 ］ 戦争が勃発した。結果，イギリス商品の流入が途絶えたため国内産業の育成が促進され産業革命の基盤が築かれた。またアメリカはイギリスから経済的に自立した。

◆ 第5代大統領 ［ 7 ］ は1823年に ［ 8 ］ を発表した。これはヨーロッパとアメリカ大陸の相互不干渉を主張したもので，中南米の独立を援護し，アメリカ外交の基本方針となった。

◆ 初の西部出身の第7代大統領 ［ 9 ］ は，男子普通選挙など ［ 10 ］ とよばれる民主政治を展開した。しかし先住民に対しては ［ 11 ］ を制定するなど，［ 10 ］ の対象は白人男子のみという限界もあった。また ［ 9 ］ を支持する南部農民を中心に ［ 12 ］ が，不支持の北部商工業者を中心にホイッグ党が結成された。

◆ 19世紀に ［ 13 ］ を掲げて西方への領土拡大が進むと，新州を奴隷州（奴隷制を認める州）とするか自由州（奴隷制を認めない州）とするかで南部と北部の対立が深まった。1820年には ［ 14 ］ が制定されて妥協が実現したが，ストウによる『［ 15 ］』の出版や，1854年の ［ 16 ］ の成立で南北対立は激化し，ホイッグ党を中心に奴隷制反対論者が ［ 17 ］ を結成した。

◆ 1860年の大統領選挙で共和党の ［ 18 ］ が当選すると，翌年，南部諸州は ［ 19 ］ を首都に ［ 20 ］ を建国し，［ 21 ］ が大統領に就任した。［ 22 ］ 戦争はリー将軍の率いる南軍が優勢であったが，1862年に制定された ［ 23 ］ で西部の北部支持が確定し，翌年の ［ 24 ］ で北部は内外の支持を集めた。同年の ［ 25 ］ の戦いでの北軍の勝利後，1865年に南軍は降伏した。

◆ 南北戦争後，南部では北部資本による工業化が進展し大農園（プランテーション）は解体した。奴隷は憲法修正第13条で解放されたが，［ 26 ］（分益小作人）になるなど生活は厳しく，また南部諸州での黒人取締法の制定などにより黒人差別は存続した。国内ではホームステッド法で西部開拓が促進され，1869年には ［ 27 ］ の開通で国内市場が統一され，19世紀末には世界最大の工業国となった。

重要用語チェック

8章
近代国民国家の発展

1 連邦派（フェデラリスト）
2 反連邦派（アンチ＝フェデラリスト）
3 アメリカ合衆国憲法
4 トマス＝ジェファソン
5 ナポレオン戦争
6 アメリカ＝イギリス（米英）戦争
7 モンロー
8 モンロー宣言（教書）

9 ジャクソン
10 ジャクソニアン＝デモクラシー
11 先住民強制移住法
12 民主党

13 明白なる運命（マニフェスト＝デスティニー）
14 ミズーリ協定
15 アンクル＝トムの小屋
16 カンザス・ネブラスカ法
17 共和党

18 リンカン
19 リッチモンド
20 アメリカ連合国
21 ジェファソン＝デヴィス
22 南北戦争
23 ホームステッド法
24 奴隷解放宣言
25 ゲティスバーグの戦い

26 シェアクロッパー
27 大陸横断鉄道

▮▮ 時代と場所をつかむ

●東方問題

ギリシア独立戦争 (1821〜29)	ギリシアが**イギリス・フランス・ロシアの支援**を受ける →[ロンドン会議] (1830) でオスマン帝国から独立	
[エジプト=トルコ 戦争] (第1次・ 1831〜33) (第2次・ 1839〜40)	第1次	エジプト総督 [ムハンマド=アリー] →[シリア]の統治権をトルコに要求 →**シリアの統治権を獲得** トルコを支援したロシア →[ボスフォラス]海峡・[ダーダネルス]海峡 の通航権を獲得
	第2次	ムハンマド=アリー →**エジプト総督の世襲権**をトルコに要求 →[ロンドン会議] (1840) →**エジプトの世襲権のみ獲得,シリアは放棄** イギリスがロシアを圧迫 →ロシアはボスフォラス海峡・ダーダネルス海 峡の通航権放棄
[クリミア戦争] (1853〜56)	**聖地管理権問題**からロシアがトルコに開戦 →ロシアが敗れ,[パリ条約]で**黒海の中立化**が決定	
[ロシア=トルコ (露土) 戦争] (1877〜78)	オスマン領[ボスニア・ヘルツェゴヴィナ]での反乱 →ロシアがスラヴ人の保護を名目に開戦 →ロシアが勝利し,[サン=ステファノ条約]を締結	

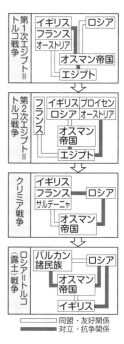

●サン=ステファノ条約とベルリン条約

サン=ステファノ 条約	▶[ルーマニア]・[セルビア]・ [モンテネグロ]の独立 ▶[ブルガリア]の自治国化 (ロシア保護国)

[イギリス]・[オーストリア]の反発
→[ビスマルク]が仲介,**ベルリン会議**を開催へ

ベルリン条約	▶**サン=ステファノ条約の破棄** ▶ルーマニア・セルビア・モン テネグロ→独立承認 ▶**ブルガリア**→領土縮小,オス マン帝国治下の自治国へ ▶イギリス→[キプロス島]の統 治権を獲得 ▶オーストリア→[ボスニア・ヘ ルツェゴヴィナ]の統治権を 獲得

▼ベルリン会議前後のバルカン半島

◀ベルリン会議

∷∷∷ 流れで覚える

◆ ロシアでは神聖同盟を提唱した ☐1 の後, 弟の ☐2 が即位した。 ☐2 は青年将校による ☐3 を鎮圧すると, ハンガリーなど他国の独立運動も弾圧し, ロシアは「ヨーロッパの憲兵」とよばれた。続く ☐4 は ☐5 戦争の敗北から近代化を図り, 1861年の ☐6 で農奴に無償で人格的自由を付与したが土地は有償で, 農村共同体である ☐7 が残存するなど不徹底な内容であった。農民の負担は増えて労働者となる者が増大し, 資本主義発展の契機となった。 ☐8 の反乱を機に ☐4 が反動化する一方, 知識人層である ☐9 が「 ☐10 」を掲げて農民啓蒙運動を始め, ☐11 とよばれた。運動が失敗すると ☐12 (アナーキズム)や暴力主義(テロリズム)が横行した。

◆ 「東方問題」とは19世紀のオスマン帝国の領土と民族をめぐる国際的諸問題をいう。オスマン帝国からの独立運動を諸民族が展開すると, ☐13 を掲げたロシアが介入した。それに対抗してイギリス・フランス・オーストリアなども介入し, 国際戦争も勃発した。

◆ エジプトは16世紀からオスマン帝国の支配を受けていたが, 19世紀初頭に総督となった ☐14 は, 領土を要求してオスマン帝国と開戦した(エジプト=トルコ戦争)。第1次では ☐15 領有を実現し, オスマン帝国を支援したロシアは ☐16 海峡・ ☐17 海峡の通航権を獲得した。しかし第2次では ☐14 はエジプト・ ☐15 の世襲権を要求したが, イギリスの介入により ☐15 を放棄し, またロシアも特権を失って南下政策は阻止された。

◆ クリミア戦争は ☐18 問題に端を発し, ロシアがギリシア正教徒の保護を理由に開戦した。 ☐19 要塞の攻防戦などで敗れたロシアは1856年に ☐20 条約で黒海の中立化などを承認させられた。またこの戦争でのイギリス人看護師 ☐21 の活動が契機となり, 傷病兵保護を目的とした ☐22 が設立された。

◆ 1875年, オスマン領内のギリシア正教徒が反乱を起こして, 多数殺害されると, 1877年ロシアはこれを口実にロシア=トルコ(露土)戦争を起こした。ロシアは勝利して ☐23 条約を結び, ☐24 ・セルビア・モンテネグロを独立させ, 自治国 ☐25 を保護国化し, バルカンでの勢力拡大に成功した。しかしイギリス・オーストリアが反発すると ☐26 が仲介して ☐27 会議を開き利害を調整した。この結果, ☐23 条約は破棄されて ☐27 条約が締結され, ☐25 はオスマン治下の自治国とされ, オーストリアは ☐28 の統治権を, イギリスは ☐29 の統治権を獲得し, ロシアの南下政策はまたも挫折した。

重要用語チェック

1 アレクサンドル1世
2 ニコライ1世
3 デカブリスト(十二月党員)の乱
4 アレクサンドル2世
5 クリミア戦争
6 農奴解放令
7 ミール
8 ポーランド
9 インテリゲンツィア
10 ヴ=ナロード(人民の中へ)
11 ナロードニキ
12 無政府主義

13 南下政策

14 ムハンマド=アリー
15 シリア
16 ボスフォラス海峡
17 ダーダネルス海峡

18 聖地管理権
19 セヴァストーポリ要塞
20 パリ条約
21 ナイティンゲール
22 国際赤十字

23 サン=ステファノ条約
24 ルーマニア
25 ブルガリア
26 ビスマルク
27 ベルリン
28 ボスニア・ヘルツェゴヴィナ
29 キプロス島

▚▚ 時代と場所をつかむ

●近代哲学の流れ

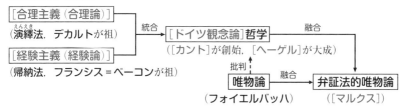

●近代の経済学説

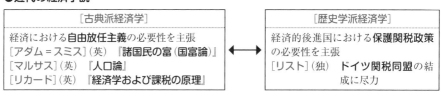

●自然科学…19世紀後半からめざましい進歩→19世紀＝「科学の世紀」

人物	業績	人物	業績
［ファラデー］（英）	電磁気学の基礎を確立	［パストゥール］（仏）	狂犬病予防接種，微生物による発酵を証明
［マイヤー］（独）	エネルギー保存の法則を発見	［コッホ］（独）	結核菌・コレラ菌発見
［ヘルムホルツ］（独）		［モース（モールス）］（米）	電信機を発明
リービヒ（独）	有機化学の基礎を確立	［ベル］（米）	電話機を発明
［レントゲン］（独）	X放射線の発見	マルコーニ（伊）	無線電信を発明
［キュリー夫妻］（仏）	ラジウムの発見（妻はポーランド出身）	［エジソン］（米）	蓄音機・電灯・映画などを発明
［ダーウィン］（英）	『種の起源』で進化論発表→キリスト教会が反発	ダイムラー（独）	ガソリン自動車の製造を開始
		ディーゼル（独）	ディーゼル機関を発明
メンデル（墺）	遺伝の法則を発見	［ノーベル］（スウェーデン）	ダイナマイトを発明

●探検…科学技術の発達にともない活発化

人物	業績	人物	業績
クック（英）	ニュージーランド，オーストラリアを探検航海	［ピアリ］（米）	北極点に到達
［リヴィングストン］（英）	ナイル上流のヴィクトリア瀑布を発見	［アムンゼン］（ノルウェー）	南極点に到達
［スタンリー］（米）	コンゴを探検	スコット（英）	南極点に到達（アムンゼンに1カ月遅れ）

⠿ 流れで覚える

◆　19世紀のヨーロッパでは，哲学の分野において**合理主義**（**合理論**）と**経験主義**（**経験論**）を批判総合した**ドイツ観念論**が登場した。これは　　1　　が基礎をつくり，「ドイツ国民に告ぐ」の講演で名高い　　2　　を経て，　　3　　が**弁証法哲学**を提唱して完成させた。　3　　の説に左派を代表するフォイエルバッハが提唱した**唯物論**を融合し，　4　　が**弁証法的唯物論**へと発展させた。また　4　　は歴史の発展を弁証法的唯物論の立場から解明する　　5　　を樹立し，経済学では『　　6　　』を著して資本主義経済没落の必然性を説いた。

◆　19世紀のヨーロッパでは産業革命が成熟し，社会情勢が変化する中でさまざまな思想が登場した。デンマークの　　7　　は『死に至る病』を著し　　8　　**哲学**の先駆となった。また　　9　　はショーペンハウエルの影響からキリスト教を否定し，「**神は死んだ**」の言葉を残し「**超人**」を理想とした。また，オーストリアの　　10　　が創始した**精神分析学**は，20世紀の哲学・芸術などに影響を与えた。

◆　イギリスでは産業革命で台頭した産業資本家に支持されて　　11　　が登場し，19世紀のイギリスにおける自由主義改革の理論的根拠にもなった。　　12　　は「**最大多数の最大幸福**」を掲げて　11　　を創始し，　　13　　は　11　　を発展させて個人の自由を主張した。またフランスの　　14　　は事実によって確認されたことがらのみで認識に到達しようとする　　15　　**哲学**を創始し，社会学の祖ともいわれた。

◆　18世紀に　　16　　が創始した**古典派経済学**は『**人口論**』を著した　　17　　や，『経済学および課税の原理』を著して**労働価値説**を唱えた　　18　　によって大成された。一方，ドイツでは各国家の歴史的発展に応じた経済政策の必要性を唱える　　19　　が発展し，代表的理論家である　　20　　は　　21　　の結成にも尽力した。

◆　19世紀はナショナリズムの高揚で民族の歴史を見直す傾向が広まり，歴史学も大きく発展した。ドイツの　　22　　は史料批判に基づく歴史叙述を重視して　　23　　の祖となり，　　24　　は法と民族の歴史性を研究し**歴史法学**を創始した。

◆　19世紀は自然科学とそれを応用する技術とがめざましい発展を遂げ「**科学の世紀**」ともよばれる。石油化学や電気の分野における技術革新は**第2次産業革命**を進展させ，また交通網や通信網の整備および拡大は，世界の一体化をさらに進めることになった。

1 カント

2 フィヒテ

3 ヘーゲル

4 マルクス

5 史的唯物論
　（唯物史観）

6 資本論

7 キェルケゴール

8 実存哲学

9 ニーチェ

10 フロイト

11 功利主義

12 ベンサム

13 ジョン＝ステュアート＝ミル

14 コント

15 実証主義哲学

16 アダム＝スミス

17 マルサス

18 リカード

19 歴史学派経済学

20 リスト

21 ドイツ関税同盟

22 ランケ

23 近代歴史学

24 サヴィニー

▲ニーチェ

時代と場所をつかむ

●文学

18世紀
啓蒙思想（けいもう）
→ 18世紀末〜（主にドイツ）［古典主義］
ギリシア・ローマを模範　調和重視
→ 19世紀初〜［ロマン主義］
個性・感情を重視　民族の歴史尊重
→ 19世紀中頃［写実主義］［自然主義］
現実をありのままに描写
→ 19世紀末〜［耽美主義（たん び）］［象徴主義］
美を重視　言葉のリズム重視

			写実主義	[スタンダール]（仏）『赤と黒』
古典	[ゲーテ]（独）『ファウスト』			[バルザック]（仏）『人間喜劇』
	[シラー]（独）『群盗』			[フロベール]（仏）『ボヴァリー夫人』
ロマン主義	ノヴァーリス（独）『青い花』			[ディケンズ]（英）『二都物語』
	[グリム兄弟]（独）『グリム童話集』			[トゥルゲーネフ]（露）『父と子』
	『ドイツ語辞典』			[ドストエフスキー]（露）『罪と罰』
	[ハイネ]（独）『歌の本』			[トルストイ]（露）『戦争と平和』
	シャトーブリアン（仏）『アタラ』『ルネ』		自然主義	[ゾラ]（仏）『居酒屋』『ナナ』
	[ヴィクトル＝ユゴー]（仏）			[モーパッサン]（仏）『女の一生』
	『レ＝ミゼラブル』			[イプセン]（ノルウェー）『人形の家』
	ワーズワース（英）『叙情歌謡集』		耽美	[ボードレール]（仏）『悪の華』
	[バイロン]（英）			
	『チャイルド＝ハロルドの遍歴』		象徴	[ランボー]（仏）『地獄の季節』
	[ホイットマン]（米）『草の葉』			
	[プーシキン]（露）『大尉の娘』（たいい）			

●美術

18世紀末〜［古典主義］
→ 19世紀初〜［ロマン主義］
→ 19世紀中頃〜［写実主義］［自然主義］
→ 19世紀後半〜［印象派］［後期印象派］
光と影を主観的に表現する

		写実	[クールベ]（仏）「石割り」
古典	[ダヴィド]（仏）「ナポレオンの戴冠式」（たいかんしき）		
	アングル（仏）「グランド＝オダリスク」		
ロマン	[ドラクロワ]（仏）	印象	[マネ]（仏）「草上の昼食」
	「民衆を導く自由の女神」（七月革命）		[モネ]（仏）「印象・日の出」「睡蓮」（すいれん）
	「キオス島の虐殺」（ぎゃくさつ）（ギリシア独立戦争）		[ルノワール]（仏）「ムーラン＝ド＝ラ＝ギャレット」
自然	[ミレー]（仏）「落ち穂拾い」「晩鐘」（ばんしょう）	後期印象	[セザンヌ]（仏）「サント＝ヴィクトワール山」
	[ゴヤ]（スペイン）「1808年5月3日」		[ゴーガン]（仏）「タヒチの女」
			[ゴッホ]（蘭）「ひまわり」
			[ロダン]（仏）「考える人」

●音楽

		ロマン主義	[シューベルト]（墺）「未完成交響曲」
古典派	[ベートーヴェン]（独）		[ショパン]（ポーランド）"ピアノの詩人"
	…古典派音楽を大成，ロマン主義音楽の		[ヴァーグナー]（独）「タンホイザー」
	先駆，「運命」「田園」		「ニーベルングの指環」（ゆびわ）

⠿ 流れで覚える

◆ 啓蒙思想が広まったヨーロッパでは，19世紀に入るとナポレオンによる抑圧などから理性への信頼が崩壊し，個性や感情を重視し，民族の伝統や歴史を尊重する ☐ 1 が流行した。☐ 1 はナショナリズムの精神的支柱にもなった。

◆ 文学ではドイツを中心にギリシア・ローマの古典を範とする調和重視の ☐ 2 が流行し ☐ 3 や**シラー**が活躍した（彼らの初期の著作は疾風怒濤〈シュトゥルム＝ウント＝ドランク〉とよばれたドイツの文学運動の代表作とされる）。その後は個性や感情を重視する ☐ 4 が盛んになり，『**歌の本**』を著して革命詩人ともよばれた**ハイネ**が出た。フランスでは『**レ＝ミゼラブル**』の ☐ 5 ，ギリシア独立戦争に参加したイギリスの ☐ 6 や，詩集『**草の葉**』で名高いアメリカの ☐ 7 らがいる。19世紀半ばになると非現実的なロマン主義への反動で現実をあるがままに描写しようとする ☐ 8 が登場した。フランスでは『**赤と黒**』の ☐ 9 や『**人間喜劇**』で社会を風刺した ☐ 10 ，『**ボヴァリー夫人**』の ☐ 11 らが名高い。イギリスでは『**二都物語**』の ☐ 12 が出た。ロシアでは『**父と子**』の ☐ 13 ，『**罪と罰**』の ☐ 14 ，『**戦争と平和**』を著した ☐ 15 が代表的である。19世紀後半には ☐ 8 をより徹底させた ☐ 16 が生まれ，フランスではドレフュス事件で活躍した ☐ 17 や『**女の一生**』の ☐ 18 ，ノルウェーでは『**人形の家**』の**イプセン**が出た。19世紀末には ☐ 16 への反発から美を最高の価値として重視する ☐ 19 が現れ，☐ 20 の先駆でもある ☐ 21 らが出た。また ☐ 20 は伝統的な表現より言葉のリズムや象徴的表現を重視するもので，**ランボー**らに代表される。

◆ 美術ではナポレオンの宮廷画家 ☐ 22 や**アングル**によって古典主義絵画が完成され，ギリシア独立戦争を題材にした「**キオス島の虐殺**」や七月革命を描いた「**民衆を導く自由の女神**」の作者 ☐ 23 に代表されるロマン主義絵画が生まれた。また自然な姿を描く自然主義絵画には「**落ち穂拾い**」で有名な ☐ 24 ，自然主義路線をさらに徹底した写実主義絵画には「**石割り**」の作者 ☐ 25 らが出た。19世紀の後半には光と影を主観的に表現しようとする ☐ 26 が登場し，**マネ・モネ**や ☐ 27 らが名高い。また後期 ☐ 26 ではタヒチの情景を描いた ☐ 28 ，「**サント＝ヴィクトワール山**」の連作を残した ☐ 29 ，「**ひまわり**」の作者である**ゴッホ**，「**考える人**」で有名な彫刻家**ロダン**らが名高い。

重要用語チェック

1 ロマン主義

2 古典主義
3 ゲーテ
4 ロマン主義
5 ヴィクトル＝ユゴー
6 バイロン
7 ホイットマン
8 写実主義
9 スタンダール
10 バルザック
11 フロベール
12 ディケンズ
13 トゥルゲーネフ
14 ドストエフスキー
15 トルストイ
16 自然主義
17 ゾラ
18 モーパッサン
19 耽美主義
20 象徴主義
21 ボードレール

22 ダヴィド
23 ドラクロワ
24 ミレー
25 クールベ
26 印象派
27 ルノワール
28 ゴーガン
29 セザンヌ

▲「民衆を導く自由の女神」

57	西アジア・南アジアへの列強の進出

時代と場所をつかむ

●西アジア諸国の衰退とヨーロッパ諸国の進出

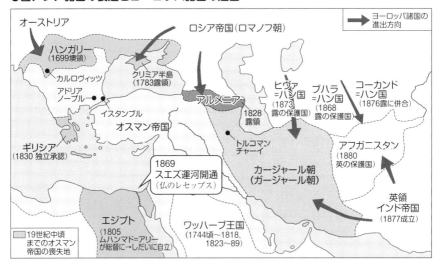

●イギリスによるインドの植民地化

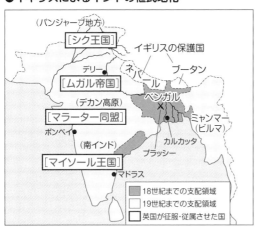

18世紀までの支配領域
19世紀までの支配領域
英国が征服・従属させた国

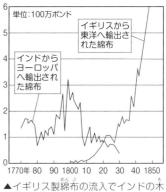

単位：100万ポンド

イギリスから東洋へ輸出された綿布

インドからヨーロッパへ輸出された綿布

1770年 80　90 1800 10　20　30　40 1850

▲イギリス製綿布の流入でインドの木綿手工業は没落し，自給自足的な村落社会は崩壊した

●イギリスがインドで採用した地税徴収制度

北インド （ベンガルなど）	［ザミンダーリー制］	［ザミンダール］（地主・領主）の土地所有を承認し，地租納入の直接責任者とする制度
南インド （マドラスなど）	［ライヤットワーリー制］	［ライヤット］（耕作農民）に土地所有を認め，地租納入を義務づけた制度

∷∷∷ 流れで覚える

◆ オスマン帝国は**第2次ウィーン包囲**の失敗後，1699年の[　1　]**条約**でオーストリアに[　2　]を割譲した。18世紀初めにはロシアに黒海北岸を奪われ，アラビア半島ではムハンマド時代のイスラーム教への回帰を提唱した[　3　]**派**の運動が起こり，豪族[　4　]家の協力で[　3　]**王国**が建てられた。こうした情勢に危機感を強めた皇帝**アブデュルメジト1世**はギュルハネ勅令を発して，[　5　]とよばれる上からの近代化を進めたが，保守派の反対で挫折した。1876年，宰相[　6　]＝**パシャ**は[　6　]（オスマン帝国）**憲法**を制定したが，皇帝**アブデュルハミト2世**はロシア＝トルコ戦争の勃発を口実に憲法を停止し，専制支配を復活させた。

◆ イランでは18世紀末に[　7　]**朝**が成立したが，ロシアとの戦争に敗れ，1828年に[　8　]**条約**を結び，治外法権を認め，**アルメニア**を割譲した。19世紀中頃には，[　7　]**朝**の封建的支配と外国勢力の進出に反対した[　9　]**の乱**が起こったが，弾圧された。19世紀末にはイギリス人業者がタバコの利権を独占したことに反発し，[　10　]**運動**が起こった。

◆ アフガニスタンにはロシアの南下を警戒したイギリスが進出し，第2次[　11　]**戦争**の結果，事実上保護国とした。

◆ インドでは，**イギリス東インド会社**がフランスを1757年の[　12　]**の戦い**で破り，[　13　]**地方**の徴税権を獲得した。その後，南インドの[　14　]**戦争**，デカン高原西部の[　15　]**戦争**，西北インドの[　16　]**戦争**に勝利して，インドの植民地化を完了した。一方，イギリス本国で産業革命が始まり，台頭した**産業資本家**が自由貿易を要求した結果，1813年に東インド会社の対インド貿易の独占権は廃止され，さらに1833年には全商業活動が停止され，以後，東インド会社はインドの統治機関となった。

◆ イギリス製の**綿布**が大量にもたらされた結果，インドの[　17　]**手工業**は壊滅的な打撃を受け，代わって[　18　]などの原料を供給する立場を強いられた。こうした植民地支配に反発し，1857年に東インド会社のインド人傭兵である[　19　]が蜂起し，反乱は全民族的な抵抗に発展した（**インド大反乱**）。[　20　]**城**を占拠した[　19　]らは[　21　]**皇帝**を擁立したが，イギリスの反撃で鎮圧され，[　21　]**帝国**は滅亡した。失政の責任を取り，東インド会社は解散し，本国政府による直接統治が開始され，従来の支配者による**藩王国**には内政権を認めた。1877年には[　22　]**女王**を初代皇帝とする[　23　]が成立した。

重要用語チェック

1 カルロヴィッツ条約
2 ハンガリー
3 ワッハーブ
4 サウード家
5 タンジマート（恩恵改革）
6 ミドハト

7 カージャール（ガージャール）朝
8 トルコマンチャーイ条約
9 バーブ教徒の乱
10 タバコ＝ボイコット運動

11 アフガン戦争

12 プラッシーの戦い
13 ベンガル地方
14 マイソール戦争
15 マラーター戦争
16 シク戦争

17 木綿手工業
18 綿花
19 シパーヒー
20 デリー城
21 ムガル
22 ヴィクトリア女王
23 インド帝国

9章 アジア世界の動揺

時代と場所をつかむ

●東南アジアの植民地化

凡例
- イギリス領
- フランス領
- オランダ領
- ポルトガル領

1887
フランス領インドシナ連邦

ビルマ
1886:併合
インド帝国

ラオス
1899
編入

タイ王国
ラタナコーシン朝

カンボジア
1863
保護国化

ハノイ

ユエ
ベトナム
1884
保護国化

サイゴン

マニラ

フィリピン
スペイン領
(1898 アメリカ＝スペイン戦争後,
アメリカ領)

1826
海峡植民地

ペナン
アチェ
マラッカ
マレー連合州
1895

シンガポール

スマトラ

ボルネオ

オランダ領東インド

バタヴィア
マタラム
ジャワ

東ティモール

●ロシアの東方進出

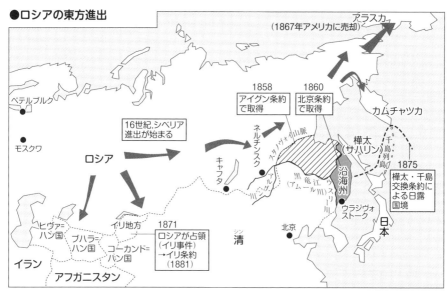

アラスカ
(1867年アメリカに売却)

ペテルブルク

モスクワ

16世紀,シベリア
進出が始まる

ロシア

1858
アイグン条約
で取得

1860
北京条約
で取得

カムチャツカ

ネルチンスク

スタノヴォイ山脈

樺太
(サハリン)

千島列島

1875
樺太・千島
交換条約に
よる日露
国境

黒竜江
(アムール)川

ウスリー川

沿海州

ウラジヴォ
ストーク

日本

キャフタ

アルグン川

ヒヴァ＝
ハン国
ブハラ＝
ハン国

イリ地方
コーカンド＝
ハン国

1871
ロシアが占領
(イリ事件)
→イリ条約
(1881)

清

北京

イラン

アフガニスタン

流れで覚える

◆ 東南アジアには欧米諸国の進出が相次ぎ、タイをのぞき植民地となった。オランダは17世紀に建設した【 1 】を拠点にマタラム王国などジャワ島のイスラーム王朝を征服した。1830年以降は【 2 】を実施して、コーヒーやサトウキビなどの作物を輸出し、多くの利益を上げた。20世紀初めにはスマトラ島の【 3 】王国を滅ぼして、オランダ領東インドを形成した。

◆ ビルマでは3回にわたる【 4 】戦争の結果、イギリスが【 5 】朝を滅ぼし、1886年に隣接する【 6 】に併合した。一方、イギリスは中国との貿易の中継地であるマラッカ海峡にも注目してペナンや【 7 】を領有し、オランダから獲得した【 8 】をあわせて1826年に【 9 】を築いた。さらにマライ半島に支配を拡大し、1895年に【 10 】を形成して翌年、保護領とした。

◆ ベトナムでは19世紀初めに阮福暎（げんふくえい）がフランス人宣教師のピニョーの協力で【 11 】を建国した。19世紀後半、フランスのナポレオン3世は宣教師の迫害を口実にベトナムに出兵し、【 12 】条約で【 12 】を含むコーチシナ東部を獲得した。ベトナムに亡命した中国人の劉永福（りゅうえいふく）は黒旗軍を組織し、フランスに抵抗した。しかしフランスは、【 13 】条約でベトナムを保護国化した。これに反発した清朝との間で【 14 】戦争が起き、敗北した清は【 15 】条約でベトナムの宗主権を放棄した。1887年、フランスはベトナムと1863年に保護国にしていた【 16 】をあわせてフランス領インドシナ連邦を成立させ、さらに1899年には【 17 】も編入した。

◆ タイでは18世紀後半に成立した【 18 】朝が、【 19 】による近代化の推進と英・仏両国の植民地の緩衝地帯としての位置づけから独立を維持した。

◆ ロシアは東シベリア総督（そうとく）の【 20 】が清朝を圧迫して領土拡大を進め、1858年の【 21 】条約で黒竜江（アムール川）以北を獲得した。さらに【 22 】戦争調停の代償として、1860年の【 23 】条約でウスリー川以東の【 24 】を獲得し、南部に極東経営の拠点として【 25 】を建設した。ロシアは中央アジアにも勢力を広げ、19世紀後半にウズベク人のブハラ＝ハン国や【 26 】国を保護国化し、コーカンド＝ハン国を併合した。また新疆（しんきょう）でのイスラーム教徒の反乱に乗じて、清領に出兵した結果、1881年の【 27 】条約で通商上の特権を得た。日本とは1875年に【 28 】条約を結び、樺太全島はロシア領、千島列島はすべて日本領とされた。

重要用語チェック

1 バタヴィア
2 強制栽培制度
3 アチェ王国

4 ビルマ戦争
5 コンバウン朝
6 インド帝国
7 シンガポール
8 マラッカ
9 海峡植民地
10 マレー連合州

11 阮朝（げんちょう）（越南国）（えつなん）
12 サイゴン
13 ユエ条約
14 清仏戦争
15 天津条約（てんしん）
16 カンボジア
17 ラオス

18 ラタナコーシン朝
19 ラーマ5世（チュラロンコン）

20 ムラヴィヨフ
21 アイグン条約
22 アロー戦争
23 北京条約
24 沿海州（えんかいしゅう）
25 ウラジヴォストーク
26 ヒヴァ＝ハン国
27 イリ条約
28 樺太・千島交換条約（からふと）（ちしま）

🔲 時代と場所をつかむ

●アヘン戦争・アロー戦争

1839	**林則徐**が広州でアヘンを没収廃棄
1840	［アヘン戦争］（～42）
1842	［**南京条約**］ ・香港島割譲 ・5港開港（**上海・寧波・福州・厦門・広州**） ・**公行**（特許商人組合）の廃止
1843	**五港通商章程** ・領事裁判権の承認 ［**虎門寨追加条約**］ ・最恵国待遇の承認 ・関税自主権の喪失 ・開港地における居住権の付与 　→**租界**（外国人居留地）に発展
1844	アメリカと**望厦条約** フランスと**黄埔条約**
1856	［**アロー戦争**］（～60）
1858	［**天津条約**］→清が批准拒否
1860	**円明園**を英仏軍が破壊 ［**北京条約**］ ・天津を含む11港開港 ・九竜半島南部をイギリスに割譲 ・キリスト教布教の自由 ・外国公使の北京駐在 ・外国人の内地旅行の自由 ・中国人の海外渡航の承認 　→**華僑**の増加 ・アヘン貿易の公認（関連協定で）

●太平天国の乱…**洪秀全**が**拝上帝会**を組織

1851	挙兵，**太平天国**を建国	**特徴**	
1853	南京占領 →**天京**と改称して都に	・「**滅満興漢**」（清朝打倒） ・**辮髪**を廃止し，長髪に ・女性の**纏足**禁止 ・**天朝田畝制度** 　（土地の均分）	
1864	天京が陥落 →太平天国崩壊		

●イギリスの対中国貿易の変化

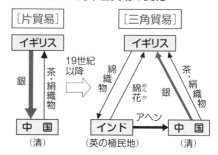

●アヘン戦争後の開港地と太平天国の動向

∷∷∷ 流れで覚える

◆ 清朝では18世紀末に ___1___ の乱が発生するなど，支配にかげりが見え始めた。一方，イギリスは ___2___ などを求めて中国に来訪し，乾隆帝の定めた外国貿易を ___3___ 一港に限定し，___4___ （特許商人組合）に取り引きを独占させる制限貿易策の改善を求め，___5___ やアマーストを派遣した。しかし，交渉が不調に終わったため，イギリスは従来の中国との貿易に加え，インドから中国へアヘンを密輸する ___6___ 貿易を始めた。

◆ 清ではアヘンの吸引による害毒が広がるだけでなく，アヘンの輸入量が茶の輸出量を超過したため，銀が流出し，国内の銀価は高騰した。このため清は ___7___ を広州に派遣し，アヘンを没収廃棄させた。これを原因にイギリスは1840年にアヘン戦争を起こし，清に勝利して，1842年に上海など5港を開港する ___8___ 条約を，翌年には不平等条約の内容をもつ ___9___ 条約を結んだ。また，清はこれらと同様の内容を，1844年にアメリカとは ___10___ 条約で，フランスとは ___11___ 条約で承認した。

◆ アヘン戦争後，伸びなやんだ中国市場の拡大のため，イギリスは ___12___ 事件を口実に，___13___ を誘い1856年にアロー戦争を起こした。1858年に ___14___ 条約を結んだが，清が批准を拒否したため戦闘が再開され，1860年に英・仏は ___15___ を占領し，離宮の ___16___ を破壊した。敗北した清と ___15___ 条約が結ばれ，___14___ を含む11港の開港などが新たに決められた。英・仏は中国を中心とした冊封体制を拒んで対等外交を求め，翌年には外交事務官庁である ___17___ が設置された。

◆ アヘン戦争後の銀価の高騰や満洲人の支配に反発した漢民族の不満は太平天国の乱の要因となった。キリスト教系の宗教結社 ___18___ を組織した ___19___ は1851年に挙兵し，太平天国を建てた。やがて南京を占領し，天京に改称して都とし，___20___ をスローガンに掲げて，清との抗争を続けた。しかし，___21___ の率いた湘軍，___22___ の率いた淮軍などの ___23___ （地方義勇軍）や，イギリスのゴードンらが指揮した ___24___ が鎮圧にあたり，1864年に天京が陥落し，太平天国は崩壊した。

◆ 清では1860年代，内政・外交の安定が取り戻されたことから（同治の中興），西洋技術を導入して富国強兵を図る ___25___ が開始され，___21___ や ___22___ を中心に推進された。しかし，___26___ の主張に表されるように，政治改革を避け，西洋の技術導入に留まったため，日清戦争の敗北で限界が明らかとなった。

時代と場所をつかむ

●開国後の朝鮮

- 日朝修好条規
  (1876)の開港地

清

朝鮮

[元山（ウォンサン）]

壬午軍乱
(1882)
甲申政変（こうしん）
(1884)

漢城（現ソウル）
（インチョン）

江華島（こうかとう）

[仁川]

日朝修好条規
(1876)

甲午農民戦争（こうご）
(1894)の中心地域

[釜山（プサン）]

江華島（こうかとう）

| [大院君派]（だいいんくん）
(攘夷・親清派)（じょうい） | 対立 ⟷ | [閔氏政権]（びんし）
(開国・親日派) |

1882　壬午軍乱（大院君派のクーデタ）

失敗 →閔氏は親清派に転換

⬇ 清仏戦争の発生（宗主国・清の劣勢）

| [開化派（独立党）]
(金玉均ら親日派)（きんぎょくきん） | 対立 ⟷ | [閔氏政権]
(事大党・親清派)（じだいとう） |

1884　甲申政変（開化派のクーデタ）

失敗 →日清は天津条約を結び朝鮮から撤兵（てんしん）

⬇ 東学信徒を中心に[甲午農民戦争]発生（とうがく）

1894〜95　日清戦争 →日本勝利

下関条約のおもな内容（しものせき）　▶清朝全権は李鴻章（りこうしょう）

①朝鮮の独立承認→中国中心の冊封体制崩壊

②遼東半島・台湾・澎湖諸島を日本へ割譲する（りょうとう）（ほうこ）（かつじょう）

③開港場での企業の設立を日本に認める

→③は最恵国待遇により欧米諸国にも適用された
ため，中国分割が激化

国名	租借地	勢力範囲	その他
ロシア	遼東半島南部 (旅順・大連)（りょじゅん）（だいれん） (1898) *1	モンゴル 東北地方	東清鉄道の 敷設権（ふせつけん） (1896)
ドイツ	膠州湾 (1898)（こうしゅう）	山東半島	
イギリス	威海衛・九竜 半島 (1898)（いかいえい）（きゅうりゅう）	長江流域	
フランス	広州湾 (1899)	広東・広西・ 雲南省	
日本	遼東半島南部 (旅順・大連) (1905) *1	福建省	南満洲鉄道 (1905) *2

*1 遼東半島は下関条約で日本領とされたが，三国干渉後
ロシアが南部を租借し，日露戦争後，ポーツマス条約
で日本の租借地となった

*2 もともとロシアの敷設した東清鉄道の南満洲支線。日露
戦争後，ポーツマス条約で日本に長春〜旅順間を割譲

●清末の列強の進出（中国分割）

シベリア鉄道

東清鉄道

沿海州

ハルビン

南満洲鉄道

内モンゴル

奉天

ウラジヴォストーク

朝鮮

北京

大連

天津　旅順　1905(B)

威海衛　1898(B)

青島

山東省

膠州湾
1898(G)

洛陽

開封

湖北省

四川省

漢口

南京

上海

重慶

福建省

雲南

広西省

広州

マカオ

アモイ
厦門

台湾
1895
(J)

九竜1898(J)

香港1842(B)

ハノイ
フランス領
インドシナ
連邦

広州湾
1899(F)

| イギリス(B) |
| フランス(F) |
| 日　本(J) |
| ロ シ ア(R) |
| ド イ ツ(G) |

‥‥ 外国資本による鉄道
— 中国の国有鉄道

:::··· 流れで覚える

◆ 朝鮮王朝では19世紀後半, 国王高宗の実父である ▢1▢ が鎖国政策をとったが, 1873年に王妃の一族である閔氏が政権を掌握した。1875年, 日本は ▢2▢ を契機に開国をせまり, 翌年に朝鮮王朝と ▢3▢ を結び, 釜山など３港を開港させ, 日本に領事裁判権が認められた。閔氏の専横に反発した軍隊は1882年に ▢4▢ を起こし, ▢1▢ を擁立したが, 閔氏の要請により宗主国の清が出兵し, 反乱は挫折した。これ以降, 閔氏は清との関係を深めたが, これに反対し, 日本と結んで清からの独立と近代化を進めようとした開化派(独立党)の ▢5▢ は ▢6▢ を起こし, 閔氏政権の打倒を図ったが, 清の介入で失敗した。

◆ ▢7▢ が儒・仏・道３教の影響を受け, 1860年代に創始した東学は, 朝鮮王朝の圧政などを背景に民衆の間に急速に広がり, 1894年に ▢8▢ を指導者として ▢9▢ を起こした。この民衆反乱を機に日本・清両国が朝鮮に出兵し, 日清戦争が勃発した。日本が陸海ともに清を圧倒し, 1895年に ▢10▢ 条約が結ばれ, 朝鮮の独立が確認され, 清は朝鮮の宗主権を失った。また ▢11▢ 半島・ ▢12▢ ・澎湖諸島の日本への割譲が決められたが, ロシアは ▢11▢ 半島の割譲に反対し, ドイツ, フランスを誘って ▢13▢ を行ったため, 日本は返還を余儀なくされた。ロシアは ▢13▢ の代償として ▢14▢ の敷設権を獲得した。

◆ 日清戦争の敗北を受け, ヨーロッパ列強による中国分割も激化し, 列強は相次いで清と条約を結んで領土の一部を租借した(左下図参照)。この動きに危機感を強めたアメリカは, 国務長官のジョン＝ヘイが ▢15▢ を発し, 中国市場への割り込みを図った。

◆ 日清戦争の敗北から, 清朝では明治維新を模範として立憲君主政の実現をめざす改革の動きがみられた。この動きは ▢16▢ とよばれ, 公羊学派の ▢17▢ や梁啓超らが当時の皇帝 ▢18▢ の同意のもと進めようとしたが, 保守派の ▢19▢ らの弾圧(戊戌の政変)で挫折した。

◆ 欧米列強の進出の中で ▢20▢ による事件(教案)が発生し, この動きを背景に白蓮教系の宗教結社の ▢21▢ が ▢22▢ をスローガンに蜂起した。同調した清朝は列強に宣戦したが, 日本やロシアを主力とする ▢23▢ カ国が共同出兵し, 清と ▢21▢ を破って ▢24▢ を結んだ(義和団戦争)。これにより巨額の賠償金支払いと ▢25▢ を認めることとなり, 中国の半植民地化は決定的となった。

重要用語チェック

1 大院君
2 江華島事件
3 日朝修好条規
4 壬午軍乱
5 金玉均
6 甲申政変
7 崔済愚
8 全琫準
9 甲午農民戦争（東学の乱）
10 下関条約
11 遼東半島
12 台湾
13 三国干渉
14 東清鉄道
15 門戸開放宣言
16 変法運動（戊戌の変法）
17 康有為
18 光緒帝
19 西太后
20 反キリスト教（仇教）運動
21 義和団
22 扶清滅洋
23 ８カ国
24 北京議定書
25 北京駐屯権

9章

アジア世界の動揺

61　帝国主義

 時代と場所をつかむ

●帝国主義の形成

［第１次産業革命］（綿工業など 軽工業 中心，石炭
（18世紀後半〜） と 蒸気力 が動力源）

↓

資本主義体制の確立（産業資本の台頭）

↓

［第２次産業革命］（重化学工業，電機工業が中心，
（19世紀後半） 電力 と 石油 が動力源）

↓

企業の集中・独占　←　1870年代以降の世界的な
［カルテル］・［トラス　　　不況（1873年大不況）
ト］・［コンツェルン］　→　中小企業の没落
　　　　　　　　　　　　　貧富の差の拡大　→

［独占資本］（市場を独占的に支配した少数の大企業
群）や［金融資本］（銀行資本と産業資本が結合）の形成

↓

［植民地］（原料供給地，商品市場，［資本輸出地］）
の獲得で利益を拡大

↓

帝国主義列強は世界分割をめぐり対立激化 → ［第一次世界大戦］の勃発（ぼっぱつ）

●世界の工業生産に占める各国の割合

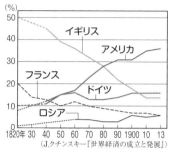

（J.クチンスキー『世界経済の成立と発展』）

労働運動・［社会主義運動］（漸進主義（ぜんしん）・
マルクス主義）の高揚

各国政府は［社会政策］（保険・年金など）
で運動を懐柔

↓

実施のために資金が必要 ←

●列強の帝国主義政策

イギリス	圧倒的な経済力・海軍力を背景に，自由貿易体制の拡大を進める（パクス＝ブリタニカ） 植民地との連携強化を図り，白人系植民地は**自治領**に→**カナダ連邦**（1867）・**オースト** **ラリア連邦**（1901）・**ニュージーランド**（1907）・**南アフリカ連邦**（1910）
フランス	銀行の資本力を武器に植民地拡大政策をとる
ドイツ	**ヴィルヘルム２世**が「**世界政策**」（積極的な世界への進出）をとる 海軍の大拡張→イギリスに対抗（建艦競争）（けんかん） **パン＝ゲルマン主義**→国外のドイツ人の統合により大帝国建設をめざす

●列強の国内状況

イギリス	**フェビアン協会**（1884）など→**労働代表委員会**（1900）→**労働党**（1906） **国民保険法**（1911）の制定，**議会法**（1911，下院の優位が確定）の成立
フランス	**ブーランジェ事件**（1887〜89），**ドレフュス事件**（1894〜99） **フランス社会党**成立（1905），**政教分離法**（1905，教会の政治介入を排除）
ドイツ	**ドイツ社会民主党**（1890改称）が議会で勢力拡大 →ベルンシュタインらの**修正主義**が主流に
ロシア	フランス資本の援助で重工業が発達→**シベリア鉄道**の建設（1890年代〜） **社会革命党**（エスエル，社会主義者・革命家党）結成（1901）→農民の支持 **ロシア社会民主労働党**結成（1903）→**ボリシェヴィキ**と**メンシェヴィキ**に分裂

流れで覚える

◆ 19世紀後半，欧米各国では**電力**や**石油**を新たな動力とした ▭1▭ が本格化し，重化学工業が発展した。この結果， ▭2▭ （企業連合）や**トラスト**（企業合同）など企業の集中・独占が進み，さらに大企業（産業資本）と大銀行（銀行資本）が結合して ▭3▭ が形成された。この結果，欧米各国は，植民地を従来の原料供給地や製品市場としてだけでなく，余剰資本の投下先としても求めたため，**帝国主義**とよばれる世界分割の流れが激化した。また，欧米国内では資本主義の進展にともない，労働運動や社会主義運動が進展した。

◆ イギリスでは19世紀末に漸進的な社会改革を主張する ▭4▭ が結成された。その後， ▭4▭ に他の社会主義団体や労働組合が合同して**労働代表委員会**が結成され，1906年には ▭5▭ と改称し，議会進出を通して合法的な社会主義の実現をめざした。

◆ フランスでは ▭6▭ **戦争**の敗北を機に ▭7▭ が成立したが，議会では小政党が乱立し，政情は不安定だった。さらに対ドイツ復讐を望む声の高まりから軍人が台頭し， ▭8▭ **事件**とよばれるクーデタ未遂事件や， ▭9▭ **事件**とよばれるスパイ容疑事件が発生した。とくに後者はユダヤ系の ▭9▭ **大尉**の処遇をめぐって，作家の ▭10▭ が政府・軍部を批判するなど，世論を二分する政治問題に発展した。また軍部が**反ユダヤ主義**をあおったことが， ▭11▭ とよばれるユダヤ人の国家建設運動の契機となった。1905年には社会主義政党の**フランス社会党**が結成された。

◆ ドイツでは1890年に宰相の ▭12▭ が新皇帝の ▭13▭ との対立で辞職し，以後 ▭13▭ が海軍の大拡張など積極的な帝国主義政策を進める「 ▭14▭ 」をとった。また ▭12▭ の辞任後 ▭15▭ が廃止されたことを機に，**ドイツ社会主義労働者党**が ▭16▭ に改称した。この政党は当初，革命による社会主義の実現をめざすマルクス主義を主張したが，徐々に議会を利用した社会改良を説く**ベルンシュタイン**らの ▭17▭ が主流となった。

◆ ロシアでは ▭18▭ **資本**の援助を受けて重工業化が進展し，19世紀末には ▭19▭ **鉄道**の建設も始まった。一方，1901年には**ナロードニキ運動**の流れをくむ ▭20▭ が結成され，おもに農民の支持を得た。1903年にはマルクス主義を主張する ▭21▭ が結成され，工場労働者の支持を得たが，やがて ▭22▭ の指導する ▭23▭ （多数派）と**プレハーノフ**の指導する ▭24▭ （少数派）に分裂した。

重要用語チェック

1 第2次産業革命
2 カルテル
3 金融資本
4 フェビアン協会
5 労働党
6 プロイセン（ドイツ）＝フランス戦争
7 第三共和政
8 ブーランジェ事件
9 ドレフュス
10 ゾラ
11 シオニズム
12 ビスマルク
13 ヴィルヘルム2世
14 世界政策
15 社会主義者鎮圧法
16 ドイツ社会民主党
17 修正主義
18 フランス資本
19 シベリア鉄道
20 社会革命党（エスエル）
21 ロシア社会民主労働党
22 レーニン
23 ボリシェヴィキ
24 メンシェヴィキ

10章 帝国主義とアジアの民族運動

時代と場所をつかむ

●列強のアフリカ進出

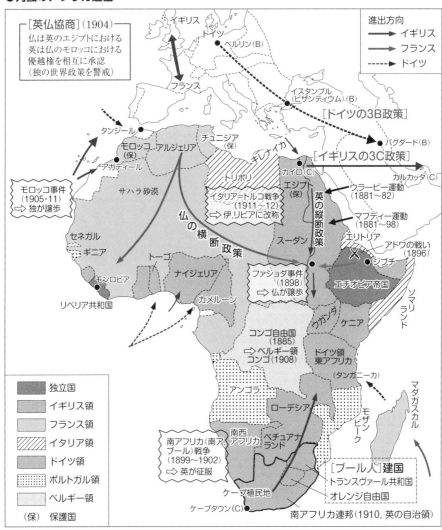

[英仏協商] (1904)
仏は英のエジプトにおける
英は仏のモロッコにおける
優越権を相互に承認
（独の世界政策を警戒）

進出方向
→ イギリス
→ フランス
┈▶ ドイツ

[ドイツの3B政策]

[イギリスの3C政策]

ウラービー運動 (1881〜82)

マフディー運動 (1881〜98)

アドワの戦い (1896)

モロッコ事件 (1905・11) ⇨ 独が譲歩

イタリア＝トルコ戦争 (1911〜12) ⇨ 伊,リビアに改称

ファショダ事件 (1898) ⇨ 仏が譲歩

コンゴ自由国 (1885) ⇨ ベルギー領コンゴ (1908)

南アフリカ（南ア，ブール）戦争 (1899〜1902) ⇨ 英が征服

[ブール人]建国
トランスヴァール共和国
オレンジ自由国

南アフリカ連邦 (1910, 英の自治領)

独立国／イギリス領／フランス領／イタリア領／ドイツ領／ポルトガル領／ベルギー領
（保）保護国

●モロッコ事件の推移

英仏協商 (1904) [内容は上述] → 第1次モロッコ事件 [タンジール事件] (1905) → アルヘシラス会議 (1906) → 第2次モロッコ事件 [アガディール事件] (1911) → フランスが [モロッコを保護国化] (1912)

ドイツ皇帝ヴィルヘルム2世が,タンジールを訪問し,再分割を要求

イギリスがフランスを支持。ドイツは譲歩

ドイツ軍艦がアガディールに入港→フランスからコンゴの一部を得て,ドイツが譲歩

流れで覚える

◆ 19世紀中頃からイギリスの □1□ やアメリカの □2□ の探検の結果，ヨーロッパ諸国のアフリカ進出が始まった。その後，ベルギー国王が □2□ の探検した中央アフリカ（コンゴ）の領有を主張すると，これに反対した諸国との紛争を調停するためビスマルクが1884～85年に □3□ 会議を開いたが，結果的にアフリカの分割競争を激化させることになった。

◆ イギリスは1875年に □4□ 首相が □5□ 運河会社株を買収した後，エジプトの内政に干渉した。またこれに反発して「エジプト人のためのエジプト」をスローガンに蜂起した □6□ 運動を鎮圧し，1882年に事実上エジプトを保護国とした。さらにスーダンで発生したイスラーム教徒の □7□ 運動も平定した。一方，アフリカ南部ではケープ植民地を1815年に獲得し，以降，エジプトと結ぶ □8□ 政策を進めた。ケープ植民地首相の □9□ は，積極的な帝国主義政策をとり，自らの名にちなむローデシア植民地を建設した。さらに植民相の □10□ は □11□ 戦争（1899～1902）を指導して， □12□ 人の子孫であるブール人の建国した □13□ 共和国や □14□ 自由国を征服した。その後，1910年には自治領の □11□ 連邦を成立させ，中心地の □15□ とエジプトの □16□ ，インドの □17□ を結ぶ □18□ 政策を植民地政策の方針とした。

◆ フランスは1830年にアルジェリアを占領し，1881年には □19□ を保護国化した。その後，サハラ砂漠を経て，ジブチやマダガスカルを結ぶ □20□ 政策をとった。

◆ イギリス・フランスは1898年の □21□ 事件で軍事衝突に直面したが，フランスが譲歩した。1904年にはドイツの脅威を背景に □22□ が成立し，イギリスのエジプトと，フランスの □23□ における優越権を互いに承認した。一方，ドイツは1905年と1911年の2度にわたり □23□ 事件を起こし，植民地の再分割を要求した。しかし，英・仏の反対でドイツが譲歩し，□23□ はフランスが1912年に保護国とした。

◆ イタリアは1880年代にソマリランドなどを占領し，□24□ に侵入したが，1896年の □25□ の戦いに敗れて撃退された。その後 □26□ 戦争（1911～12）に勝利して，オスマン帝国からトリポリ・キレナイカを獲得し，□27□ と改称した。

◆ ヨーロッパ諸国による分割の結果，20世紀初めにアフリカで独立を維持したのは □24□ 帝国と □28□ 共和国のみとなった。

重要用語チェック

1 リヴィングストン
2 スタンリー
3 ベルリン会議

4 ディズレーリ首相
5 スエズ運河
6 ウラービー
7 マフディー
8 アフリカ縦断政策
9 （セシル＝）ローズ
10 ジョゼフ＝チェンバレン
11 南アフリカ（南ア，ブール）
12 オランダ人
13 トランスヴァール共和国
14 オレンジ自由国
15 ケープタウン
16 カイロ
17 カルカッタ
18 3C政策

19 チュニジア
20 アフリカ横断政策

21 ファショダ事件
22 英仏協商
23 モロッコ

24 エチオピア
25 アドワの戦い
26 イタリア＝トルコ戦争
27 リビア

28 リベリア共和国

▚▚ 時代と場所をつかむ

●アメリカ合衆国の海外進出

●キューバとフィリピン…[スペイン] 支配から [アメリカ] 支配へ

キューバ	1895 **ホセ＝マルティ**の 独立運動	1898 [**アメリカ＝ス ペイン（米西） 戦争**] アメリカ勝利 →スペインの 支配終了	1902 キューバ独立 →憲法（**プラット条項**）でアメリカの内政干渉権などを認める ➡アメリカの保護国に
フィリピン	1892 **ホセ＝リサール**の 独立運動 1896 **アギナルド**らの **フィリピン革命**		1899～1902 **フィリピン＝アメリカ戦争** →アギナルド敗北 ➡アメリカの支配確定

●列強の太平洋分割

イギリス	ニューギニア東南部，ボルネオ北部，[**オーストラリア**]，[**ニュージーランド**]
フランス	タヒチ，ニューカレドニアなど
ドイツ	ビスマルク，マーシャル，カロリン，マリアナ，パラオ諸島など →[**第一次世界大戦**]の敗北で全て喪失

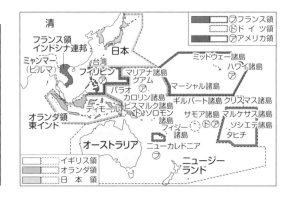

◆　南北戦争後のアメリカ合衆国では**資本主義**が発展したが，1890年の　**1**　の消滅を契機に，海外への積極的な進出を図る　**2**　**政策**がとられた。共和党の　**3**　**大統領**は1898年，**4**　**戦争**に勝利してスペインから東南アジアの　**5**　・**グアム**を獲得し，**リリウオカラニ女王**が退位するまで王国が存続していた　**6**　も同年に併合して太平洋への進出を図った。さらに国務長官の　**7**　は　**8**　**宣言**を発表し，中国市場への参入を提唱した。一方，　**9**　**海**をアメリカ合衆国の影響下に置こうとする　**9**　**海政策**は1889年に**ワシントン**で行われた第1回の　**10**　**会議**などで強まった。その傾向は　**4**　**戦争**後に本格化し，スペインからの　**11**　の獲得や，スペインから独立した　**12**　の保護国化などに現れた。　**3**　**政権**を継承した　**13**　**大統領**は　**14**　のコロンビアからの独立を支援し，代償として　**14**　**運河**の工事権・租借権を得て，1904年に着工した。彼の強圧的な外交政策は**棍棒外交**とよばれる。また国内政策では　**15**　**主義**を掲げて，独占の進行を規制する**反トラスト法**などを発動し，社会改革に努めた。

◆　太平洋地域ではイギリスが**クック**の探検を契機として，18世紀末に　**16**　を，19世紀中頃には　**17**　を植民地とした。とくに　**16**　では金鉱の発掘で移民が急増し，1901年には　**16**　が，1907年には　**17**　がそれぞれイギリスの自治領となった。一方，白人の入植により，　**16**　の　**18**　や　**17**　の　**19**　**人**とよばれる先住民は迫害され，人口は激減した。

◆　19世紀末には欧米列強による太平洋地域の分割は激化し，イギリスは**北ボルネオ**や　**20**　東南部，**フィジー**などを，フランスは**ニューカレドニア**や，後期印象派の画家**ゴーガン**の来訪で知られる　**21**　などを，ドイツは**マーシャル諸島・カロリン諸島**やマリアナ諸島の一部などを領有した。

◆　ラテンアメリカ諸国の多くでは19世紀前半の独立後も**プランテーション**を経営する白人地主の**クリオーリョ**による寡頭（か　とう）支配が続き，政治の民主化は停滞した。その中で　**22**　では，1910年に民主主義革命（**メキシコ革命**）が起こり，独裁者の　**23**　**大統領**が打倒され，自由主義者の　**24**　による新政権が成立した。しかし，**24**　は土地改革には否定的だったために農民指導者の　**25**　らの離反を招き，失脚した。その後も混乱が続いたが，1917年に土地改革を含めた民主的憲法が制定され，革命は終結した。

1 フロンティア

2 帝国主義政策

3 マッキンリー

4 アメリカ＝スペイン（米西）戦争

5 フィリピン

6 ハワイ

7 ジョン＝ヘイ

8 門戸（もん　こ）開放宣言

9 カリブ海

10 パン＝アメリカ会議

11 プエルトリコ

12 キューバ

13 セオドア＝ローズヴェルト大統領

14 パナマ

15 革新主義

16 オーストラリア

17 ニュージーランド

18 アボリジニー

19 マオリ人

20 ニューギニア

21 タヒチ

22 メキシコ

23 ディアス大統領

24 マデロ

25 サパタ

時代と場所をつかむ

●日露戦争時の国際関係

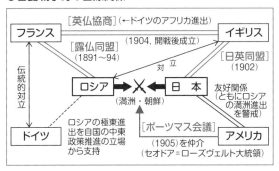

┌─ **ポーツマス条約(1905)** ─┐

▶ロシア全権はウィッテ

露が日本に認めたおもな内容

① 韓国の保護権
② 遼東半島南部の租借権
③ 東清鉄道の一部(長春～旅順)の割譲→[南満洲鉄道]へ
④ 南樺太(北緯50度以南)の割譲
＊賠償金の支払いは[拒否]

●辛亥革命と中華民国の成立

凡例	
革命発生の省	
革命側の省	
清朝側の省	

シベリア鉄道(1916完成)

東清鉄道(1901完成)(露)

南満洲鉄道(ポーツマス条約で日本が獲得)

ハルビン　長春　ウラジヴォストーク

1910 大韓帝国 ⇒ 日本

漢城＝京城(現ソウル)

北京

④ 1912.2 宣統帝退位 清朝滅亡

大連　旅順

① 1911.9 四川暴動

③ 1912.1 中華民国建国

成都　川漢予定線　漢口　南京

国有化(1911)の対象とされた幹線鉄道

武昌　② 1911.10 武昌蜂起 →辛亥革命

粤漢予定線

1905 孫文が東京で中国同盟会を結成

広州　香港

台湾 1895 清→日本

澎湖諸島

孫文の[三民主義]┬[民族の独立]…清朝打倒
　　　　　　　　　├[民権の伸張]…共和政国家の樹立
　　　　　　　　　└[民生の安定]…土地不平等の是正

●日本の韓国併合とその後

1904	**第1次日韓協約** ▶財政と外交の顧問に日本の推薦者を置く
1905	**第2次日韓協約**(韓国保護条約) ▶韓国は[外交権]を失い,日本の[保護国]に ▶**統監府**設置 (初代統監伊藤博文)
1907	**ハーグ密使事件** ▶韓国皇帝高宗が列強に日本の侵略を訴える **第3次日韓協約** ▶韓国は[内政権]を失う ▶韓国軍を強制解散 →義兵闘争の激化
1909	**伊藤博文**暗殺→**安重根**がハルビン駅で暗殺
1910	[**韓国併合**]…日本の植民地に→統監府に代わり**朝鮮総督府**設置
1919	[**三・一独立運動**]…日本が弾圧→統治政策を**武断政治**から**文化政治**に転換

◆ 義和団戦争後もロシアは清朝の領土である東北地方（満洲）に駐留し続け，さらに朝鮮へ進出しようとした。この動向を危惧したイギリスは1902年，「　　1　　」とよばれた非同盟政策を放棄して　　2　　を結んだ。1904年，中国東北地方と朝鮮の支配をめぐり　　3　　**戦争**が始まったが，翌年　　4　　が起こるとロシアは戦争遂行の余力を失った。さらに日本海海戦などでの日本の勝利を受け，アメリカの　　5　　**大統領**の仲介で　　6　　**条約**が結ばれた。

◆ 朝鮮は日清戦争後，　　7　　と改称したが，20世紀初めの3度にわたる　　8　　の過程で，日本の保護国とされた。都の漢城（現ソウル）には統監府が置かれ，　　9　　が初代統監となった。1907年の韓国軍の強制解散を受けて，　　10　　が韓国各地で激化し，運動家の　　11　　はハルビン駅で　　9　　を暗殺した。1910年に日本は　　12　　を行い，統監府に代わり，朝鮮総督府を設置して植民地とした。

◆ 清朝では義和団戦争後，光緒新政とよばれる新軍（西洋式軍隊）の増設，　　13　　の廃止（1905），　　14　　の発布や　　15　　の公約（1908）などの諸改革が行われたが，一方で　　16　　や民族資本家らの支援を受け，清朝打倒をめざす革命運動も盛んとなった。1894年にハワイで　　17　　を組織していた孫文は，1905年，東京で　　18　　を結成し，　　19　　を提唱した。清朝が外国からの借款のために　　20　　の国有化を図ると，これに反対して　　21　　が発生し，1911年10月には　　22　　で湖北新軍が蜂起して　　23　　が勃発した。翌年，孫文を臨時大総統として　　24　　が南京を都に建国されたが，孫文は清朝の実力者だった　　25　　と密約を結び，　　26　　の退位を条件に，臨時大総統の地位を譲ることを約した。この結果，清朝は滅亡したが，　　25　　は北京に都を移し，彼の専制に反対する　　27　　などの勢力を弾圧して帝政を宣言した。しかし，内外からの反対により帝政は取り消された。彼の死後，北京政府の実権をめぐり，地方出身の　　28　　が争う状況が続いた。

◆ 日露戦争での日本の勝利は列強の圧迫に苦しめられたアジア諸国に影響を与えた。オスマン帝国では1908年に　　29　　**革命**が起こり，　　30　　（オスマン帝国）**憲法**が復活し，専制皇帝が退位して，立憲君主政に移行した。カージャール朝の支配したイランでは1905年に　　31　　が発生したが，イギリスやロシアの干渉により挫折した。

10章

帝国主義とアジアの民族運動

65　第一次世界大戦

 時代と場所をつかむ

●帝国主義時代の国際関係

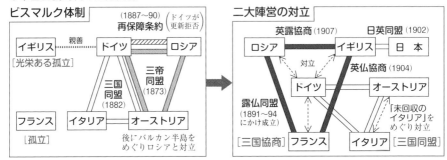

●バルカン半島の情勢

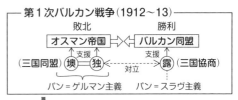

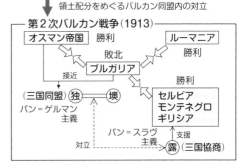

●第一次世界大戦…史上最初の総力戦，新兵器（戦車・飛行機・毒ガス）の使用

連合国（協商国）：ロシア・フランス・イギリス・日本・中国など	同盟国：ドイツ・オーストリア・オスマン帝国・ブルガリア
1914	東部戦線：**タンネンベルクの戦い**（ドイツ vs ロシア）→ドイツ勝利 西部戦線：**マルヌの戦い**（ドイツ vs フランス）→ドイツの進撃阻止
1915	開戦時は中立だった［**イタリア**］が連合国側で参戦（三国同盟崩壊）
1917	ドイツの**無制限潜水艦作戦**→［**アメリカ**］が連合国側で参戦
1918	ロシア（ソヴィエト政府）がドイツと単独講和（**ブレスト＝リトフスク条約**） ブルガリア・オスマン帝国・オーストリアが降伏 **ドイツ革命**で皇帝ヴィルヘルム2世が中立国オランダへ亡命→ドイツが連合国と休戦協定

⠿ 流れで覚える

◆ 普仏戦争後，ドイツ宰相のビスマルクはヨーロッパの平和維持とフランスの孤立化を目的に外交を主導した。ドイツは1873年にオーストリア・**ロシア**と ☐ 1 を，1882年にはオーストリア・**イタリア**と ☐ 2 を結んだ。またバルカン半島でオーストリアとロシアが対立し，☐ 1 が崩壊すると，ビスマルクはロシアとフランスの接近を恐れ，1887年にロシアと ☐ 3 **条約**を締結した。しかし，1890年にビスマルクを辞任させた皇帝 ☐ 4 が ☐ 3 **条約**の更新を拒否すると，不信を強めたロシアはフランスと ☐ 5 を成立させた。一方，ドイツはオスマン帝国から ☐ 6 **鉄道**の敷設権を獲得し，**ベルリン**・☐ 7 ・☐ 6 を結ぶ ☐ 8 **政策**を進めた。このドイツの動向に警戒したイギリスは1902年に ☐ 9 を結び，従来の「☐ 10 」を放棄した。さらに1904年には**英仏協商**を，1907年には ☐ 11 を成立させ，☐ 2 に対抗する ☐ 12 が完成した。

◆ 19世紀末，ロシアはオスマン帝国の衰退に伴い，☐ 13 **主義**を唱えてバルカン半島内のスラヴ系住民のナショナリズムを利用し，勢力の拡大を狙った。一方ドイツも ☐ 14 **主義**を唱えてバルカン方面への進出をもくろんだため，両者の対立が強まり，バルカン半島は「☐ 15 」とよばれた。1908年にオスマン帝国で ☐ 16 **革命**が起こると，混乱に乗じて**ブルガリア**が独立し，オーストリアは ☐ 17 を併合した。この併合に憤慨した ☐ 18 はオーストリアとの対立を強め，ロシアの後押しにより，☐ 19 ・**モンテネグロ**・ブルガリアと ☐ 20 を結成した。☐ 20 は1912年に起こった**第1次バルカン戦争**でオスマン帝国に勝利したが，翌年領土の配分をめぐって**第2次バルカン戦争**が起こり，ブルガリアが敗北した。両戦争で敗れたオスマン帝国とブルガリアはロシアとの対立を深め，ドイツ側に接近した。

◆ 1914年オーストリアの帝位継承者夫妻が ☐ 21 で**セルビア**人青年に暗殺されると，オーストリアはセルビアに宣戦し，諸国は同盟国側と連合国（協商国）側に分かれて参戦したため，☐ 22 に発展した。その後，戦争は史上最初の**総力戦**となって膠着状態が続いたが，1917年に最大の工業国の ☐ 23 がドイツの ☐ 24 **作戦**を理由に連合国側で参戦したことで趨勢は決した。ドイツでは ☐ 25 **軍港**の水兵反乱をきっかけに1918年，**ドイツ革命**が起こり，新たに ☐ 26 が成立して，連合国と休戦協定を結んだ。

重要用語チェック

1 三帝同盟
2 三国同盟
3 再保障
　（二重保障）条約
4 ヴィルヘルム2世
5 露仏同盟
6 バグダード
7 ビザンティウム
　（イスタンブル）
8 3B政策
9 日英同盟
10 光栄ある孤立
11 英露協商
12 三国協商

13 パン＝スラヴ主義
14 パン＝ゲルマン
　主義
15 ヨーロッパの火薬庫
16 青年トルコ革命
17 ボスニア・ヘル
　ツェゴヴィナ
18 セルビア
19 ギリシア
20 バルカン同盟

21 サライェヴォ
22 第一次世界大戦
23 アメリカ合衆国
24 無制限潜水艦作戦
25 キール軍港
26 ドイツ共和国

11章

二つの世界大戦

時代と場所をつかむ

●政党と革命の推移

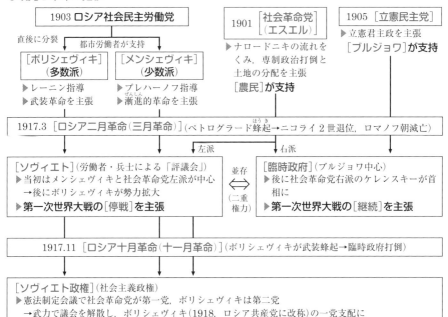

1903 **ロシア社会民主労働党**

1901 ［社会革命党］（エスエル）
▶ナロードニキの流れをくみ、専制政治打倒と土地の分配を主張
［農民］が支持

1905 ［立憲民主党］
▶立憲君主政を主張
［ブルジョワ］が支持

直後に分裂　　都市労働者が支持

［ボリシェヴィキ］（多数派）
▶レーニン指導
▶武装革命を主張

［メンシェヴィキ］（少数派）
▶プレハーノフ指導
▶漸進的革命を主張

1917.3 ［ロシア二月革命（三月革命）］（ペトログラード蜂起→ニコライ2世退位、ロマノフ朝滅亡）

左派　　　　　右派

［ソヴィエト］（労働者・兵士による「評議会」）
▶当初はメンシェヴィキと社会革命党左派が中心
　→後にボリシェヴィキが勢力拡大
▶第一次世界大戦の［停戦］を主張

並存 ⇔ （二重権力）

［臨時政府］（ブルジョワ中心）
▶後に社会革命党右派のケレンスキーが首相に
▶第一次世界大戦の［継続］を主張

1917.11 ［ロシア十月革命（十一月革命）］（ボリシェヴィキが武装蜂起→臨時政府打倒）

［ソヴィエト政権］（社会主義政権）
▶憲法制定会議で社会革命党が第一党、ボリシェヴィキは第二党
　→武力で議会を解散し、ボリシェヴィキ（1918、ロシア共産党に改称）の一党支配に

●革命期のロシア

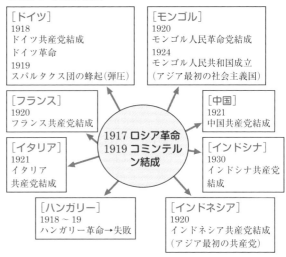

プレスト＝リトフスク条約でロシアが失った領土
------ 1921年の国境

フィンランド

1905 第1次ロシア革命
1917 二月革命
　　　十月革命

ペトログラード（1914 ペテルブルクから改称）

ワルシャワ

モスクワ

1918.3 ペトログラードから遷都

キーウ（キエフ）

プレスト＝リトフスク条約（1918.3）

黒海

オスマン帝国

●ロシア革命の影響

［ドイツ］
1918
ドイツ共産党結成
ドイツ革命
1919
スパルタクス団の蜂起（弾圧）

［モンゴル］
1920
モンゴル人民革命党結成
1924
モンゴル人民共和国成立
（アジア最初の社会主義国）

［フランス］
1920
フランス共産党結成

［中国］
1921
中国共産党結成

［イタリア］
1921
イタリア共産党結成

1917 ロシア革命
1919 コミンテルン結成

［インドシナ］
1930
インドシナ共産党結成

［ハンガリー］
1918～19
ハンガリー革命→失敗

［インドネシア］
1920
インドネシア共産党結成
（アジア最初の共産党）

:·::·· 流れで覚える

◆ ロマノフ朝が支配したロシアでは，1905年，　1　戦争に反対するデモに軍隊が発砲した　2　事件をきっかけに第1次ロシア革命が発生した。労働者が各地にソヴィエト（評議会）を組織し，革命が軍隊にまで波及すると，皇帝　3　はポーツマス条約で日本と講和し，　4　を発布して　5　（国会）の開設と憲法制定を約束した。しかし，革命が鎮静化すると反動政治が強行され，首相の　6　は革命派を弾圧し，反抗的な農民の団結を防ぐために　7　（農村共同体）を解体した。

◆ 第一次世界大戦への参戦で，ロシアでは食糧危機が広がり，1917年3月，首都　8　でストライキや暴動が発生して，再び労働者や兵士はソヴィエトを各地に結成した。　3　は退位に追い込まれ，ロマノフ朝は滅亡した（　9　革命）。新たに成立した臨時政府はブルジョワの支持する立憲民主党が中心となり，戦争継続を主張して，社会革命党と　10　の指導するソヴィエトとの二重権力の状態となった。翌月，ボリシェヴィキの指導者であるレーニンは亡命先から帰国して　11　を発表し，即時停戦を主張した。臨時政府は社会革命党右派の　12　を首相とし，体制維持を図ったが，ソヴィエトの権力を握ったレーニンは，11月にボリシェヴィキの武装蜂起で臨時政府を打倒し，社会主義政権を成立させた（　13　革命）。

◆ ソヴィエト政権（人民委員会議）は「　14　」を発表し，無併合・無賠償・　15　を提唱した。また「　16　」も発し，土地の私有権の廃止などを決定した。しかし，普通選挙で議員を選出した　17　において，農民の支持する社会革命党が第一党になると，レーニンは武力でこの議会を解散し，ボリシェヴィキの一党支配体制を樹立した。その後，ボリシェヴィキは　18　に改称した。

◆ 「　14　」が交戦国に受け入れられなかったため，ソヴィエト政府は外務人民委員の　19　を全権としてドイツとの交渉に当たり，1918年3月に　20　条約を結んで，第一次世界大戦から離脱した。一方で，反革命軍との内戦や社会主義政権を嫌った諸国がロシアに侵入して　21　戦争が発生した。日本が中心となった　22　は　21　戦争の代表例である。ソヴィエト政府はこれらの動きに対抗するために赤軍を設立し，首都を　23　に移した。また国内の反革命的な活動を　24　（非常委員会）が取り締まり，1919年には世界革命の指導機関として　25　が結成された。

1 日露戦争
2 血の日曜日事件
3 ニコライ2世
4 十月宣言
　（十月勅令）
5 ドゥーマ
6 ストルイピン
7 ミール

8 ペトログラード
9 ロシア二月革命
　（三月革命）
10 メンシェヴィキ
11 四月テーゼ
12 ケレンスキー
13 ロシア十月革命
　（十一月革命）

14 平和に関する布告
15 民族自決
16 土地に関する布告
17 憲法制定会議
18 ロシア共産党

19 トロツキー
20 ブレスト＝リトフスク条約
21 対ソ干渉戦争
22 シベリア出兵
23 モスクワ
24 チェカ
25 コミンテルン
　（第3インターナショナル）

11章

二つの世界大戦

⚏ 時代と場所をつかむ

●第一次世界大戦後のヨーロッパ

パリ講和会議 (1919)
[ヴェルサイユ条約] (対ドイツ)
①領土の削減
● 海外領土のすべてを失う
● アルザス・ロレーヌ→フランスへ
● ポーランド回廊→ポーランドへ
● ザール地方→国際連盟が管理し, 15年後, 住民投票で帰属を決定
②軍備の制限
③ラインラントの非武装化
④賠償金の支払い (1921年, 総額は 1320億金マルクに決定)
⑤国際連盟の設立
[サン゠ジェルマン条約] (対オーストリア)
●「未回収のイタリア」(南チロル・トリエステ)→イタリアへ
[ヌイイ条約] (対ブルガリア)
[トリアノン条約] (対ハンガリー)
[セーヴル条約] (対オスマン帝国)
● ローザンヌ条約 (1923) により廃棄

凡例:
- ▨▨▨ ポーランド回廊
- ● おもな条約締結地
- 国名 独立国
- ▪ 大戦前のドイツの領域
- ▪ 大戦前のロシアの領域
- ▪ 大戦前のオーストリア゠ハンガリーの領域

●ワシントン体制と国際協調の進展

[ワシントン会議] (1921〜22)	3つの条約で国際体制が決定 ①**ワシントン海軍軍備制限条約**：主力艦の保有比率を米5・英5・日3・仏1.67・伊1.67に規定 ②**四カ国条約** (米英日仏)：太平洋諸島の現状維持 日英同盟の解消 ③**九カ国条約** (米英日仏など)：中国の主権尊重・領土保全などを約束
[ロカルノ条約] (1925)	独・英・仏・伊・ベルギーなど7カ国が調印 ラインラント非武装化の現状維持
ジュネーヴ軍縮会議 (1927)	補助艦の制限を検討したが, 合意に達せず解散
[不戦条約] (1928) (**ブリアン・ケロッグ条約**)	フランスの外相ブリアンとアメリカの国務長官ケロッグの提唱で15カ国 (のち63カ国) が参加 →国際紛争解決の手段として武力を用いないことを約す
[ロンドン軍縮会議] (1930)	補助艦の保有比率を米10・英10・日7弱に規定

⋮⋮⋮ 流れで覚える

◆ 第一次世界大戦の終結後，連合国は1919年，　1　講和会議を開催し，敗戦国との講和条件を討議した。会議ではアメリカの　2　大統領が大戦末期に提唱した　3　を基本原則としたが，イギリスの　4　首相やフランスの　5　首相がドイツに対する厳しい制裁を主張したため，敗戦国に多大な代償を強いる　6　体制とよばれる国際秩序が成立した。

◆ 連合国はドイツと　6　条約を結び，ドイツはフランスへ　7　を割譲し，海外植民地のすべてを失った。軍備は制限され，国境地帯の　8　は非武装地帯とされた。オーストリアは　9　条約により国土の4分の3を失い，ドイツ人のみの一共和国となった。また，ハンガリーは　10　条約を，ブルガリアは　11　条約を，オスマン帝国は　12　条約を締結し，それぞれ大きく領土を喪失した。

◆ 一連の条約によって，東ヨーロッパを中心に新たに**ポーランド**や**チェコスロヴァキア**，ハンガリーなど8つの独立国が民族自決の原則のもとに成立した（左図参照）。しかし独立国にはソ連と戦勝国の間の防波堤としての役割が期待され，また実際には国内に複数の民族が混在したことで政情不安に陥る場合が多かったため，結果的に軍人が台頭する諸国が多かった。

◆ 1920年，史上最初の国際的平和機関として　13　が　14　を本部として発足した。しかし，総会決議は　15　を原則とし，侵略行為に対する制裁規定も不明確であったうえ，当初ソ連とドイツの加盟は認められず，アメリカも国内での孤立主義の台頭から一貫して参加しなかったため，その影響力は限定的だった。

◆ 日本の対外進出に警戒を強めたアメリカは，1921～22年，　16　会議を開き，主力艦の保有比率を定めた　17　条約や，太平洋諸島の現状維持を約した　18　条約（成立により　19　が解消）を，さらに中国の主権尊重・領土保全などを約した　20　条約を結んで，　16　体制とよばれるアジア・太平洋地域の新たな国際秩序を構築した。

◆ ヴェルサイユ体制は戦後のドイツの混乱もあり不安定だったが，1925年の　21　条約で，ドイツはラインラントの現状維持を約し，翌年には　13　の加盟を実現して，ヨーロッパの国際協調は進展した。さらに1928年にはフランス外相　22　とアメリカ国務長官　23　の提唱で　24　条約が結ばれ，各国は戦争放棄を約し，集団安全保障体制は頂点に達した。

重要用語チェック

1 パリ講和会議
2 ウィルソン大統領
3 十四カ条（十四カ条の平和原則）
4 ロイド゠ジョージ首相
5 クレマンソー首相
6 ヴェルサイユ
7 アルザス・ロレーヌ
8 ラインラント
9 サン゠ジェルマン条約
10 トリアノン条約
11 ヌイイ条約
12 セーヴル条約
13 国際連盟
14 ジュネーヴ
15 全会一致
16 ワシントン
17 ワシントン海軍軍備制限条約
18 四カ国条約
19 日英同盟
20 九カ国条約
21 ロカルノ条約
22 ブリアン
23 ケロッグ
24 不戦（ブリアン・ケロッグ）条約

11章 二つの世界大戦

139

時代と場所をつかむ

●イギリス連邦の成立

▶アイルランドやカナダが自立する傾向
　…自治領に本国と同等の地位を認める**イギリス連邦**を組織
　　→**ウェストミンスター憲章**を制定(1931)して法制化

> **イギリス連邦**
>
> イギリス，**アイルランド自由国**，カナダ，オーストラリア，ニュージーランド，南アフリカ連邦など

●アイルランドの独立運動

▶1649年に**クロムウェル**に征服されて以降，カトリックを信仰するアイルランド人は差別される
　→18世紀後半より独立運動が盛んに
▶1829年に**カトリック教徒解放法**発布(カトリック教徒の公職就任が可能になるが，差別は存続)

アルスター地方
[新教徒]　(スコットランド)
アイルランド
[カトリック]　イギリス
　　　[イギリス国教会]
　　　(新教)
(ウェールズ)

*北アイルランドでは1969年以降，新教徒とアイルランドへの帰属を望む少数派の旧教徒との対立が紛争に発展

1886・93	アイルランド自治法案(グラッドストン自由党内閣) →不在地主らの反対で否決
[1905]	[シン＝フェイン党] 結成 (独立運動の中心に)
1914	**アイルランド自治法成立**→第一次世界大戦勃発で延期
1916	**イースター蜂起** (自治法実施延期に抗議→鎮圧)
1922	[アイルランド自由国] (イギリス連邦内の自治領，ただし北部のアルスター地方はイギリスに残留し，現在に至る)
1937	[エール] に改称し，完全独立(新憲法公布，共和政へ)
1949	[アイルランド共和国] に改称し，イギリス連邦から脱退
1969	北アイルランド紛争(アルスター地方の独立運動) 1998和平合意→2007自治政府発足

●ドイツの賠償問題

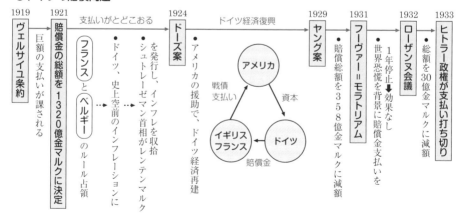

1919 ヴェルサイユ条約
巨額の支払いが課される

1921 賠償金の総額を1320億金マルクに決定

フランスとベルギーのルール占領

支払いがとどこおる
・ドイツ、史上空前のインフレーションに
・シュトレーゼマン首相がレンテンマルクを発行し、インフレを収拾

1924 ドーズ案
・アメリカの援助で、ドイツ経済再建

ドイツ経済復興

アメリカ
戦債支払い　資本
イギリスフランス　ドイツ
賠償金

1929 ヤング案
・賠償総額を358億金マルクに減額

1931 フーヴァー＝モラトリアム
・1年停止→効果なし
・世界恐慌を背景に賠償金支払いを

1932 ローザンヌ会議
・総額を30億金マルクに減額

1933 ヒトラー政権が支払い打ち切り

∷∷ 流れで覚える

◆ イギリスでは1918年の　**1**　で初めて**女性参政権**が認められ，さらに1928年の　**2**　で21歳以上の**男女平等普通選挙**が実現した。選挙権の拡大により，　**3**　**党**は議席を増やし，1924年には自由党と連立して第1次　**4**　**内閣**が，1929年には　**3**　**党**単独で第2次　**4**　**内閣**が成立した。

◆ アイルランドでは，20世紀初めから　**5**　**党**がイギリスからの独立運動を進めた。1914年に　**6**　**法**が成立したが，第一次世界大戦の勃発により，実施が延期された。これに反発して1916年に**イースター蜂起**が起こるなど，独立運動は激化したため，1922年にイギリスは自治領として　**7**　の成立を承認した（1937年には完全独立して　**8**　に改称）。さらにカナダなどの自治領が自立的な傾向を強めると，イギリスは　**9**　を組織し，自治領に本国と同等の地位を与え，さらに1931年の　**10**　でその権利を法制化するなど，本国からの乖離を防ごうとした。

◆ フランスでは大戦後，右派内閣が　**11**　**占領**などの**対独強硬策**をとったが，逆に財政危機に陥った。その後成立した左派連合政権では，外相の　**12**　らが**対独協調策**を進め，1925年の　**13**　**条約**の締結などヨーロッパの平和維持に努めた。

◆ ドイツでは大戦末期に　**14**　**党**を中心とする臨時政府が成立した。大戦直後には**ローザ＝ルクセンブルク**らの　**15**　（ドイツ共産党の中核組織）が武装蜂起したが，臨時政府に鎮圧された。1919年，**男女平等普通選挙**など，当時最も民主的な内容をもつ　**16**　**憲法**が制定され，　**14**　**党**の　**17**　が大統領となった。

◆ 大戦に敗北したドイツには賠償問題が重くのしかかった。1921年，賠償金総額は1320億金マルクに決定したが，ドイツは支払い不能に陥ったため，フランスと　**18**　は支払いの遅延を理由に工業地域のルールを占領した。ドイツがサボタージュなどの消極的抵抗で対抗したため，国内では工業生産が落ち込み，破局的な　**19**　が進行した。事態の収束のため，　**20**　**内閣**は新紙幣の　**21**　を発行して，経済の安定に努めた。1924年にはアメリカの提案で　**22**　**案**が成立し，アメリカ資本のドイツへの貸与などが決定した。その後，1929年の　**23**　**案**で賠償総額の削減などが約されたが，同年に発生した　**24**　により，再びドイツ経済は麻痺的状況に陥り，1933年に成立した　**25**　**内閣**は賠償金の支払いを一方的に打ち切った。

🔳 時代と場所をつかむ

●第一次世界大戦後のアメリカ合衆国の繁栄（黄金の20年代）

光 | **大衆消費社会の到来**
- ▶自動車（**T型フォード**）の量産
- ▶電機製品（アイロン・洗濯機・冷蔵庫など）の普及
- ▶現代大衆文化（**ラジオ・映画・プロスポーツ・ジャズ**など）の発展

⬄

影 | **アメリカ社会の保守化**
- ▶[**禁酒法**]の制定（1919公布）
  - →密造・密売が広まり1933年廃止
- ▶**K・K・K**（クー＝クラックス＝クラン，反黒人秘密組織）の復活
- ▶[**移民法**]（1924）の制定（移民の制限・禁止）
- ▶サッコ・ヴァンゼッティ事件
  （2人の無政府主義者を無実の罪で処刑）

●ソヴィエト政権（ソ連）の経済政策

[**戦時共産主義**]（1918〜21年）
- ▶私企業の一切禁止，食料配給制
- ▶穀物強制徴発
  - →農民の生産意欲が失われ，極度の食糧不足に

↓

[**ネップ（新経済政策，NEP）**]（1921〜28年）
- ▶穀物強制徴発の廃止
- ▶中小企業は私的営業を許可
  - →生産意欲を刺激し，生産力は回復

↓

[**第1次五カ年計画**]（1928〜32年）
- ▶農業の集団化→**コルホーズ**（集団農場）・**ソフホーズ**（国営農場）の拡大
- ▶重工業に重点→世界恐慌の影響受けず

▼ソ連の工業生産の推移

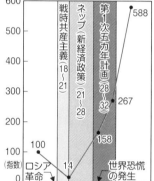

●イタリア王国の領土拡大

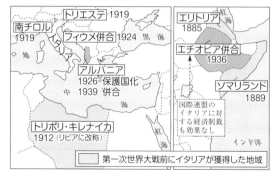

第一次世界大戦前にイタリアが獲得した地域

●ファシズム政権の流れ

1919	ムッソリーニが**ファシスト党**を結成
1922	**ローマ進軍**で政権を獲得 →ムッソリーニが首相に（〜43）
1926	ファシスト党以外の政党を解体 →一党独裁体制に
1929	ローマ教皇と**ラテラン条約** →ヴァチカン市国成立

流れで覚える

◆ アメリカ合衆国は第一次世界大戦においてヨーロッパに兵器を供給して莫大な利益を上げたため、債務国から債権国に転換した。1920年の [1] の実現後、ウィルソン大統領は引退し、その後、1920年代は経済の繁栄を背景に [2] 党の大統領が3代連続した。世界に先駆けてアメリカには、**フォード**の流れ作業による [3] の量産や [4] の普及に見られるような、大量生産・大量消費を特徴とする [5] **社会**が到来した。一方、**禁酒法**や [6] **法**が制定されるなど、保守的傾向が高まった。

◆ ソヴィエト政権では、1918年から [7] が採用され、民営企業の国有化や、穀物の強制徴発が行われた。しかし結果的に生産は激減したため、1921年から [8] に移行し、中小企業の民営化を認めるなど部分的に資本主義の復活を容認した。1922年にはドイツとの間で国交を回復する**ラパロ条約**が結ばれ、また、ロシア・ [9] ・ベラルーシ（白ロシア）・ザカフカースの4共和国で構成される [10] が成立した（その後15共和国まで増加）。

◆ 1924年、ソ連では**レーニン**が亡くなり、後継をめぐって [11] **論**を主張した**トロツキー**と、**一国社会主義論**を提唱した [12] が対立し、 [12] が勝利した。一方、 [8] により生産が回復し、経済が安定すると、資本主義国は相次いで [10] を承認した（1924英・伊・仏、1925日本）。1928年からは第1次 [13] が始まり、**重工業**の発展と農業の集団化に重点が置かれ、集団農場の [14] や国営農場の [15] が全国に設置された。

◆ イタリア王国は第一次世界大戦で戦勝国となったが、「 [16] 」を回復したにすぎず、戦後の経済の停滞もあり、政府に対する人々の不満が高まった。1920年に北イタリアで起こった大規模な労働者のストライキが失敗して左派の運動が弱まると、資本家や地主・軍人の支持を受け、 [17] の率いた右派の [18] **党**が勢力を伸ばした。1922年の [19] の結果、国王の指示で [17] は首相に就任し、史上最初の**ファシズム政権**（議会制民主主義を否定する独裁政権、別名全体主義政権）が成立した。1926年には [18] **党**以外の政党を解散して一党独裁体制を確立し、 [20] が国家の最高議決機関となった。

◆ ファシズム政権は大戦後もイタリアに割譲されずに自由市であった [21] を併合し、アドリア海対岸の [22] を事実上の保護国とするなど対外発展にも意欲を示した。1929年には [23] **条約**を結んで、教皇領併合以来のローマ教皇との対立を解消し、 [24] の創設を承認した。

重要用語チェック

1 女性参政権
2 共和党
3 自動車
4 ラジオ
5 大衆消費社会
6 移民法

7 戦時共産主義
8 ネップ（NEP、新経済政策）
9 ウクライナ
10 ソヴィエト社会主義共和国連邦（ソ連）

11 世界革命論
12 スターリン
13 五カ年計画
14 コルホーズ
15 ソフホーズ

16 未回収のイタリア（南チロル・トリエステ）
17 ムッソリーニ
18 ファシスト党
19 ローマ進軍
20 ファシズム大評議会

21 フィウメ
22 アルバニア
23 ラテラン条約
24 ヴァチカン市国

11章

二つの世界大戦

第一次世界大戦後の西アジア

時代と場所をつかむ

●オスマン帝国滅亡後の西アジア

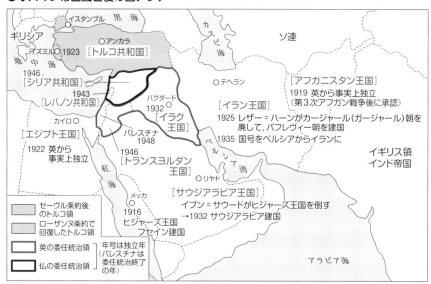

●トルコ革命

1918	第一次世界大戦でオスマン帝国敗北
1919〜22	ギリシア軍が侵入→イズミルを占領
1920	**セーヴル条約**締結（連合国側への領土の割譲，治外法権の受け入れ） **ムスタファ＝ケマル**がアンカラにトルコ大国民議会を招集
1922	［スルタン制］**廃止**→オスマン帝国滅亡
1923	**ローザンヌ条約**締結（セーヴル条約破棄→イズミルなど回復・治外法権の撤廃） ［トルコ共和国］の成立（ムスタファ＝ケマルが初代大統領に）
1924	［カリフ制］**廃止**→政教分離確立

●第一次世界大戦中のイギリスの多重外交…内容の矛盾する3つの協定を結ぶ

協定	相手	内容
［フセイン・マクマホン協定］ (1915)	［アラブ人］	戦争協力の代償にアラブ人の国家建設を約束 （パレスチナを含む）
［サイクス・ピコ協定］ (1916)	［フランス］・ ［ロシア］	イギリス・フランス・ロシアでトルコ領を分割 （パレスチナは国際管理）
［バルフォア宣言］ (1917)	［ユダヤ人］	外相バルフォアがパレスチナにおけるユダヤ人 国家の建設（シオニズム）を約束

▶戦後，パレスチナはイラク・ヨルダンとともにイギリスの委任統治領に
　→在来のアラブ人とユダヤ人入植者の対立が深まる（［パレスチナ問題］）

◆ 第一次世界大戦で敗北したオスマン帝国は亡国の危機に直面した。大戦後，ギリシアにエーゲ海沿岸の [1] を占領され，<u>パリ講和会議</u>の結果，連合国と結んだ [2] **条約**では，大幅な領土の割譲や治外法権などを受け入れざるを得なかった。一方，軍人出身の<u>ムスタファ＝ケマル</u>は [3] に政府を設置し，侵入ギリシア軍の撃退にも成功して，広く人々の支持を集めた。1922年にケマルは [4] **制**の廃止を宣言し，オスマン帝国は滅亡した。

◆ 1923年には [2] **条約**を破棄して新たに連合国と [5] **条約**が結ばれ，旧領土の一部を回復し，治外法権の撤廃にも成功した。その後，[3] を首都として [6] が成立し，ケマルは初代大統領となり，[7] **制**の廃止による政教分離の確立や，チャドルの廃止などの [8] ，アラビア文字に替わりローマ字を採用する [9] などの近代化に努めた（土地改革は実施せず）。このような業績からケマルは [10] （「トルコの父」）とよばれた。

◆ イギリスの保護国だったエジプトは，[11] **党**による独立運動の結果，1922年事実上独立し<u>エジプト王国</u>が成立した。1936年には完全に主権を回復したが，イギリスは [12] **運河地帯**の<ruby>駐屯権<rt>ちゅうとんけん</rt></ruby>や [13] の領有権などを留保した。

◆ 第一次世界大戦中，イギリスはオスマン帝国打倒のために，次々と交渉相手を変えて，内容の矛盾する協定を結んだ。1915年の [14] **協定**で<u>アラブ人</u>の独立を約して戦争協力を求める一方，1916年の [15] **協定**で英・仏・露によるトルコ領の分割を確認し，さらに1917年の [16] **宣言**では戦費支援と引き換えに，パレスチナにおける<u>ユダヤ人国家</u>の建国を外相 [16] が支持した。戦後のセーヴル条約により，イギリスは [17] ・<u>ヨルダン・パレスチナ</u>を，フランスは [18] ・<u>レバノン</u>を委任統治し，これらの地域は第二次世界大戦に前後して独立した。アラビア半島では<u>フセイン</u>を破った [19] が，1932年，ワッハーブ派イスラーム教を国教として [20] **王国**を建国した。

◆ イランは第一次世界大戦では中立を宣言したが，イギリス・ロシアはオスマン帝国との対抗上，イランを軍事占領した。従来の [21] **朝**は求心力を失い，1921年に将軍の一人だった [22] がクーデタで実権を握り，1925年に [23] **朝**を創始した。1935年には国名をペルシアからイランに改称した。

◆ [24] は1919年，<u>第3次アフガン戦争</u>に勝利して，イギリスから独立した。

11章

二つの世界大戦

▍時代と場所をつかむ

●イギリスのインド支配と国民会議派の大会

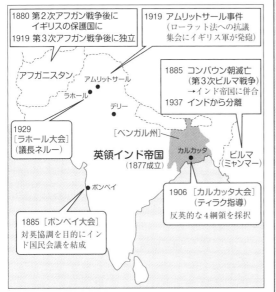

1885	インド国民会議結成
1905	▲ベンガル分割令
	→民族運動分断が目的
1906	カルカッタ大会
	→[スワラージ](自治・独立)・
	[スワデーシ](国産品愛用)・
	[英貨排斥](英商品ボイコッ
	ト)・[民族教育]を採択
	▲全インド=ムスリム連盟結成
1919	▲インド統治法→各州に部分的
	な自治を認める
	▲ローラット法→民族運動を弾圧
	非暴力・不服従運動
	(国民会議派のガンディー指導)
1929	ラホール大会
	→[プールナ=スワラージ](完
	全独立)を決議
1930	▲英印円卓会議
1935	▲新インド統治法
	→各州に自治を認める
1937	州選挙でヒンドゥー教徒大勝
	→ジンナー指導の全インド=ム
	スリム連盟は分離独立を主張

▲…イギリスの政策

●東南アジアの民族運動(19世紀末〜第二次世界大戦)

フィリピン	フランス領インドシナ（ベトナムなど）	オランダ領東インド（インドネシア）	イギリス領ビルマ（ミャンマー）	タイ
1896 [ホセ=リサール]をスペインが処刑 1898 米西戦争後アメリカ領へ 1901 [アギナルド]をアメリカが逮捕	1904 [ファン=ボイ=チャウ]が[維新会]を結成→[ドンズー(東遊)運動]指導(日仏の取締りで挫折)	1908 ブディ=ウトモを知識人らが結成 1911 [サレカット=イスラーム](イスラーム同盟)結成		ラタナコーシン朝が[独立維持](ラーマ5世の近代化)
		[第一次世界大戦](1914〜1918)		
1934 アメリカが10年後の独立を約束	1930 [ホー=チ=ミン]が[インドシナ共産党]結成	1920 [インドネシア共産党](アジア最初の共産党)結成 1927 [スカルノ]が[インドネシア国民党]結成	1930 [タキン党]結成 1935 新インド統治法でインド帝国から分離決定	1932 [タイ立憲革命](立憲君主政に移行)
		[第二次世界大戦](1939〜1945)➡[日本]が東南アジア各地を占領		
	1941 ホー=チ=ミンが[ベトナム独立同盟会]結成(抗日武装闘争の中心)		1940 [アウン=サン]がタキン党書記長に	

◆ インドではヒンドゥー教徒を中心に，1885年，| 1 | が開催された。国民会議派は当初は対英協調的だったが，| 2 | の指導によりしだいに反英・独立の性格を強めた。1905年，民族運動の分断を目的にイギリスが | 3 | を出すと，反発した国民会議派は翌年，| 2 | の指導で | 4 | **大会**を開き，| 5 | （イギリス商品のボイコット）・| 6 | （国産品愛用）・| 7 | （自治・独立）・民族教育の4綱領を採択した。これに対し，イギリスは1906年にイスラーム教徒を支援して | 8 | を結成させ，国民会議派と対立させた。| 3 | は1911年に撤回された。

◆ イギリスは第一次世界大戦への参戦を条件に戦後の自治をインドと約束したが，これを無視したため各地で独立運動が激化した。そこでイギリスは1919年に各州に部分的な自治を認める**インド統治法**を制定する一方，令状なしの逮捕などを認める | 9 | **法**を発布して，民族運動を弾圧した。国民会議派では | 10 | が指導者となり，| 11 | （サティヤーグラハ）を方針に独立運動を進め，| 8 | との連携を進めた。1929年の**ラホール大会**では | 12 | が議長となり，| 13 | （完全独立）が決議され，1930年には | 10 | が専売打破のため「塩の行進」を行うなど独立運動は激化した。イギリスは | 14 | をロンドンで開催し，1935年には各州の自治を認める | 15 | を制定して懐柔を図った。

◆ フィリピンでは19世紀末に | 16 | が**スペイン**からの平和的な独立を指導したが，処刑された。その後 | 17 | の指導により独立戦争（**フィリピン革命**）が起こり，1898年の | 18 | **戦争**後に**アメリカ**がフィリピンの統治権を継承すると，アメリカとの戦い（フィリピン＝アメリカ戦争）が展開されたが，弾圧された。

◆ **フランス**が支配したベトナムでは，| 19 | が**維新会**を結成し，日本への留学運動である | 20 | **運動**を進めたが，挫折した。その後，1930年に | 21 | が | 22 | を結成し，インドシナにおける民族運動の中心的な役割を果たした。

◆ **オランダ領**だったインドネシアでは，1911年に知識人らにより | 23 | が結成され，自治を要求した。1920年にはアジア最初の共産党である | 24 | が，1927年には | 25 | の指導で | 26 | が結成され，独立運動を展開した。

◆ **ビルマ**（ミャンマー）では，イギリス支配に抵抗して1930年に | 27 | が結成され，**アウン＝サン**らが完全独立を要求して，民族運動を継続した。

時代と場所をつかむ

● 1920年代の中国

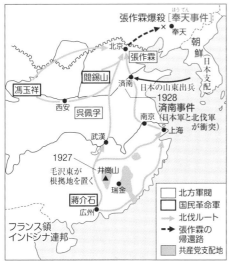

張作霖爆殺［奉天事件］
奉天
北京
張作霖
朝鮮（日本の支配）
閻錫山
馮玉祥
済南
日本の山東出兵
1928
済南事件
（日本軍と北伐軍が衝突）
西安
呉佩孚
南京
武漢
上海
1927
毛沢東が根拠地を置く
井崗山
瑞金
蔣介石
広州
フランス領インドシナ連邦

凡例：
- □ 北方軍閥
- □ 国民革命軍
- → 北伐ルート
- → 張作霖の帰還路
- ▨ 共産党支配地

● 1930年代の中国

1932 満洲国建国　1931 ×柳条湖事件
内モンゴル
奉天［→満洲事変］
朝鮮（日本の支配）
1937［盧溝橋事件］
北京　冀東防共自治政府
（→日中戦争）
延安
西安－1936［西安事件］①
（張学良が蔣介石を監禁）　南京
③ 重慶　② 武漢　上海
蔣介石
1932 上海事変（日中衝突）
遵義
1935 遵義会議（毛沢東の指導権確立）
瑞金
フランス領インドシナ連邦

凡例：
- → 共産党の長征路
- ⇒ 日本軍侵入路
- ▨ 共産党支配地
- ◯ 日中戦争中の国民政府首都（数字は順番）

● 国共合作

中国共産党	中国国民党
1924〜27 第1次国共合作	
	1926［北伐］開始
	左派（汪兆銘）←→対立 右派（蔣介石）
1927 武漢政府（国民党左派と共産党）［国共分裂］→共産党が離脱	1927［上海クーデタ］［南京国民政府］樹立（国民党右派）
	1928［北伐］完了→中国統一完成
1931 中華ソヴィエト共和国臨時政府（首都：瑞金.主席：毛沢東）	1931 国民党が中華ソヴィエト共和国を攻撃
1934［長征］開始（〜36）→拠点を延安に	
1935 八・一宣言→国民党に内戦停止・民族統一戦線の結成をよびかける	1936 西安事件→張学良が蔣介石を監禁、内戦停止と抗日を説得
1937〜45 第2次国共合作	

● 日本の中国進出

1914	第一次世界大戦開戦→膠州湾（ドイツの租借地）など占領
1915	袁世凱に二十一カ条の要求を受諾させる
1922	九カ国条約を受け、山東省の利権など二十一カ条の要求の多くを放棄
1927	山東出兵で北伐に干渉
1928	関東軍が張作霖を爆殺
1931	柳条湖事件→満洲事変（中国東北地方を占領）
1932	上海事変（日中の武力衝突）満洲国建国（執政：溥儀〈34〜皇帝〉）
1935	冀東防共自治政府設置（河北省に傀儡政権）
1937	盧溝橋事件→日中戦争開始（〜45）

:::::: 流れで覚える

◆ 第一次世界大戦中の中国では知識人らを中心に ‹ 1 › 運動という啓蒙運動が起こり，中国の儒教や封建的な思想を批判し，ヨーロッパの近代文化を紹介した。‹ 2 › の発行した『新青年』では，胡適が口語体を文章に用いる ‹ 3 › 運動を提唱して文学革命を進め，‹ 4 › らがマルクス主義を紹介した。影響を受けた ‹ 5 › は『狂人日記』や『‹ 6 ›』などの白話小説を発表した。

◆ 日本は1915年，当時の ‹ 7 › 政権に ‹ 8 › を受諾させた。戦後のパリ講和会議で中国が求めた ‹ 8 › の撤廃が拒否されると，1919年に ‹ 9 › が発生し，全国的な民族運動に発展した。この影響で中国政府は日本の山東省での権益を認める ‹ 10 › 条約の調印を拒否した。‹ 9 › の高揚を受け，孫文は同年に秘密結社の中華革命党（1914年，東京で結成）を改組し，大衆政党として ‹ 11 › を結成した。一方，陳独秀らは1921年に上海で ‹ 12 › を結成し，コミンテルンの指導により国民党との協力体制をとった。1924年の国民党大会で「‹ 13 ›」の方針のもとに第1次 ‹ 14 › が成立し，国民党と共産党の連携が実現した。

◆ 1925年に孫文は病死したが，同年に上海で発生した ‹ 15 › が全国的な反帝国主義の運動に発展したことを背景に，国民党は ‹ 16 › を建て，‹ 17 › を編制した。翌年，‹ 17 › の総司令となった蔣介石は北方軍閥の打倒と中国統一を目的に ‹ 18 › を開始した。1927年，汪兆銘らの国民党左派と共産党員が広州から遷都して武漢政府を建てると，反発した蔣介石は米・英や ‹ 19 › の支持を得て ‹ 20 › を起こし，国民党右派を結集して ‹ 21 › を樹立した。この結果，武漢政府は分裂し，汪兆銘らは蔣介石に合流して，第1次国共合作は崩壊した。再開された ‹ 18 › は日本による干渉（山東出兵）を受けたが，1928年に北京を占領して，実力者だった奉天軍閥の ‹ 22 › を打倒した。‹ 22 › は，東北地方の直接支配をもくろむ日本の関東軍により奉天近郊で爆殺され，子の ‹ 23 › が蔣介石に帰順したため，‹ 21 › による全国統一が一応完成した。

◆ 一方，共産党は ‹ 24 › を組織して農村を中心に解放区を形成し，1931年，‹ 25 › を主席として瑞金を首都に ‹ 26 › を成立させた。しかし，国民党の攻撃により，‹ 27 › とよばれる陝西省方面への大移動を1934年から36年にかけて余儀なくされた。この ‹ 27 › の途上で ‹ 25 › の共産党における指導権が確立し，終了後に共産党は陝西省の ‹ 28 › に根拠地を定めた。

■■ 時代と場所をつかむ

●世界恐慌

1929	ニューヨーク証券取引所で株価が大暴落(「暗黒の木曜日」)→世界恐慌の発生
1931	フーヴァー＝モラトリアムで賠償と債務の支払いを1年猶予→効果なし

●アメリカ(フランクリン＝ローズヴェルト政権)の恐慌対策

ニューディール	[農業調整法](AAA)…農業生産を制限, 農業生産物の価格を引き上げる [全国産業復興法](NIRA)…国家による産業統制と労働条件の改善 [テネシー川流域開発公社](TVA)…テネシー川流域の総合開発を行う政府経営の公社 [ワグナー法]…労働者の団結権・団体交渉権を認める
外交政策	ソ連の承認(1933) フィリピン独立法(1934)→10年後の完全独立を約束 善隣外交→[キューバ]の独立承認(1934)

●イギリス(マクドナルド政権)の恐慌対策

第2次マクドナルド労働党内閣 (1929〜31)	[失業保険]削減を提案→反対され総辞職
マクドナルド挙国一致内閣 (1931〜35)	金本位制の停止→通貨を金保有量と関係なく発行 保護関税法→自由貿易から保護関税貿易へ [オタワ連邦会議](イギリス連邦経済会議) →ブロック経済方式の採択(連邦内で特恵関税協定を結ぶ)

●ソ連の経済政策

各国の工業生産の推移▶

[第1次五カ年計画] (1928〜32)	重工業重視, 農業の集団化 →[コルホーズ](集団農場)・ 　[ソフホーズ](国営農場)の設立
[第2次五カ年計画] (1933〜37)	軽工業にも留意 農業の集団化を徹底

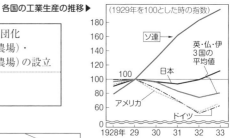

●ブロック経済圏

■ スターリング(ポンド)＝ブロック
□ フラン＝ブロック　▨ ドル＝ブロック

広い海外領土を持つイギリスは[スターリング＝ブロック], フランスは[フラン＝ブロック], アメリカ大陸を市場とするアメリカはドル＝ブロックを形成したが, ブロック市場から締め出された日本・ドイツ・イタリアなどは, 侵略政策を進めて, 市場の拡大を図った。

:·: 流れで覚える

◆ アメリカでの生産過剰と過度の投機熱が原因となって，1929年10月24日，　1　街のニューヨーク株式市場の株価が暴落し，すべての資本主義国を巻き込む**世界恐慌**に陥った。アメリカ大統領の　2　は恐慌の拡大を防ぐために賠償金と戦債の支払いを1年間停止する　3　を発したが，効果はなかった。1933年，恐慌対策を約束して大統領となった民主党の　4　は，　5　（新規まき直し）とよばれる，従来の自由放任主義を否定し，国家が経済に積極的に介入・統制する景気回復政策を推進した。　6　（AAA）や　7　（NIRA）で生産を統制し，　8　（TVA）などの公共事業で失業者を救済しようとした。また1935年に　9　で労働者の団結権・団体交渉権を認めたが，この結果，労働運動も活発化し，非熟練労働者を中心に　10　（CIO）が発足して，熟練労働者中心の**アメリカ労働総同盟**（AFL）と対抗した。外交では従来の強圧的な**棍棒外交**に替わって，　11　の独立を承認するなど友好的な　12　**外交**をとり，ラテンアメリカ諸国との関係改善に努め，また**ソ連**を承認した。

◆ イギリスでは恐慌の影響を受けて，第2次　13　内閣が　14　の削減を提案したが，与党である　15　の反発を招き，内閣は総辞職した。その後，　13　は**保守党**・自由党と結んで　16　**内閣**を組織し，　17　**制**を停止した。また1932年の　18　**連邦会議**（イギリス連邦経済会議）で，連邦内の商品には低関税を，連邦外からの商品には高関税を課す特恵関税制度を採用し，産業革命以来の自由貿易政策から保護貿易政策に転換した。このような排他的な経済政策は　19　**経済**とよばれ，「持てる国」とよばれた海外領土や資源を多く持つ諸国で採用された。

◆ 日本やドイツ，イタリアなどの植民地や資源に乏しい諸国は「持たざる国」とよばれ，経済の停滞から国内ではファシズムが台頭し，恐慌からの脱出を植民地の再分割に求めて，対外侵略を進めた。

◆ 社会主義国家のソ連は世界恐慌の影響をほとんど受けず，第1次・第2次の　20　により経済発展を進め，1934年には　21　に加盟した。一方，国内では　22　が独裁体制を確立し，個人崇拝を強要して，反対派と見なした人々を大量に**粛清**した（スターリン体制）。1936年には社会主義の完成をうたい，民主的な内容の　22　**憲法**を制定したが，実態は民主主義からは程遠かった。

重要用語チェック

1 ウォール街
2 フーヴァー
3 フーヴァー＝モラトリアム
4 フランクリン＝ローズヴェルト
5 ニューディール
6 農業調整法
7 全国産業復興法
8 テネシー川流域開発公社
9 ワグナー法
10 産業別組織会議
11 キューバ
12 善隣外交

13 マクドナルド
14 失業保険
15 労働党
16 挙国一致内閣
17 金本位制
18 オタワ連邦会議
19 ブロック経済

20 五カ年計画
21 国際連盟
22 スターリン

11章

二つの世界大戦

ファシズムの台頭

時代と場所をつかむ

●ナチスの台頭〜ヴェルサイユ体制の破壊

1920	［国民（国家）社会主義ドイツ労働者党］（ナチ党）の成立←1919年にできたドイツ労働者党を改称（党首ヒトラー）
1923	政権獲得のため［ミュンヘン一揆］を起こす→失敗
1929	世界恐慌でドイツ経済が大混乱→社会民主党が人気を落とす。ナチ党と共産党が成長し、議席増加
1932	総選挙→ナチ党が第一党に
1933.1 .2 .3 .10	［ヒンデンブルク大統領］がヒトラーを首相に任命→ヒトラー政権の成立 ［国会議事堂放火事件］を利用して共産党を弾圧 ［全権委任法］で国会の立法権を政府に移す→ナチ党以外の政党や労働組合を解散させる（ナチ党の一党独裁） 軍備の平等が認められないことを理由に［国際連盟］を脱退
1934.8	ヒンデンブルク大統領死亡→ヒトラーは大統領・首相・ナチス党首を兼務した［総統］に
1935	国際連盟の管理下の［ザール］地方を、住民投票で編入（最初の領土拡大） 義務兵役制を復活し［再軍備宣言］（［ヴェルサイユ条約］破棄）
1936	［ラインラント進駐］→ロカルノ条約を破棄（仏ソ相互援助条約に対抗）

▼第一次世界大戦後のドイツの政党別議席数

選挙年月		1924 12月	1928 5月	1930 9月	1932 7月	1932 11月	1933 3月
右派	ナチ党	14	12	107	230	196	288
	国家人民党	103	73	41	38	52	53
	人民党	51	45	30	7	11	2
ヴァイマル連合	中央党	69	62	87	99	90	92
	民主党	32	25	14	4	2	5
	社会民主党	131	153	143	133	121	120
左派	共産党	45	54	77	89	100	81
全議席数		493	491	577	608	584	647

＊共産党は、1933年2月の国会議事堂放火事件を機に非合法化されたため、3月の選挙により獲得した81議席は無効とされた。

> 国内の独裁確立
↓
対外強硬政策へ

●枢軸国の結成

1936	▶独・伊はスペイン内戦でフランコを支援 →ベルリン＝ローマ枢軸の形成 ▶コミンテルンとソ連に対抗し日独防共協定成立 →伊が加わり［三国防共協定］に（37）
1940	［日独伊三国同盟］へ発展

▲「ゲルニカ」（ピカソ）
スペイン内戦において、フランコを支援したドイツ軍によって無差別爆撃を受けた北スペインのゲルニカでの惨劇をもとに描かれた大作（縦349.3cm ×横776.6cm）

●人民戦線の結成とスペイン内戦

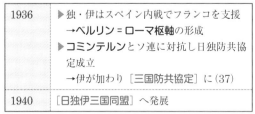

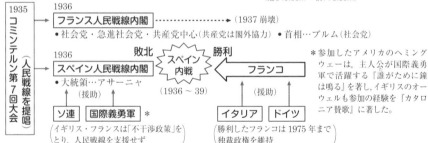

1935 コミンテルン第7回大会（人民戦線を提唱）

1936 フランス人民戦線内閣 ┈┈┈┈┈▶（1937崩壊）
•社会党・急進社会党・共産党中心（共産党は閣外協力） •首相…ブルム（社会党）

1936 スペイン人民戦線内閣
•大統領…アサーニャ
敗北 スペイン内戦（1936〜39）勝利
ソ連　国際義勇軍 ＊（援助）
（イギリス・フランスは「不干渉政策」をとり、人民戦線を支援せず）

フランコ（援助）
イタリア　ドイツ
（勝利したフランコは1975年まで独裁政権を維持）

＊参加したアメリカのヘミングウェーは、主人公が国際義勇軍で活躍する『誰がために鐘は鳴る』を著し、イギリスのオーウェルも参加の経験を『カタロニア賛歌』に著した。

::::::: **流れで覚える**

◆ 第一次世界大戦後のドイツでは，ヴェルサイユ体制とヴァイマル共和国に対する不満からファシズムが台頭した。<u>ヒトラー</u>の率いる　　1　　（ナチ党）が人々の支持を集め，1923年に　　2　　を起こしたが，鎮圧された。しかし，恐慌による社会不安を背景に議席をのばし，資本家や軍人，　　3　　の支持を得て，　　4　　で第一党となった。翌33年にヒトラーは　　5　　**大統領**から首相に任命されて政権を獲得し，　　6　　**事件**を機に　　7　　を非合法化して，解散に追い込んだ。また，政府に立法権を委（ゆだ）ねる　　8　　が成立し，ナチスの一党独裁体制が確立した。<u>アウトバーン</u>（高速道路）の建設など多くの公共事業により失業者の数は急速に減少したが，一方で言論や出版の自由は失われ，国民生活は統制された。とくに　　9　　**人**への迫害は徹底的で，物理学者の<u>アインシュタイン</u>のように国外へ亡命する者も多く現れた。第二次世界大戦終結までにホロコースト（虐殺（ぎゃくさつ））が<u>アウシュヴィッツ</u>などの強制収容所で行われ，600万人が犠牲（ぎせい）となった。

◆ ヴェルサイユ体制打倒を掲げたヒトラーは，**軍備平等権**を主張したが，拒否されたため1933年に　　10　　を脱退し，1935年には住民投票の結果，　　11　　を編入した。また，同年には　　12　　を行い，　　13　　を復活させて，ヴェルサイユ条約を破棄した。これに対し，イギリスはソ連に対する警戒から　　14　　を結んでドイツの再軍備を容認した。翌36年にはヒトラーは　　15　　への進駐を指示して　　16　　**条約**を破棄し，軍事優先の<u>四カ年計画（よんかねんけいかく）</u>を開始して，戦争遂行のための準備を始めた。

◆ イタリアのムッソリーニ政権は，1935年に　　17　　へ侵入し，翌年に併合（へいごう）した。国際連盟はイタリアへ経済制裁を課したが，石油が禁輸品目からはずされるなど制裁は不十分で効果は薄かった。

◆ ソ連は1935年に　　18　　をモスクワで開き，反ファシズム勢力の協力を目的に　　19　　の結成を提唱した。1936年にフランスでは<u>社会党</u>の　　20　　を首相に　　19　　**内閣**が成立し，スペインでも1936年に　　19　　**内閣**が成立したが，　　21　　**将軍**が反乱を起こし，内戦が始まった。政府側をソ連や　　22　　が援助したが，ドイツ・イタリアは公然と　　21　　を支援し，またイギリス・フランスが　　23　　**政策**をとったこともあり，1939年に　　21　　が勝利して独裁体制を確立した。ドイツとイタリアはスペイン内戦を機に提携を強め，1936年に　　24　　を成立させ，37年にはイタリアは前年に結ばれた　　25　　に加わり（三国防共協定成立），日本・ドイツに次いで国際連盟から脱退した。

時代と場所をつかむ

●ナチス＝ドイツの侵略

1938.3	**オーストリア併合**
.9	チェコスロヴァキアに**ズデーテン地方**要求 →［ミュンヘン会談］で独への割譲決定 （英・仏・独・伊参加，ソ連は招かれず）
1939.3	①チェコスロヴァキア解体 →西部の［チェコ］はドイツが併合，東部の［スロヴァキア］はドイツの保護国に，ルテニアはハンガリーが併合 ②ポーランドにダンツィヒ返還と［ポーランド回廊］を横断する交通路の建設を要求
1939.8	［独ソ不可侵条約］

●第二次世界大戦

凡例：
連合国／中立国／枢軸国／枢軸国の占領・支配地域

1939.9	ドイツ軍，**ポーランド侵攻** →［第二次世界大戦］開始
1940.4	ドイツ軍，デンマーク・ノルウェーに侵入
.5	ドイツ軍，オランダ・ベルギーに侵入
.6	イタリア参戦，［フランス降伏］→北部はドイツが占領，南部には［ヴィシー政府］成立 ＊ド＝ゴールはロンドンに亡命して自由フランス政府を建て，［レジスタンス］を指導
1941.4	［日ソ中立条約］
.6	［独ソ戦争］開戦
.12	［太平洋戦争］開始，独・伊が対米宣戦
1942.6	**ミッドウェー海戦**で日本軍敗北
1943.2	ドイツ軍，**スターリングラードの戦い**に敗北
.9	［イタリア降伏］（←ムッソリーニ失脚，7月）
1945.5	［ドイツ降伏］（←ヒトラー自殺，4月）
1945.8	［ソ連，対日参戦］（8日），［日本降伏］（14日）

●第二次世界大戦中の連合国首脳会談

年月	1941.8	1943.11	1943.11～12	1945.2	1945.7～8
会談	大西洋上会談	［カイロ会談］ （エジプト）	［テヘラン会談］ （イラン）	［ヤルタ会談］ （ソヴィエト連邦）	［ポツダム会談］ （ドイツ）
参加者	チャーチル F.ローズヴェルト	チャーチル F.ローズヴェルト 蔣介石	チャーチル F.ローズヴェルト スターリン	チャーチル F.ローズヴェルト スターリン	チャーチル（途中からアトリーに） トルーマン スターリン
会談の内容・決議	領土不拡大・軍備縮小・平和機構の再建など，全8カ条の［大西洋憲章］を発表。戦後，この理念に基づいて国際連合が成立	日本に関して，①降伏後，太平洋上の島々の放棄，②満洲・台湾の中国への返還，③朝鮮独立などを規定 ［カイロ宣言］	①ソ連が「第二戦線」の形成を強く要求。②ソ連の対日参戦約束	①ドイツの戦後処理の検討。②ドイツ降伏後3カ月以内にソ連が［対日参戦］。③ソ連は南樺太・千島を取得 ［ヤルタ協定］	①ドイツの戦後処理の方針を決定。②日本の降伏条件・戦後の管理方針を定める ［ポツダム宣言］

∵∴∵ 流れで覚える

◆ 1938年，ナチス＝ドイツは [1] を併合し，チェコスロヴァキアに [2] **地方**の割譲を迫った。問題解決のために [3] **会談**が行われたが，イギリスの [4] **首相**らはドイツに対し妥協的な [5] **政策**をとり，[2] **地方**はドイツに割譲された。しかし翌年，ドイツはチェコスロヴァキアを解体し，さらに [6] を圧迫した。1939年，ドイツはソ連と [7] **条約**を結ぶと，同年9月，[6] に侵攻し，第二次世界大戦が始まった。ソ連も [6] に侵攻し，[8] を占領した（翌年併合）。さらに [9] にも侵攻したが（ソ連＝ [9] 戦争），これを理由にソ連は [10] を除名された。

◆ 1940年5月，イギリスでは保守党の [11] が首相となり，ドイツとの徹底抗戦を主張した。6月には**イタリア**が参戦し，ドイツ軍がパリを占領してフランスは降伏した。1941年6月，ドイツは一方的に [7] **条約**を破棄して，[12] **戦争**を開始した。しかし翌42年から43年の [13] **の戦い**でソ連に敗北した。一方，米・英の連合軍は43年に**シチリア**に上陸した。これを受けてイタリアでは [14] が失脚し，**バドリオ**新政権は無条件降伏した。44年，連合軍は北フランスの [15] に上陸し，パリは解放された。45年，ソ連軍により [16] は陥落し，5月のドイツの無条件降伏でヨーロッパでの戦争は終結した。

◆ 日本は1931年，奉天郊外での [17] **事件**を機に [18] を起こし，翌32年には [19] を執政（34年以降は皇帝）として傀儡国家の [20] を成立させた。1933年，[21] の報告に基づき日本の満洲撤退勧告案が [10] で採択されると，日本は [10] を脱退した。中国では蔣介石が幣制改革（通貨の統一）を実施し，共産党を弾圧して国内の統一を進めたが，1935年に共産党は [22] を発表し，内戦停止と抗日民族統一戦線の結成を提唱した。これに共鳴した [23] は，翌年に [24] **事件**を起こして蔣介石を武力で監禁し，一致抗日を訴えた。1937年，北京郊外での [25] **事件**を機に**日中戦争**が勃発すると第2次 [26] が成立し，蔣介石は首都を四川省の [27] に移して，抗戦を続けた。一方，汪兆銘は南京に親日的な政府を建てた。

◆ 1941年12月，日本がハワイの [28] を奇襲し，**太平洋戦争**が始まった。当初，日本軍は優勢だったが，42年の [29] **海戦**に敗北し，アメリカを中心とする連合国の反撃を受けた。45年8月，[30] **条約**（41年成立）を破棄したソ連が対日宣戦したのち，日本は**ポツダム宣言**を受諾して無条件降伏した。

重要用語チェック

1 オーストリア
2 ズデーテン地方
3 ミュンヘン会談
4 ネヴィル＝チェンバレン首相
5 宥和政策
6 ポーランド
7 独ソ不可侵条約
8 バルト3国（エストニア・ラトヴィア・リトアニア）
9 フィンランド
10 国際連盟

11 チャーチル
12 独ソ戦争
13 スターリングラードの戦い
14 ムッソリーニ
15 ノルマンディー
16 ベルリン

17 柳条湖事件
18 満洲事変
19 溥儀
20 満洲国
21 リットン調査団
22 八・一宣言
23 張学良
24 西安事件
25 盧溝橋事件
26 国共合作
27 重慶

28 真珠湾
29 ミッドウェー海戦
30 日ソ中立条約

11章
二つの世界大戦

155

76　冷戦の展開

 時代と場所をつかむ

●東西対立の展開

←━━ は影響を示す

西側（資本主義陣営）	東側（社会主義陣営）
1946 チャーチルの「鉄のカーテン」演説 ←━ （シュテッティン〜トリエステ）	1945以降 人民民主主義国家が東欧に成立
1947 トルーマン゠ドクトリン（［封じ込め政策］） マーシャル゠プラン ━→ （ヨーロッパ経済復興援助計画）	1947 コミンフォルム（共産党情報局）結成
1948 西ヨーロッパ連合（ブリュッセル）条約 ←━ （英・仏・ベネルクス3国の軍事同盟）	1948 チェコスロヴァキア゠クーデタ （共産党のクーデタで東側陣営へ）
西側管理地区の通貨改革 ━→	ベルリン封鎖（〜49）
ヨーロッパ経済協力機構（OEEC）	
1949 北大西洋条約機構（NATO） ［ドイツ連邦共和国（西ドイツ）］成立	1949 コメコン（経済相互援助会議, COMECON）
	━→ ［ドイツ民主共和国（東ドイツ）］成立
朝鮮戦争（1950〜53）	
1951 太平洋安全保障条約（ANZUS）	
1954 東南アジア条約機構（SEATO） パリ協定（西独の再軍備承認）	1953 スターリン死去
1955 西ドイツがNATOに加盟 ━→ バグダード（中東）条約機構（METO）	1955 ワルシャワ条約機構

●東西の対立

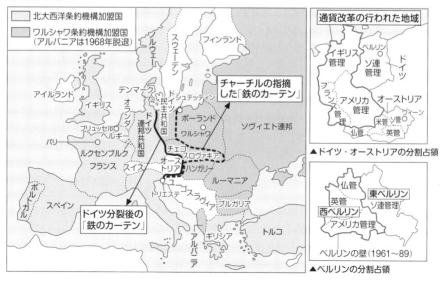

北大西洋条約機構加盟国
ワルシャワ条約機構加盟国（アルバニアは1968年脱退）

通貨改革の行われた地域

▲ドイツ・オーストリアの分割占領

ベルリンの壁（1961〜89）

▲ベルリンの分割占領

◆ 第二次世界大戦末期，連合国による [1] **会議**で**国際連合憲章**が採択され，戦後の1945年10月，[2] を本部として [3] が成立した。加盟国が1国1票の投票権をもつ [4] での決議は**多数決**を採用したが，侵略行為に対しては討議や勧告にとどまった。軍事的制裁などの最も強大な権限は [5] がもち，**拒否権**を保有する [6] はアメリカ・イギリス・フランス・中華民国（71年以降は中華人民共和国）・ソ連（92年以降はロシア）の5カ国で構成された。また国際通貨体制としてドルを基軸通貨とする [7] が成立し，国際通貨基金（IMF）や国際復興開発銀行（IBRD）が設立された。

◆ 戦後，連合国は国際軍事裁判を行い，ドイツは [8] **裁判**で，日本は [9] **裁判**で戦争指導者が人道の名のもとで裁かれた。

◆ 第二次世界大戦中にソ連により解放された東欧諸国の多くは社会主義化し，ソ連の衛星国となった。これを憂慮したイギリスの前首相 [10] はアメリカでの演説で，ヨーロッパにおける東側陣営（社会主義国）と西側陣営（資本主義国）の境界を「[11]」とよんだ。このためアメリカは従来の孤立主義外交を転換して，1947年に**ギリシア・トルコ**の共産化阻止のための経済・軍事援助を内容とする [12] を大統領が発表し，社会主義圏の拡大防止を目的に [13] **政策**を開始した。さらに国務長官が [14] でヨーロッパ諸国の復興支援を約したが，受け入れを拒否したソ連・東欧諸国は情報交換機関である [15] を設立して対抗姿勢を強めたため，米ソの対立を軸とする [16] の構造が定まった。1948年 [17] に衝撃を受けた西欧5カ国（英・仏・ベネルクス3国）は [18] **条約**を結び，軍事的結束を強化した。1949年に東側陣営は [14] に対抗する経済協力機構として [19] を結成した。

◆ 戦後のドイツは**ヤルタ協定**に基づきアメリカ・イギリス・フランス・ソ連の4カ国により分割占領され，ソ連占領地域の中に位置するベルリンも同様の4カ国で分割管理された。1948年，米・英・仏の3カ国が西側管理地区のみで [20] を実施すると，これに反発したソ連は [21] を行った。翌49年，[21] が解除されると西側管理地区に [22]（通称・西ドイツ）が，ソ連管理地区に [23]（通称・東ドイツ）が成立した。また同年，アメリカなど西側12カ国は [18] **条約**を雛形として，反共軍事同盟である [24] を結成した。西ドイツが1954年の**パリ協定**で主権が回復して [25] を承認され，翌年 [24] に加盟すると，これに対抗してソ連を中心に東側諸国は軍事同盟である [26] を結成した。

1 サンフランシスコ会議

2 ニューヨーク

3 国際連合

4 総会

5 安全保障理事会

6 常任理事国

7 ブレトン゠ウッズ体制

8 ニュルンベルク裁判

9 東京（極東国際軍事）裁判

10 チャーチル

11 鉄のカーテン

12 トルーマン゠ドクトリン（トルーマン宣言）

13 封じ込め政策

14 マーシャル゠プラン（ヨーロッパ経済復興援助計画）

15 コミンフォルム（共産党情報局）

16 冷戦（冷たい戦争）

17 チェコスロヴァキア゠クーデタ

18 西ヨーロッパ連合（ブリュッセル）条約

19 コメコン（経済相互援助会議，COMECON）

20 通貨改革

21 ベルリン封鎖

22 ドイツ連邦共和国

23 ドイツ民主共和国

24 北大西洋条約機構（NATO）

25 再軍備

26 ワルシャワ条約機構（東ヨーロッパ相互援助条約）

「雪どけ」から冷戦終結へ

■■■ 時代と場所をつかむ

●東西両陣営の諸同盟と核兵器開発

ソ連 49 原爆保有　53 水爆保有

イギリス
52 原爆保有
57 水爆保有

中国
64 原爆保有
67 水爆保有

1955〜91
[ワルシャワ条約機構]
ソ連、ポーランド、東ドイツ、チェコスロヴァキア、ハンガリー、ルーマニア、ブルガリア、アルバニア('68年脱退)

フランス
60 原爆保有
66 水爆保有

1950〜80
[中ソ友好同盟相互援助条約]
ソ連、中国

1949〜現在
北大西洋条約機構(NATO)
アメリカ、カナダ、英、伊、仏、ベルギー、オランダ、ノルウェー、ルクセンブルク、デンマーク、アイスランド、ポルトガル(の5、ギリシア、トルコ、西ドイツ、スペインなどが加盟)

1951〜現在
日米安全保障条約
日本、アメリカ

アメリカ
45 原爆保有
52 水爆保有

パキスタン
98 原爆保有

インド
74 原爆保有

1955〜79
バグダード(中東)条約機構(METO)
↓59改称
中央条約機構(CENTO)
英、イラン、トルコ、パキスタン、イラク('59年脱退)

1954〜77
東南アジア条約機構(SEATO)
アメリカ、英、仏('74年脱退)、オーストラリア、ニュージーランド、タイ、フィリピン、パキスタン('73年脱退)

1948〜現在
米州機構(OAS)
アメリカと中南米諸国

1951〜85
太平洋安全保障条約(ANZUS)
アメリカ、オーストラリア、ニュージーランド

東側陣営　赤字=東側同盟
西側陣営　◯=西側同盟
=おもな核兵器保有国

●第三勢力(非同盟諸国)の連帯

1954.4 コロンボ会議(スリランカ)

南アジア・東南アジア5カ国の首脳会議。インドシナ戦争の早期停戦・核兵器の使用禁止・反植民地主義などを提唱

1954.6 ネルー・周恩来会談

ネルー(インド)と周恩来(中国)がチベットをめぐる協定を結び、その前文で[平和五原則](①領土保全と主権の尊重、②相互不侵略、③内政不干渉、④平等と互恵、⑤平和的共存)を明示

1955 アジア=アフリカ会議(バンドン会議)(インドネシア)

史上初のアジア・アフリカの首脳会議で29カ国が参加し、[平和十原則]を発表

1961 第1回非同盟諸国首脳会議(ベオグラード会議)(ユーゴスラヴィア)

[ティトー](ユーゴスラヴィア)・ナセル(エジプト)・ネルー(インド)・スカルノ(インドネシア)のよびかけ

●核兵器に関する歴史

①核兵器禁止運動

1954	アメリカのビキニ水爆実験で第五福竜丸が被爆→原水爆禁止運動の進展
1955	**第1回原水爆禁止世界大会**(広島)
1957	[パグウォッシュ会議](カナダ)→哲学者ラッセルと物理学者アインシュタインの宣言(1955)に基づく、科学者による核兵器禁止運動の中心組織

②核軍縮に関する条約　　＊2019年失効

1963	[部分的核実験禁止条約](米・英・ソ)→地下以外の核実験を禁止。仏・中は不参加
1968	[核拡散防止条約]→核保有を米・ソ・英・仏・中に限定
1972	[第1次戦略兵器制限交渉](SALT Ⅰ)(米・ソ)
1979	**第2次戦略兵器制限交渉**(SALT Ⅱ)(米・ソ)
1987	[中距離核戦力(INF)全廃条約](米・ソ)＊
1991	[第1次戦略兵器削減条約](START Ⅰ)(米・ソ)
1993	**第2次戦略兵器削減条約**(START Ⅱ)(米・ロ)
1996	**包括的核実験禁止条約**→全ての核実験を禁止。批准国が限られ未発効

∵∴∵ 流れで覚える

◆ 冷戦は，1953年のソ連の [1] の死を機に緩和に向かった。1955年には [2] **会談** が米・英・仏・ソの首脳で行われ，「 [3] 」とよばれる東西の緊張緩和が進んだ。一方で米ソ両陣営のどちらにも属さずに積極中立を主張する [4] とよばれる国々が，アジアなどの新興国に現れた。1955年にはインドネシアの<u>バンドン</u>で [5] **会議** が開かれ，前年の [6] における [7] をさらに具体化した [8] が発表された。1961年にはユーゴスラヴィアの首都<u>ベオグラード</u>で第1回の [9] **会議** が開催され，以後もこの会議は [4] の結集の場となった。

◆ 1956年，[10] で，党第一書記（58年以降は首相も兼任）の [11] が [1] **批判** と<u>平和共存政策</u>を提言し，内外に衝撃を与えた。同年に [12] （共産党情報局）が解散され，59年には [11] が訪米し，[13] **大統領** と会談した。しかし，同年に起こった親米的な<u>バティスタ政権</u>が [14] やゲバラらにより打倒される [15] が，米ソ対立を再燃させる誘因となった。61年にアメリカはキューバと断交し，キューバは社会主義を宣言してソ連に接近した。また同年には東ドイツが亡命阻止を目的に西ベルリンを包囲する [16] を築いた。次いで62年，キューバでのソ連のミサイル基地の建設をアメリカの [17] **大統領** が追及したことで，全面核戦争に直面する [18] が起こった。最終的にはソ連が譲歩（じょうほ）してミサイルを撤去したが，この危機がきっかけの一つとなり，翌63年には [19] **条約** が調印され，以後の核軍縮の先駆けとなった。

◆ 1964年のフルシチョフの失脚後，[20] **第一書記** （のち書記長）がソ連の実権を握ったが，政治の保守化と経済の停滞は深刻化した。一方，アメリカも<u>ベトナム</u>**戦争** による軍事費の増加から，71年には [21] を招いたこともあり，米ソ間では<u>デタント</u>（緊張緩和）が進んだ。しかし79年のソ連の [22] **侵攻** を機に冷戦は再燃し（第2次冷戦），アメリカの [23] **大統領** が「強いアメリカ」を外交目標（かか）に掲げたことに示されるように，米ソ双方は再び軍備拡大に迫られた。しかし，85年にソ連で書記長となった [24] は [22] からの撤退など，財政破綻を背景に<u>新思考外交</u>とよばれた緊張緩和路線への転換を進め，米ソ関係は急速に改善された。そして1989年には [25] **会談** において，アメリカの [26] **大統領** とソ連の [24] **書記長** が冷戦の終結を宣言した。

1 スターリン
2 ジュネーヴ4巨頭会談
3 雪どけ
4 第三勢力
5 アジア＝アフリカ会議
6 ネルー・周恩来会談
7 平和五原則
8 平和十原則
9 非同盟諸国首脳会議

10 ソ連共産党第20回大会
11 フルシチョフ
12 コミンフォルム
13 アイゼンハワー大統領
14 カストロ
15 キューバ革命
16 ベルリンの壁
17 ケネディ大統領
18 キューバ危機
19 部分的核実験禁止条約

20 ブレジネフ第一書記
21 ドル－ショック（ドル危機）
22 アフガニスタン
23 レーガン大統領
24 ゴルバチョフ
25 マルタ会談
26 ブッシュ（父）大統領

時代と場所をつかむ

●欧米のおもな動き

	アメリカ	イギリス	西ドイツ	フランス	その他
1945	トルーマン（民主党）	45 アトリー（労働党）重要産業国有化	49 アデナウアー（キリスト教民主同盟）「奇跡の経済復興」	46 [第四共和政]	46 イタリア，王政を廃止して共和政に
50	[朝鮮戦争]（～ 53）		54 パリ協定（独立回復，再軍備承認）	54 ジュネーヴ休戦協定	55 オーストリア国家条約（永世中立国として独立回復）
1953	アイゼンハワー（共和党）		55 NATO 加盟	アルジェリア戦争	

---- 1955 ジュネーヴ4巨頭会談（米・英・仏・ソ） ----

56 第2次中東戦争（スエズ戦争）に出兵（英・仏・イスラエル）

	アメリカ	イギリス	西ドイツ	フランス	その他
59	フルシチョフ訪米			58 [第五共和政]	
1961	ケネディ（民）	60 ヨーロッパ自由貿易連合（EFTA）	61 ベルリンの壁建設される	59 ド＝ゴール大統領	
62	[キューバ危機]			62 アルジェリア独立	
1963	ジョンソン（民）				
64	公民権法			66 NATO の軍事機構から脱退（09 復帰）	67 ギリシア軍事クーデタ（75 民主制復帰）
65	ベトナム戦争介入				
1969	ニクソン（共）	69 北アイルランド紛争	69 ブラント（ドイツ社会民主党）「東方外交」	69 ド＝ゴール退陣	
69	アポロ 11 号月面着陸				
71	[ドル＝ショック]→変動相場制へ移行（73）		72 東西ドイツ基本条約	74 ポルトガル民主化	
73	ベトナム撤退	73 ヨーロッパ共同体（EC）加盟	73 東西ドイツ，国連同時加盟		
1974	フォード（共）				

---- 1975 第1回サミット（先進国首脳会議） ----

	アメリカ	イギリス	西ドイツ	フランス	その他
1977	カーター（民）	79 サッチャー（保守党）			75 フランコ死亡（スペイン）→王政復活，民主化
1981	レーガン（共）		82 コール（キリスト教民主同盟）	81 ミッテラン大統領（社会党）	
87	中距離核戦力（INF）全廃条約				
1989	ブッシュ（父）（共）				
89	マルタ会談（冷戦終結）		90 東西ドイツ統一		
91	[湾岸戦争]				
1993	クリントン（民）	97 ブレア（労働党）			
93	パレスチナ暫定自治協定	98 北アイルランド和平合意			
2001	ブッシュ（子）（共）				
01	[同時多発テロ]アフガニスタン攻撃				
03	[イラク戦争]				
2009	オバマ（民）（最初のアフリカ系大統領）	2020 ヨーロッパ連合（EU）から離脱			

数字は加盟年（73→1973年）

EU旗

▲ヨーロッパ連合（EU）の加盟国

ECの時からの加盟国
1995年の加盟国
2004年の加盟国
2007年の加盟国
2013年の加盟国

∷∷∷ 流れで覚える

◆ アメリカ合衆国では，トルーマン，アイゼンハワーに続いて1961年に民主党の ____1____ が大統領になった。彼は国内では ____2____ 政策を掲げ，非暴力主義の立場から差別の撤廃を求めた ____3____ らの黒人解放運動（____4____ 運動）にも理解を示したが，63年に暗殺された。後継の ____5____ 大統領は64年に ____4____ 法を制定したが，ベトナム戦争への介入を深め，世界的な反戦運動を引き起こした。共和党の ____6____ 大統領はベトナムからの撤退を決断し，チリの ____7____ 大統領の社会主義政権を打倒する軍部クーデタを支援したが，____8____ 事件を機に74年に辞任した。民主党の ____9____ 大統領は中東和平に貢献したが，弱腰な外交姿勢が批判され，81年，代わって共和党の ____10____ が大統領になり，「強いアメリカ」を唱えた。

◆ イギリスでは1945年に労働党の ____11____ 内閣が成立し，社会福祉制度の充実や，石炭などの重要産業国有化を実施した。その後，何度かの政権交代を経て，79年に最初の女性首相となった保守党の ____12____ は停滞したイギリス経済の回復を図った。

◆ フランスでは戦後，____13____ が成立したが，インドシナやアルジェリアの独立運動の激化で崩壊し，1958年に ____14____ が大統領の権限を強化した ____15____ を成立させた。彼は翌年に大統領となり，アルジェリアの独立を承認し，____16____ の承認や，____17____ の軍事機構からの脱退など，アメリカと距離を置く独自路線をとった。

◆ 西ドイツは初代首相の ____18____ のもとで急速な経済復興を進めた。69年にはドイツ社会民主党の ____19____ が首相となり，東側諸国との関係改善を図る ____20____ を展開した。72年の東西ドイツ基本条約を受けて，東西ドイツは翌年 ____21____ を果たした。90年には ____22____ 首相が東西ドイツの統一を実現した。

◆ 第二次世界大戦後，西欧諸国の間では，経済の連関や政治的な地域統合を進める運動が具体化した。1952年，____23____ （ECSC）がフランス・西ドイツ・イタリア・ベネルクス3国の6カ国で成立し，58年には ____24____ （EEC）と ____25____ （EURATOM）が発足した。さらに67年に3組織が統合して ____26____ （EC）が成立し，73年のイギリスなどの加盟以降，加盟国はヨーロッパ全体に拡大した（イギリスは2020年に離脱）。93年には統合をさらに進める ____27____ 条約が発効し，____26____ は ____28____ （EU）に改称され，99年には共通通貨の ____29____ が導入された。

12章

冷戦から現代の世界へ

第二次世界大戦後の欧米諸国②

 時代と場所をつかむ

●ソ連・東欧の動き

ソ連（1991以降はロシア連邦）	東欧諸国
スターリン 体制（1930年代～） 1947 コミンフォルム結成	1945 東欧各国に人民民主主義国家が成立 　　　（本来は非一党独裁型の社会主義 　　　　→後にソ連型の共産党一党独裁国家へ） 1948 チェコスロヴァキア＝クーデタ 　　　コミンフォルムからユーゴスラヴィアを除名
1949　コメコン（経済相互援助会議）の成立	
1949 原爆保有 1950 [中ソ友好同盟相互援助条約] 1953 [スターリンの死] 1954 原子力発電の実用化	1949 ドイツ民主共和国（東ドイツ）成立
1955　ワルシャワ条約機構の成立	
1956 ソ連共産党第20回大会 　　　→ フルシチョフ の [スターリン批判] 　　　　と平和共存政策，コミンフォルム解散 1957 大陸間弾道弾（ICBM）開発成功 　　　人工衛星打ち上げ成功 1959 フルシチョフ訪米 1962 [キューバ危機]→ソ連が譲歩 1964 フルシチョフ解任 　　　→ ブレジネフ が最高指導者に 1969 中ソ国境紛争 1979 ソ連，アフガニスタンへ軍事介入 1985 ゴルバチョフ が書記長に 1988 アフガニスタンから撤退開始 1989 [マルタ会談]（冷戦終結）	1956 ポーランド反政府反ソ暴動（ポズナニ暴動） 　　　ハンガリー反ソ暴動（ハンガリー事件） 1961 [ベルリンの壁] 建設 1965 ルーマニアの対ソ独自外交 1968 チェコスロヴァキアの民主化運動（「プラハ 　　　の春」）にソ連など5カ国が軍事介入 1972 東西ドイツ基本条約 1973 東西ドイツ，国連同時加盟 1980 ポーランドに自主管理労組「連帯」成立 1989 東欧革命（[東欧社会主義圏の消滅]） 　　　ベルリンの壁開放 1990 [東西ドイツの統一]
1991　コメコン・ワルシャワ条約機構の解消	
1991 独立国家共同体（CIS）が成立→[ソ連消滅] 　　　ロシア連邦大統領に エリツィン 1994 チェチェン紛争開始（チェチェン共和国のロ 　　　シアからの独立をめぐる内戦） 2000 ロシア連邦大統領に プーチン	1991 ユーゴスラヴィア内戦開始 ▼ユーゴスラヴィアの分裂 1991 スロヴェニア共和国 1991 クロアティア共和国 数字は独立を宣言した年 1992 ボスニア＝ヘルツェゴヴィナ共和国 セルビア共和国 2006 モンテネグロ 2008 コソヴォ共和国 1991 マケドニア共和国 ■カトリックの多い地域 □ギリシア正教の多い地域 ■イスラーム教の多い地域 1992 ボスニア＝ヘルツェゴヴィナが独立宣言 1993 チェコとスロヴァキアが分離 1998 コソヴォ自治州の分離・独立運動をセルビ 　　　アが弾圧→99 NATO軍，セルビア空爆 2006 セルビアとモンテネグロが分離 2008 セルビアからコソヴォ共和国が独立宣言

流れで覚える

◆ 1956年にソ連の ___1___ が発表した ___2___ **批判**と ___3___ **政策**は，他の社会主義国に大きな衝撃を与えた。東欧ではソ連の衛星国からの脱却をのぞむ声が高まり， ___4___ では労働者らが反政府反ソ暴動を起こしたが，政府が事態を収拾し，ソ連軍の介入は回避された。しかし， ___5___ で起こった反ソ暴動では，首相の**ナジ＝イムレ**が改革に理解を示し， ___6___ からの脱退などを声明したため，ソ連が軍事介入して弾圧した。1968年には，**チェコスロヴァキア**で「___7___」とよばれた自由化・民主化運動が**ドプチェク**の指導で進められた。しかし，当時のソ連の最高指導者だった ___8___ の判断で， ___6___ **軍**が軍事介入し，弾圧された。 ___4___ では1980年に ___9___ を指導者とする ___10___ が設立された。しかし，政府との対立を強め，翌年に非合法化された。

◆ ソ連では1985年に ___11___ が共産党書記長となり，保守化した政治と停滞した経済の打開を図る ___12___ （改革）を始めた。また ___13___ での事故を契機に ___14___ （情報公開）を進めた。一方，彼は東欧諸国に自主的な改革を容認したため，1989年，ポーランドでは合法化された ___10___ が新政権を樹立し，東ドイツではホネカー書記長が退陣し ___15___ が開放され，通行の自由化が実現した。これらの変革は ___16___ とよばれ，東欧の社会主義政権は打倒され，ルーマニアの ___17___ **大統領**の処刑に見られるように，従来の強権的な支配者は失脚した。翌90年には東ドイツが西ドイツに吸収されて ___18___ が実現し，91年には**コメコン**と ___6___ が解体された。

◆ 1991年，ソ連では複数政党制や市場経済への移行を進めたゴルバチョフの改革に反対して ___19___ が起きたが失敗し，これに関与したとして ___20___ の解散が宣言された。しかし，東欧革命の影響からソ連の支配下にあった ___21___ が独立を回復するなど，国家の解体が急速に進み，同年12月，ソ連を構成していた11共和国により ___22___ が成立し，ソ連は消滅した。

◆ **ユーゴスラヴィア**では，第二次世界大戦中にパルチザンを指導しドイツを自力で追放した ___23___ らが，大戦後，社会主義国家を成立させ，非同盟主義の採用など，ソ連とは距離をとる独自路線を進めた。しかし，1980年の ___23___ の死後，連邦を構成した民族間の関係が悪化し，1991年以降，**クロアティア**やスロヴェニアなどが独立を宣言すると，反対した**セルビア**などとの間で ___24___ が発生し，結果的に連邦国家は解体した。

重要用語チェック

1 フルシチョフ
2 スターリン批判
3 平和共存政策
4 ポーランド
5 ハンガリー
6 ワルシャワ条約機構
7 プラハの春
8 ブレジネフ
9 ワレサ
10 ポーランド自主管理労組「連帯」
11 ゴルバチョフ
12 ペレストロイカ
13 チョルノービリ（チェルノブイリ）原子力発電所
14 グラスノスチ
15 ベルリンの壁
16 東欧革命
17 チャウシェスク大統領
18 ドイツ統一
19 保守派クーデタ（反ゴルバチョフ＝クーデタ）
20 ソ連共産党
21 バルト3国（エストニア・ラトヴィア・リトアニア）
22 独立国家共同体（CIS）
23 ティトー
24 ユーゴスラヴィア内戦

12章 冷戦から現代の世界へ

時代と場所をつかむ

●中東戦争

$$[アラブ(諸国)連盟] \xrightarrow{支援} アラブ人(パレスチナ人) \rightarrow\leftarrow ユダヤ人([イスラエル]建国) \xleftarrow{支援} 米・英・仏$$

パレスチナ

[アラブ(諸国)連盟]（1945年結成）

第1次 (1948〜49)	原因	[パレスチナ分割案] (図①) に基づきユダヤ人が**イスラエル**を建国
	結果	アラブ側大敗, イスラエルが領土拡大 (図②), [パレスチナ難民] の発生
第2次 (1956〜57)	原因	[ナセル] (エジプト)の [スエズ運河] **国有化宣言**
	結果	**英・仏・イスラエル**がエジプトに侵攻→国連の停戦決議で撤退
第3次 (1967)	原因	エジプト・シリアによるイスラエルへの圧力強化
	結果	イスラエルがパレスチナの [ガザ地区]・[ヨルダン川西岸] エジプトの [シナイ半島], シリアの [ゴラン高原] を占領 (図③)
第4次 (1973)	原因	エジプト・シリアがイスラエル占領地の奪還をめざして先制攻撃
	結果	[アラブ石油輸出国機構 (OAPEC)] が親イスラエル国家に対する**石油戦略**を発動 ([(第1次)石油危機] の契機) →アラブ側有利の停戦

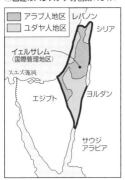

①国連のパレスチナ分割案(1947)

アラブ人地区
ユダヤ人地区
レバノン
シリア
イェルサレム (国際管理地区)
スエズ運河
エジプト
ヨルダン
サウジアラビア

②第1次中東戦争後のイスラエル(1949)

レバノン
シリア
ヨルダン川西岸地区
ガザ地区
スエズ運河
エジプト
ヨルダン
サウジアラビア
□イスラエルの領域

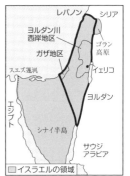

③第3次中東戦争後のイスラエル(1967)

レバノン
シリア
ヨルダン川西岸地区
ゴラン高原
ガザ地区
スエズ運河
イェリコ
エジプト
ヨルダン
シナイ半島
サウジアラビア
□イスラエルの領域

●第4次中東戦争 (1973) 後のパレスチナ情勢

1979	[エジプト＝イスラエル平和条約]…エジプトはイスラエルを承認　イスラエルはエジプトに [シナイ半島] を返還
1981	エジプト大統領 [サダト] 暗殺 (和平反対の**ムスリム同胞団**)→ムバラク政権へ
1987〜	[インティファーダ] (イスラエル占領下でのパレスチナ人による投石などの抗議運動)→イスラエルは武力で弾圧 (死者多数)
1991	**中東和平会議**…イスラエルと周辺のアラブ諸国・PLO が初めて集結
1993	[パレスチナ暫定自治協定 (オスロ合意)]…イスラエルと PLO が相互承認→[ガザ地区] とヨルダン川西岸の**イェリコ**でパレスチナ人による自治開始
1995	イスラエル首相 [ラビン] が和平反対者により暗殺→**ネタニヤフ**政権へ (和平の停滞)

流れで覚える

◆ パレスチナではナチスの迫害によりユダヤ人の移住が増加すると，先住のアラブ人との対立が激化した。イギリスの委任統治が終了すると，国連の<u>パレスチナ分割案</u>を受けユダヤ人はイスラエルの建国を宣言した。これを認めない　1　は　2　を引き起こしたが，米・英の支援を受けたイスラエルが勝利し，多数のパレスチナ難民が発生した。56年には　3　宣言を機に　4　が勃発したが，イスラエル・英・仏は世論の反発などで撤退した。64年には難民を中心に　5　が結成され，後に　6　が議長に就任した。67年の　7　ではイスラエルがパレスチナの<u>ヨルダン川西岸・ガザ地区</u>，シリアの　8　，エジプトの　9　などを占領した。73年に起こった　10　では　11　が石油戦略を発動し　12　が発生した。93年にイスラエルと　5　の間で<u>パレスチナ暫定自治協定</u>（オスロ合意）が成立したが，テロが横行するなど和平への動きは停滞している。

◆ イランでは首相で民族主義者の　13　が石油国有化を宣言しイギリス系石油会社を接収してイギリスとの関係を悪化させると，クーデタで　13　は失脚した。その後　14　朝の第２代王　15　が親米政策を推進し，上からの近代化政策を展開したが，貧富の差が大幅に拡大した。79年，シーア派指導者の　16　らによる　17　で　15　は亡命し，新たに<u>イラン＝イスラーム共和国</u>が成立した。新国家はアメリカ大使館員人質事件を起こすなどアメリカとの関係を悪化させ，また　18　を引き起こした。

◆ イラクは1958年の革命で王政が廃止され，　19　を脱退し西側陣営から離脱した。79年に大統領に就いた　20　は　17　に乗じて　21　を起こし，アメリカの支援を受けて軍事大国化を進めたが，90年の　22　侵攻を機に起こった　23　に敗れ，2003年の米軍のイラク攻撃の結果，処刑された。

◆ アフガニスタンでは，89年にソ連が撤退すると，武装勢力による内戦に突入し，96年にはイスラーム（原理）主義勢力の　24　が政権を樹立した。2001年に同時多発テロ事件が起こると，米は「<u>対テロ戦争</u>」を宣言し，実行犯である<u>ビン＝ラーディン</u>率いる武装組織　25　を匿っているとして　24　政権を打倒した。しかし21年にアメリカ軍が撤退すると，　24　政権が復活した。

◆ 現在のトルコ・シリア・イラン・イラクにまたがる地域に居住し，人口が約３千万人とされる　26　人は，第一次世界大戦後に独立が承認されたが，結局は実現されず，彼らによる独立運動は各国で厳しい弾圧を受けている。

1 アラブ（諸国）連盟
2 第１次中東戦争
　（パレスチナ戦争）
3 スエズ運河国有化
　宣言
4 第２次中東戦争
　（スエズ戦争）
5 パレスチナ解放機構
　（PLO）
6 アラファト
7 第３次中東戦争
8 ゴラン高原
9 シナイ半島
10 第４次中東戦争
11 アラブ石油輸出国
　機構（OAPEC）
12 第１次石油危機
　（オイルショック）

13 モサッデグ（モサデグ）
14 パフレヴィー朝
15 パフレヴィー２世
16 ホメイニ
17 イラン＝イスラーム
　革命（イラン革命）
18 第２次石油危機

19 バグダード条約機構
　（中東条約機構，
　METO）
20 サダム＝フセイン
21 イラン＝イラク戦争
22 クウェート侵攻
23 湾岸戦争

24 ターリバーン
25 アル＝カーイダ

26 クルド

▲パレスチナ暫定自治協定の調印

時代と場所をつかむ

●アフリカ諸国の独立とおもな動乱・紛争

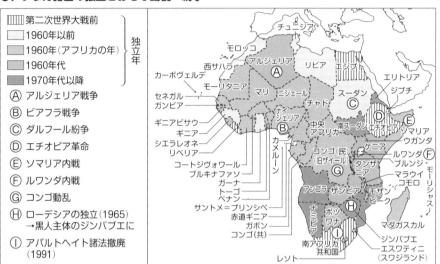

凡例	
▨ 第二次世界大戦前	
□ 1960年以前	
▨ 1960年（アフリカの年）	独立年
▨ 1960年代	
▨ 1970年代以降	

- Ⓐ アルジェリア戦争
- Ⓑ ビアフラ戦争
- Ⓒ ダルフール紛争
- Ⓓ エチオピア革命
- Ⓔ ソマリア内戦
- Ⓕ ルワンダ内戦
- Ⓖ コンゴ動乱
- Ⓗ ローデシアの独立（1965）
  →黒人主体のジンバブエに
- Ⓘ アパルトヘイト諸法撤廃
  （1991）

●第二次世界大戦後のアフリカにおけるおもな動乱・紛争

アルジェリア	［アルジェリア戦争］（1954〜62） …民族解放戦線（FLN）を中心とするフランスからの独立戦争 （フランスでは［第四共和政］が崩壊） →フランスの［ド＝ゴール］政権が独立を承認（エヴィアン協定）
コンゴ	［コンゴ動乱］（1960〜65） …［ベルギー］からの独立直後のコンゴでカタンガ州の分離独立問題 →首相［ルムンバ］が暗殺
ナイジェリア	［ナイジェリア内戦（ビアフラ戦争）］（1967〜70） …イボ人によるビアフラ共和国の独立宣言に対し政府が弾圧
エチオピア	［エチオピア革命］（1974）…皇帝ハイレ＝セラシエの専制に軍部が蜂起 →皇帝を退位させ，社会主義政権を樹立（91年に崩壊）
ソマリア	［ソマリア内戦］（1988〜）…各地の武装勢力による内戦 →国連の介入も成果なく無政府状態が続いたが，2012年に統一政府樹立
ルワンダ	［ルワンダ内戦］（1990〜94）…フツ人とツチ人の部族対立（無差別虐殺横行）
南アフリカ共和国	有色人種に対する人種隔離政策［アパルトヘイト］を実施 →アフリカ民族会議（ANC）の抵抗，先進諸国の経済制裁 →アパルトヘイト諸法を全廃（1991，デクラーク大統領） →黒人大統領［マンデラ］が就任（1994）
スーダン	ダルフール紛争…アラブ系・非アラブ系が対立

∷ 流れで覚える

◆　アフリカでは1951年に［　**1**　］，56年には**スーダン・モロッコ・**［　**2**　］が独立した。57年に［　**3**　］が［　**4**　］を指導者にイギリスから独立し，サハラ以南最初の自主独立の黒人国家となった。翌年には［　**5**　］がセク＝トゥーレの指導でフランスから独立した。60年には17カ国が独立し（「**アフリカの年**」），63年にはアフリカ諸国の連帯を図る［　**6**　］が設立された。この［　**6**　］は，2002年，EUをモデルにアフリカの政治・経済統合の推進を目指す［　**7**　］に発展している。

◆　エジプトでは王の腐敗政治に対して［　**8**　］によるエジプト革命が勃発し，1953年には［　**9**　］を大統領とするエジプト共和国が成立した。続く［　**10**　］大統領は対外的に東側陣営に接近した。米・英が［　**11**　］の建設費援助を拒否すると［　**10**　］はソ連の支持を得て56年にスエズ運河国有化宣言を発した。これを契機とする第2次中東戦争ではイスラエル・英・仏を撤退させたが，67年の第3次中東戦争ではシナイ半島などを失った。70年に大統領に就任した［　**12**　］は73年の第4次中東戦争の後，79年に［　**13**　］を締結させシナイ半島の返還を実現したが，和平に反対するイスラーム原理主義者（ムスリム同胞団）に暗殺された。

◆　多くの国が欧米列強の植民地支配を受けたアフリカでは，列強の都合で国境線が引かれたため，独立達成後に内包していた民族問題から内戦に至る国が相次いだ。［　**14**　］は1960年に**ベルギー**からの独立を達成したが，希少鉱物を産する**カタンガ州**を確保したいベルギーが支援して同州の分離独立運動が発生した（［　**14**　］動乱）。［　**15**　］は1960年に独立したが，67年に東部のイボ人が「ビアフラ共和国」として独立を宣言すると，政府との内戦が勃発した。旧イギリス領と旧イタリア領が合併して成立した［　**16**　］でも武装勢力による内戦から無政府状態が長く続いた。アフリカ中部の［　**17**　］ではフツ人とツチ人の対立から無差別虐殺が横行した。また［　**18**　］では，アラブ系住民と非アラブ系住民の対立からダルフール紛争が発生した。このような混乱を治めるために強力な独裁者が多くの国で誕生した。しかし長期独裁による政治腐敗，人口の急増などからくる貧困などは独裁者への不満を高揚させた。2010年，チュニジアで反体制運動（ジャスミン革命）が起こると，この運動は周辺各地に飛び火し，エジプトでは［　**19**　］**大統領**が退陣し，リビアでは［　**20**　］の軍事政権が崩壊した。中東の［　**21**　］ではアサド政権に対する激しい内戦が起こった。このような一連の運動を「［　**22**　］」とよぶ。

1　リビア

2　チュニジア

3　ガーナ

4　ンクルマ
　（エンクルマ）

5　ギニア

6　アフリカ統一機構
　（OAU）

7　アフリカ連合（AU）

8　自由将校団

9　ナギブ

10　ナセル

11　アスワン＝ハイダム

12　サダト

13　エジプト＝イスラエル平和条約

14　コンゴ

15　ナイジェリア

16　ソマリア

17　ルワンダ

18　スーダン

19　ムバラク大統領

20　カダフィ

21　シリア

22　アラブの春

▲ナセル

時代と場所をつかむ

●第二次世界大戦後のインド・パキスタン

[インド連邦](ヒンドゥー教徒主体)・[パキスタン](イスラーム教徒主体)に分離独立(1947)
→[カシミール地方]の帰属問題(藩王はヒンドゥー教徒,住民の多数はイスラーム教徒)で対立
→第1次インド=パキスタン(印パ)戦争(1947～49,国連の仲介で停戦,カシミール地方は分割)

●インド共和国の首相

[ネルー] (任1947～64)	新憲法を発布(1950)→インド連邦からインド共和国へ **非同盟政策**を推進→[平和五原則]を発表(1954) [アジア=アフリカ会議]に参加(1955) **チベット反乱**(1959)→[ダライ=ラマ14世]がインドへ亡命 →[中印国境紛争](～62)
シャストリ (任1964～66)	**第2次インド=パキスタン(印パ)戦争**(1965) →国連の仲介で停戦
[インディラ=ガンディー] (任1966～77,80～84)	**第3次インド=パキスタン(印パ)戦争**(1971) →東パキスタンが[バングラデシュ]として独立 [パンジャーブ]地方の分離独立を求める**シク教徒を弾圧** →シク教徒の過激派により暗殺
[ラジブ=ガンディー] (任1984～89)	スリランカでの**シンハラ人**と**タミル人**の民族問題に介入 →タミル人により暗殺

●ベトナムの情勢

日本の敗戦→[ベトナム民主共和国]の独立宣言(1945)(初代大統領に[ホー=チ=ミン])

―――― [インドシナ戦争](1946～54) ――――

ベトナム民主共和国 (ソ連・中国が支援)	←対立→	[ベトナム国](主席は[バオダイ]) (旧宗主国[フランス]が樹立(1949))

[ジュネーヴ休戦協定](1954)…[北緯17度線]が暫定軍事境界線

北	ベトナム民主共和国
南	[ベトナム共和国](1955)→**アメリカの支援**を受けた[ゴ=ディン=ジエム]がバオダイを追放して樹立 [南ベトナム解放民族戦線](1960)→ジエム政権の打倒,南北統一をめざしゲリラ活動

―――― [ベトナム戦争](1965～75) ――――

ベトナム民主共和国 南ベトナム解放民族戦線 (ソ連・中国が支援)	←対立→	ベトナム共和国 (アメリカが支援)

▶アメリカが[北ベトナム爆撃(北爆)]を開始(1965)([ジョンソン]大統領)
▶**ベトナム(パリ)和平協定**→アメリカ軍の撤退(1973)([ニクソン]大統領)
▶ベトナム共和国の首都[サイゴン]陥落(1975)→ベトナム戦争の終結

[ベトナム社会主義共和国](1976) 首都ハノイ→親中国の
[ポル=ポト]政権打倒に反発した中国を撃退(1979,**中越戦争**)

◆　インドでは**ガンディー**らヒンドゥー教徒主体の[1]は統一インドでのイギリスからの独立を主張したが，[2]指導のイスラーム教徒主体の[3]はパキスタンの分離独立を主張した。結局1947年に分離独立し，直後に両国間で[4]の帰属問題から[5]が勃発（ぼっぱつ）した。ガンディーはその後も両教徒の和解に努めたが，反発した狂信的ヒンドゥー教徒に暗殺された。

◆　インドは1950年の憲法でインド共和国となった初代首相[6]は54年に中国の[7]と[8]を提唱し，55年の[9]を指導するなど，東西いずれの陣営にも属さない[10]の中心的役割を果たした。しかし59年には，**チベット反乱**による[11]の亡命が原因で[12]が発生した。[6]の死後，再びカシミール地方をめぐる紛争が勃発した。[6]の娘で首相に就いた[13]は71年に東パキスタンの独立運動を支援して[14]を開始し，東パキスタンは[15]として独立を達成した。[13]はパンジャーブ地方の分離独立を求めるシク教徒により暗殺され，息子のラジブ＝ガンディーが首相に就任した。

◆　ベトナムでは，日本の敗戦を機に[16]を率いた[17]が[18]の独立を宣言したが，旧支配国のフランスがこれを認めず**インドシナ戦争**が勃発（ぼっぱつ）した。フランスは南部に[19]を主席とする[20]を樹立して対抗したが，[21]での戦いに敗れた。1954年に調印された**ジュネーヴ休戦協定**では，フランスの撤退と[22]を境とするベトナムの南北分断が決定された。

◆　フランス撤退後，ベトナムへの介入を始めたアメリカの支援を受けた[23]は，[19]を追放して[24]を樹立した。[24]では[23]の独裁から1960年に[25]が結成され，ベトナム民主共和国の支援を受けてゲリラ活動を展開した。この動きに対抗してアメリカは64年の**トンキン湾事件**を機に翌年から[18]への爆撃（北爆）を開始し，**ベトナム戦争**が始まった。ベトナム戦争は[18]や[25]が展開するゲリラ戦からしだいに泥沼化し，アメリカは軍事費の増大と国内での反戦運動の高揚（こうよう）などから，73年[26]に調印し撤退した。75年には[24]の首都[27]が陥落して，翌年ベトナムは**ハノイ**を首都とする[28]に統一された。統一後のベトナムは，ソ連の支援を受けて経済を再建し，86年からは「[29]」とよばれる改革開放政策を推進し，95年には地域協力機構である[30]への加盟も実現した。

1　国民会議派
2　ジンナー
3　全インド＝ムスリム連盟
4　カシミール地方
5　第1次インド＝パキスタン（印パ）戦争

6　ネルー
7　周恩来（しゅうおんらい）
8　平和五原則
9　アジア＝アフリカ会議（バンドン会議）
10　第三勢力
11　ダライ＝ラマ14世
12　中印国境紛争
13　インディラ＝ガンディー
14　第3次インド＝パキスタン（印パ）戦争
15　バングラデシュ

16　ベトナム独立同盟会（ベトミン）
17　ホー＝チ＝ミン
18　ベトナム民主共和国
19　バオダイ
20　ベトナム国
21　ディエンビエンフー
22　北緯17度線

23　ゴ＝ディン＝ジエム
24　ベトナム共和国
25　南ベト・ナム解放民族戦線
26　ベトナム（パリ）和平協定
27　サイゴン
28　ベトナム社会主義共和国
29　ドイモイ（刷新）
30　東南アジア諸国連合（ASEAN）

時代と場所をつかむ

● ASEAN の拡大と各地の民主化の動き

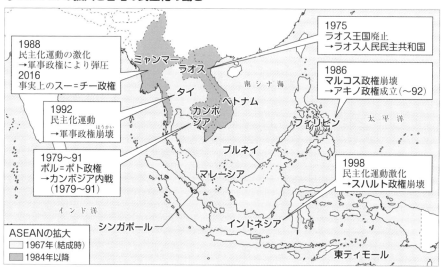

1988
民主化運動の激化
→軍事政権により弾圧
2016
事実上のスー＝チー政権

1992
民主化運動
→軍事政権崩壊

1979〜91
ポル＝ポト政権
→カンボジア内戦
（1979〜91）

1975
ラオス王国廃止
→ラオス人民民主共和国

1986
マルコス政権崩壊
→アキノ政権成立（〜92）

1998
民主化運動激化
→スハルト政権崩壊

ミャンマー　ラオス　南シナ海　タイ　ベトナム　カンボジア　フィリピン　太平洋　ブルネイ　マレーシア　インド洋　シンガポール　インドネシア　東ティモール

ASEANの拡大
□ 1967年（結成時）
■ 1984年以降

●東南アジア諸国の情勢

インドネシア	1949	旧宗主国［オランダ］との闘争を経て独立承認（初代大統領［スカルノ］）
	1955	［アジア・アフリカ会議］…［バンドン］で開催，［平和十原則］
	1965	［九・三〇事件］（スカルノ失脚）→［スハルト］の**開発独裁**
	1997	［アジア通貨危機］→民主化運動でスハルト政権崩壊（1998）
フィリピン	1946	［アメリカ］より独立→［東南アジア条約機構（SEATO）］に参加
	1965	［マルコス］政権の成立→親米，独裁体制
	1986	**コラソン＝アキノ**政権→民主化の進展
ミャンマー	1948	［イギリス］より独立→1980年代から軍事独裁政権に対する［スー＝チー］中心の民主化運動
	2016	事実上のスー＝チー政権成立→軍事クーデタ（2021）でスー＝チー拘束
タイ	1948	**ピブン政権**→［東南アジア条約機構（SEATO）］に参加
マレーシア	1957	［マラヤ連邦］として独立
	1963	シンガポール・北ボルネオを加えて［マレーシア連邦］へ
	1981	**マハティール政権**→「ルックイースト」政策（日本をモデル）
シンガポール	1965	［マレーシア連邦］から分離独立（**マレー人優遇政策に反発**）→初代首相**リー＝クアンユー**（経済発展を実現）
東ティモール	1975	［ポルトガル］から独立宣言→隣国［インドネシア］が併合（2002独立）
カンボジア	1953	［フランス］より独立（［シハヌーク］が国家元首）
	1976	［ポル＝ポト］政権→［民主カンプチア（民主カンボジア）］樹立→極端な社会主義政策，大量虐殺を強行
	1978	**ベトナム軍のカンボジア侵攻**→カンボジア内戦（1979〜91）

重要用語チェック

◆ 　第二次世界大戦後の東南アジアでは，経済発展のために強権的支配の下（もと）で工業化を推進する　1　という体制が多く見られた。

◆ 　マラヤ連邦に　2　・北ボルネオを加えて成立したマレーシアでは，日本に学ぶ「ルックイースト」を進めた　3　が強権的手法で他政党を抑圧し，工業化を推進した。またマレー人優遇策に反発した中国系住民がマレーシアから独立して成立した　2　でも，首相　4　が　1　体制をとって経済成長を果たした。

◆ 　5　から独立したフィリピンでは，　6　大統領による　1　が展開された。しかし独裁体制下での官僚の腐敗，大統領夫妻の豪華な生活などに国民の不満は高まった。1986年の大統領選挙では，フィリピンの民主化を提唱したため暗殺されたベニグノ＝アキノの妻コラソン＝アキノが大統領に当選した。

◆ 　7　から独立したミャンマーでは，民主化を求める運動により長期にわたった社会主義政権が88年に崩壊した。しかし軍部は運動を弾圧し，運動の指導者　8　は自宅軟禁となった。国際的批判が高まる中，ようやく2016年に事実上の　8　政権が成立したが，21年の軍部クーデタで　8　は拘束された。軍部は反対勢力や隣国バングラデシュとの国境地帯に暮らすムスリムの少数民族　9　への抑圧を強めている。

◆ 　カンボジアは，戦後　10　を国王に　11　から独立した。しかし，クーデタで親米政権が樹立されると，　10　派や赤色クメールを率いる　12　派を中心に親米政権との内戦が始まった。75年に解放勢力が勝利して　13　が成立すると，　12　は極端な社会主義政策を実施した。国境紛争や難民流入などからベトナムがカンボジアに侵攻し，79年に　14　を首班にカンボジア人民共和国を成立させた。　10　や　12　の反発で再び内戦に突入し，93年に国連カンボジア暫定行政機構（UNTAC）監視下に総選挙が実施され　10　を国王とするカンボジア王国が成立した。

◆ 　インドネシアでは日本の敗戦を機に　15　が独立を宣言し，これを認めない旧支配国　16　との戦争を経て独立が承認された。　15　は55年に　17　を開催するなど非同盟政策を推進し，第三勢力の指導的役割を果たした。しかし65年の　18　で　15　が失脚すると親米軍人の　19　が実権を掌（あく）握した。　19　は経済発展を推進するかたわら，76年にはポルトガルより独立を宣言した　20　を併合するなど強権政治を展開した。民主化を要求した大規模なデモで98年に　19　が大統領を辞任すると，　20　も2002年に独立を達成した。

1 開発独裁

2 シンガポール

3 マハティール

4 リー＝クアンユー

5 アメリカ

6 マルコス

12章

冷戦から現代の世界へ

7 イギリス

8 スー＝チー

9 ロヒンギャ

10 シハヌーク

11 フランス

12 ポル＝ポト

13 民主カンプチア
　（民主カンボジア）

14 ヘン＝サムリン

15 スカルノ

16 オランダ

17 アジア＝アフリカ会
　議（バンドン会議）

18 九・三〇事件

19 スハルト

20 東ティモール

時代と場所をつかむ

●中華人民共和国の展開（～1960年代）

◆…対外的な動き

年	出来事・政策
1949	中華人民共和国の成立…国家主席［毛沢東］，首相［周恩来］
1950	［土地改革法］…地主から土地を没収→農民へ分配 ◆［中ソ友好同盟相互援助条約］→東側陣営に参加 ◆［朝鮮戦争］が勃発→北朝鮮を支援（人民義勇軍を派遣）
1953	［第1次五カ年計画］…農業の集団化，重工業の発展→ソ連の支援で達成
1956	◆フルシチョフの［スターリン批判］→中国が反発し，［中ソ対立］へ
1958	［第2次五カ年計画］…「［大躍進］」を掲げる，［人民公社］の設立 →ソ連の支援停止などで失敗→毛沢東は国家主席を辞任（1959） →国家主席に［劉少奇］就任→［鄧小平］とともに［調整政策］へ
1959	◆［チベット反乱］→［ダライ＝ラマ14世］がインドへ亡命→中印国境紛争へ（～62）
1969	◆中ソ国境紛争…ダマンスキー島（珍宝島）での武力衝突

●プロレタリア文化大革命（1966～77）…毛沢東による劉少奇・鄧小平らからの権力奪回闘争

毛沢東を支持する［紅衛兵］（学生組織）が「造反有理」を掲げて権力奪回闘争を開始 →劉少奇・鄧小平が［実権派（走資派）］とされ失脚，毛沢東・［林彪］ら文革派が権力を握る
林彪事件（1971）（毛沢東暗殺計画が露呈）→逃亡途中に航空機の墜落死（文革派の弱体化）
周恩来の台頭（鄧小平を副首相に）→［江青］ら四人組が批判（「批林批孔運動」）→文化大革命の継続
周恩来の死（1976）→［華国鋒］が首相に就任，天安門事件（第1次）で鄧小平が失脚
毛沢東の死（1976）→華国鋒が四人組を逮捕（文化大革命の終焉），鄧小平が復活

●戦後の朝鮮半島

大韓民国	朝鮮民主主義 人民共和国	出来事
［李承晩］（任1948～60）	［金日成］ （任1948～94） 主体（チュチェ）思想 を展開（70年代初～） →個人崇拝を強化	［朝鮮戦争］ （1950～53） →南北朝鮮の分断が 確定
［朴正煕］（任1963～79） 　［日韓基本条約］（1965）…日本との国交回復 　［開発独裁］による高い経済成長		
全斗煥（任1980～88） 　［光州事件］（民主化要求運動を鎮圧）後に就任		
盧泰愚（任1988～93）…直接選挙により選出		南北朝鮮，国連に同時 加盟（1991）
金泳三（任1993～98）…32年ぶりの文民政権		
［金大中］（任1998～2003） 　太陽政策…北朝鮮への宥和政策	［金正日］ （任1994～2011） 核開発→核拡散防止 条約を脱退（2005）	南北首脳会談 （2000）
盧武鉉（任2003～08）…太陽政策を継承		

∴ 流れで覚える

◆ 中国では日本敗戦後, 国民党と共産党の内戦が再開された。当初 [1] の国民党が優勢だったが, 政治腐敗などで [2] の共産党が支持を拡大し, [3] (共産党軍)が攻勢に転じた。1949年10月, 北京で国家主席を [2], 首相を [4] とする [5] が成立した。敗れた [1] は台湾に逃れた。

◆ 中華人民共和国は対外的には50年に [6] を結んで東側陣営に参加し, [7] では北朝鮮を支援して義勇軍を派遣した。国内では銀行や貿易を国有化し, [8] を実施して地主の土地を没収した。53年からは [9] に着手し, 農業の集団化と重工業を発展させた。しかし58年に [10] を掲げて開始された [11] では, 各地に生産と行政組織が一体化した [12] を設立したが, ソ連の援助停止や自然災害などから失敗し, 毛沢東は辞任した。代わって国家主席に就任した [13] は, 調整政策をとり, 集団化の縮小や個人の利益復活などで経済復興に努めた。

◆ 国家主席を辞任した毛沢東は, 学生組織である [14] を動員して劉少奇や党総書記の [15] らを実権派とよび, 彼らに対する奪権闘争を始めた。これが [16] である。[16] は国防部長の [17] が指導し, 劉少奇や [15] を失脚させた。しかし毛沢東と対立した [17] が71年に事故死すると, 毛沢東夫人の江青ら [18] が台頭し権力をふるった。その後, 76年に毛沢東が死去すると [19] が [18] を一斉逮捕し [16] を終結させた。

◆ [16] 後の中国では, 鄧小平を中心に党総書記の [20], 首相の [21] らが農業・工業・国防・科学技術の四つの現代化を目標に改革・開放政策を推進した。これにより人民公社が解体されて生産責任制に移行し, また経済特区を設置するなど [22] が進展した。民衆が民主化を求めた89年の [23] (第2次)を弾圧し, 現在も共産党の独裁体制が維持されている。97年には香港, 99年にはマカオが返還され, 一国二制度をとっている。

◆ 朝鮮半島では [24] を境に北をソ連, 南をアメリカが占領し, 48年に李承晩を大統領に [25], 金日成を首相に [26] が成立した。50年に勃発した朝鮮戦争は53年に休戦が成立し, 南北朝鮮の分断が確定した。[25] では [27] 大統領が日本と65年に [28] を結んで国交を回復させると, 日・米などの支援で経済発展を進めた。[27] の暗殺後, 軍人出身の全斗煥や盧泰愚が大統領となり, 91年には南北朝鮮が国連に同時加盟した。98年には民主化運動の指導者 [29] が大統領となり, 2000年には [26] の [30] との間で南北首脳会談が実現した。

重要用語チェック

1 蒋介石（しょうかいせき）
2 毛沢東
3 人民解放軍
4 周恩来
5 中華人民共和国

6 中ソ友好同盟相互援助条約
7 朝鮮戦争
8 土地改革（法）
9 第1次五カ年計画
10 大躍進
11 第2次五カ年計画
12 人民公社
13 劉少奇

14 紅衛兵
15 鄧小平
16 プロレタリア文化大革命
17 林彪
18 四人組
19 華国鋒

20 胡耀邦（こようほう）
21 趙紫陽（ちょうしよう）
22 社会主義市場経済
23 天安門事件

24 北緯38度線
25 大韓民国
26 朝鮮民主主義人民共和国
27 朴正熙
28 日韓基本条約
29 金大中
30 金正日

12章 冷戦から現代の世界へ

173

時代と場所をつかむ

●地域統合（2023現在）と BRICS

［ヨーロッパ連合（EU）］（1993）	マーストリヒト条約（1992）により［EC（ヨーロッパ共同体）］に代わり発足。現在27カ国が加盟（p.160地図参照）
［北米自由貿易協定（NAFTA）］（1992）	アメリカ・カナダ・メキシコ3国で調印（94発効）→ USMCA（アメリカ・メキシコ・カナダ協定）に発展（2020）
［アジア太平洋経済協力会議（APEC）］（1989）	オーストラリア・日本・アメリカ・カナダ・ニュージーランド・韓国と ASEAN 6カ国（インドネシア・マレーシア・フィリピン・シンガポール・タイ・ブルネイ）の12カ国で成立。現在21の国家・地域が加盟
［アフリカ連合（AU）］（2002）	［アフリカ統一機構（OAU）］（1963成立）が発展・改組されて発足。アフリカ版の EU をめざす。現在54カ国と西サハラが加盟
［東南アジア諸国連合（ASEAN）］（1967）	インドネシア・マレーシア・フィリピン・シンガポール・タイにより設立。当初は反共軍事同盟の性格が強かったが，ベトナム戦争後は政治・経済面での地域協力機構に移行。現在は東南アジア10カ国が加盟→東ティモール（2002独立）は2024年加盟予定
［BRICS］	21世紀以降，高い経済成長を続ける［ブラジル］・［ロシア］・［インド］・［中国］・［南アフリカ］の5カ国の総称

●現代の文化（思想・芸術は右側参照）

科学技術	・［アインシュタイン］の相対性理論，ハイゼンベルクらの［量子力学］ ・［人工衛星］（1957，ソ連のスプートニク1号が初） 　アメリカの［アポロ11号］が初めて月面着陸（1969） ・［生命工学］（バイオテクノロジー）…クローン技術（1990年代に現実化），ヒトゲノム（人間の遺伝子情報）の解析成功（2003） ・［情報技術（IT）革命］…パソコンやインターネット，携帯電話の普及 ・［人工知能（AI）］の進展（2010年代〜）
文学	・ロマン＝ロラン（仏）…『ジャン＝クリストフ』 ・トマス＝マン（独）…『魔の山』ナチス政権に反対し，アメリカに亡命
歴史	・シュペングラー（独）…『西欧の没落』第一次世界大戦後の欧州社会に衝撃を与える ・ブローデル（仏）…『地中海』アナール学派の中心 ・サイード（米）…『オリエンタリズム』ポスト＝コロニアル研究
社会学	・［マックス＝ヴェーバー］（独）…『プロテスタンティズムの倫理と資本主義の精神』
人類学	・レヴィ＝ストロース（仏）…『悲しき熱帯』構造主義の祖

●アインシュタイン
ドイツ出身のユダヤ系理論物理学者。1933年のナチ党の政権獲得後にアメリカへ亡命し，フランクリン＝ローズヴェルト大統領に核開発を説く書簡を送った。第二次世界大戦後は核兵器廃絶を訴える平和運動を進めた（1955，**ラッセル＝アインシュタイン宣言**）。

∴ ∷ 流れで覚える

重要用語チェック

◆ 冷戦終結後，唯一の超大国となったアメリカ合衆国の影響力が強まるなか，2001年にイスラーム武装組織アル＝カーイダが　1　をアメリカで起こした。　2　大統領は「対テロ戦争」を宣言してイスラーム急進派のテロの指導者らをかくまったアフガニスタンの　3　政権を攻撃した（21年に再び政権掌握）。

◆ 冷戦終結後も世界各地で頻発した地域紛争（p.164など参照）の平和的解決や治安維持を目的とする　4　（PKO）は冷戦期の約3倍に増加し，国連や非営利団体である　5　（NGO）などによる国際的な協力関係がこれまで以上に求められている。

◆ 20世紀後半には，南半球に多い開発途上国と北半球に多い先進国の経済格差が広がる　6　が浮き彫りとなり，格差解消のため1964年以降，　7　が開催されている。さらに，工業化や人・モノ・金を通じた　8　が進展する中で地球規模の環境や気候変動，エネルギー，貧困などの諸問題が浮き彫りとなった。フロンや二酸化炭素などの温室効果ガスの増加は成層圏の　9　の破壊や　10　の原因とされ，　10　は砂漠化や海面上昇，森林の減少をまねいた。1972年にスウェーデンのストックホルムで行われた　11　会議は環境をテーマとした最初の会議となり，92年にはブラジルのリオデジャネイロで　12　会議（地球サミット）が開かれ，「持続可能な開発」が提唱された。1997年には国別に温室効果ガス削減の数値目標などを定める　13　が採択され，2015年の　14　では参加国が削減目標を5年ごとに更新する新たな枠組みがつくられた。

◆ 1970年代の　15　による原油価格の高騰でエネルギー源を安価な原子力へ移行する傾向が強まったが，1986年のソ連（現ウクライナ）の　16　原子力発電所，2011年の日本の福島第一原子力発電所の事故により脱原発の動きが強まり，太陽光や風力・水力など再生可能エネルギーへの転換が世界的に目指されている。

◆ 価値観の多様化とともに1960年代半ばには女性解放を目指す　17　が，70年代には先住民文化を尊重する　18　が唱えられた。現代思想では，アメリカで　19　が観念よりも実践を重んじる　20　（実用主義）を唱え，実存哲学の　21　は第二次世界大戦でフランスのレジスタンスに参加した。芸術ではフロイトの精神分析学の影響を受けた　22　やマティスらの野獣派（フォーヴィスム），スペイン内戦を描いた「ゲルニカ」で知られる　23　らが創始した　24　（キュビズム）が現れた。

重要用語チェック

1 同時多発テロ事件

2 ブッシュ（子）

3 ターリバーン

4 国連平和維持活動

5 非政府組織

6 南北問題

7 国連貿易開発会議（UNCTAD）

8 グローバル化（グローバリゼーション）

9 オゾン層

10 地球温暖化

11 国連人間環境会議

12 環境と開発に関する国連（国連環境開発）会議

13 京都議定書

14 パリ協定

15 石油危機（オイルショック）

16 チョルノービリ（チェルノブイリ）原子力発電所

17 フェミニズム

18 多文化主義

19 デューイ

20 プラグマティズム

21 サルトル

22 シュールレアリスム（超現実主義）

23 ピカソ

24 立体派

12章

冷戦から現代の世界へ

86

ラテンアメリカ史

時代と場所をつかむ

●ラテンアメリカの古代文明

共通の 特徴	▶先住民である［インディオ］が担い手 ▶［トウモロコシ］・サツマイモ・ジャガイモ・トマトなどを栽培 ▶鉄器や車輪の使用なし （青銅器・金器・銀器の使用） ▶牛・馬などの大型家畜なし
メソアメ リカ文明	［オルメカ］文明 （前12世紀頃〜）
	［マヤ］文明 （前10〜後16世紀頃）
	テオティワカン文明 （前1〜後6世紀）
	トルテカ文明 （10〜12世紀）
	［アステカ］王国 （14〜16世紀頃）
アンデス 文明	［チャビン］文化 （前1000年頃〜）
	［インカ］帝国 （15〜16世紀頃）

●ラテンアメリカの独立

（内容については p.106参照）

中央アメリカ（各1821年独立）
①グアテマラ　②ホンジュラス　③エルサルバドル
④ニカラグア　⑤コスタリカ

●第二次世界大戦後のラテンアメリカ諸国

キューバ	1959	キューバ革命 …［カストロ］・ゲバラらが［バティスタ］親米政権を打倒
	1961	**社会主義宣言**
	1962	［キューバ危機］（全面核戦争に直面）→ソ連がミサイルを撤去
	2015	アメリカと国交を回復
アルゼンチン	1946	［ペロン］大統領就任→農民・労働者保護→軍部クーデタで失脚
	1982	［フォークランド戦争］…**イギリス**に敗れ，軍事政権崩壊
チリ	1970	［アジェンデ］大統領就任（**史上初の選挙による社会主義政権**）
	1973	チリ軍部クーデタ（アジェンデ大統領死亡） →ピノチェト親米政権へ
ニカラグア	1979	ニカラグア革命 …サンディニスタ民族解放戦線がソモサ親米政権を打倒

⠿ 流れで覚える

◆ 19世紀に多くが独立したラテンアメリカでは，独立運動を指導しプランテーションを経営する　1　による寡頭支配が多くの国で続いた。また19世紀末に世界最大の工業国となったアメリカが，　2　を主導し，市場の拡大を図って進出すると民衆の不満は拡大していった。**メキシコ**では1910年に革命が勃発し，　3　親米政権が倒された。大統領となった自由主義者の　4　は，土地改革をめぐって農民指導者の　5　らと対立し失脚した。その後アメリカの　6　大統領の介入（**宣教師外交**）もあり混乱が続いたが，1917年に民主的な憲法が制定された。

◆ 第二次世界大戦後，パン＝アメリカ会議を改変した　7　が結成され，アメリカの強い指導下に反共封じ込め，およびラテンアメリカの革命政権・革命運動に対して集団制裁を科す役割が決められた。しかし親米政権の独裁，米軍の駐留，米系企業の進出などに貧富の差も拡大し，各国で反米・反政府運動が展開された。

◆ **アルゼンチン**では　8　が大統領に就任して農民や労働者の保護政策を展開し，地主やアメリカと対立した結果，親米派の軍部クーデタにより失脚した。長期にわたるアルゼンチンの軍事政権は，1982年に　9　首相率いる**イギリス**との　10　に敗れたことで崩壊し，翌年には民政に移管した。中米の　11　では，成立した左翼政権が農地改革やアメリカ資本の接収などを断行したが，親米派のクーデタで倒された。キューバでは戦時中にアメリカへ亡命していた　12　が大統領に就いた。彼はアメリカの政府や企業などにキューバ国内での利権を供与するなどしたため，政権の腐敗が進んだ。さらにアメリカ企業による搾取に対しても学生や左派勢力の不満が高まった。このような状況下で　13　やゲバラを中心とした政権打倒の革命運動は，民衆の支持を受けて勢力を拡大した。　12　は敗北し，1959年1月1日にドミニカへと亡命した。これを　14　とよぶ。新たに誕生した　13　政権はソ連との関係を深め，61年には　15　を出して南北アメリカ最初の社会主義国となった。　14　の波及を警戒したアメリカの　16　大統領は同年，ラテンアメリカ諸国との協力強化をめざす「　17　」を提唱した。翌62年にはキューバにソ連のミサイル基地が建設されたことで　18　が発生した。**チリ**では史上初めて選挙によって社会主義政権が成立して　19　**大統領**が誕生し，主要産業の国有化などを行ったが，1973年の軍部クーデタにより　19　は死亡し，　20　の親米政権が樹立された。

重要用語チェック

1 クリオーリョ
2 パン＝アメリカ会議
3 ディアス
4 マデロ
5 サパタ
6 ウィルソン

7 米州機構（OAS）

8 ペロン
9 サッチャー
10 フォークランド戦争
11 グアテマラ
12 バティスタ
13 カストロ
14 キューバ革命
15 社会主義宣言
16 ケネディ
17 進歩のための同盟
18 キューバ危機
19 アジェンデ
20 ピノチェト

13章 テーマ史

▲カストロ

時代と場所をつかむ

●大航海時代以後の世界的な交易とその影響

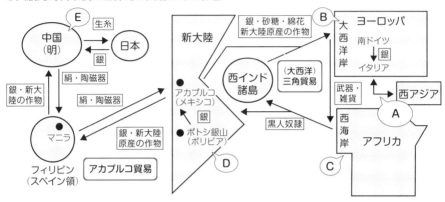

地中海への影響 （A）	［東方貿易］の衰退 →イタリア諸都市（ヴェネツィア・ジェノヴァ・ピサなど）衰退の一因に 　（他に［イタリア戦争］による荒廃など） →イタリア＝ルネサンスの衰退
ヨーロッパへの影響 （B）	［商業革命］→貿易の中心は地中海岸諸都市から大西洋岸諸都市へ ［価格革命］…［銀］の大量流入による物価騰貴 　　　　　　→固定地代に依拠する領主層の没落を促進 西欧（商工業が発展）→ 資本主義の発達 東欧（エルベ川以東で［農場領主制（グーツヘルシャフト）］成立） 　　　　　→農奴制を強化（再版農奴制）して西欧向けの穀物を生産 新大陸原産の作物（トウモロコシ・ジャガイモ・タバコなど）流入 →食生活の変化（生活革命）
アフリカへの影響 （C）	黒人奴隷の流出（1000万人以上と推定）→労働力不足，低開発へ ベニン王国・ダホメ王国などが奴隷貿易で繁栄
新大陸への影響 （D）	白人の進出→［エンコミエンダ制］に基づく鉱山・農園での酷使， 　　　　　　疫病（天然痘など）の蔓延，虐殺の横行 　　　　　　→原住民の減少 　　　　　　→代替労働力として西アフリカから黒人奴隷の流入 複雑な人種構成 ｛［クリオーリョ］…植民地生まれの白人 　　　　　　　　　［メスティーソ］…白人と原住民の混血 　　　　　　　　　［ムラート］…白人と黒人の混血
中国への影響 （E）	メキシコ銀（墨銀）・日本銀の流入→［一条鞭法］の普及を促進 新大陸の作物→救荒作物として政府が栽培を奨励 　　　　　　→18世紀に急激な人口増加

:::::: 流れで覚える

◆ 16世紀に大航海時代が本格化すると、世界規模の交易が展開されるようになった。大西洋では、ヨーロッパからアフリカに武器や雑貨などを送り、交換して得た <u>1</u> を西インド諸島や新大陸へと運び大農園（プランテーション）での労働力とした。そして綿花や砂糖などの作物をヨーロッパに運んだ。これを <u>2</u> 貿易とよぶ。その一環である**奴隷貿易**は、16世紀はおもにポルトガルが <u>3</u> での**サトウキビ**農園で使用するために行ったが、17世紀にはオランダ・イギリス・フランスなども参入した。その中でイギリスは、スペイン継承戦争の <u>4</u> **条約**でスペイン領への奴隷供給権である <u>5</u> を得て資本を蓄積し、これは後の産業革命にも影響を与えた。一方太平洋では、スペイン領 <u>6</u> を経由地に、新大陸の銀や作物と中国の絹や陶磁器を交換する <u>7</u> **貿易**が行われるようになった。

◆ 大航海時代の到来でヨーロッパでは地中海の <u>8</u> **貿易**が衰退し、イタリア諸都市が衰えた。これ以降、ヨーロッパの貿易の中心は大西洋岸諸都市へと移り（ <u>9</u> ）、ポルトガルの首都 <u>10</u> やネーデルラントの <u>11</u> などが繁栄した。また新大陸産の <u>12</u> が大量に流入したことで <u>13</u> とよばれる物価の高騰が起こり、固定地代に頼る領主層の没落が進んだ。西ヨーロッパは資本主義を発達させる一方で、エルベ川以東の地域では、農奴制を強化して西欧向けの穀物を生産する <u>14</u> が発達し、西欧と東欧の分業体制が形成されていった。

◆ 奴隷貿易により1000万人以上ともいわれる人口が流出したアフリカでは、労働力不足から、低開発に陥った。この状況は黒人奴隷の供給源とされたアフリカ西海岸で特に深刻であった。

◆ 16世紀に**コルテス**や**ピサロ**といったスペイン人の侵略を受けた新大陸では、スペインが導入したキリスト教の布教を条件に征服者（**コンキスタドール**）に統治を委ねる <u>15</u> に基づき、先住民が鉱山や農園で過酷な労働を強いられた。さらにヨーロッパからもたらされた疫病も蔓延し、先住民は激減した。そこで黒人奴隷が大量に輸入された結果、植民地生まれの白人である <u>16</u>、白人と先住民との混血 <u>17</u>、白人と黒人の混血 <u>18</u> といった複雑な人種とこれに基づく身分制社会が形成されていった。

◆ 世界的な交易が展開される中、中国では16世紀後半に明が貿易制限策である <u>19</u> を緩和した。これにより交易が活発化すると <u>20</u> **銀**（墨銀）や <u>21</u> **銀**が大量に流入し、丁税と地税を銀で一括納入する <u>22</u> の普及が促進された。

重要用語チェック

1 黒人奴隷

2 （大西洋）三角貿易

3 ブラジル

4 ユトレヒト条約

5 アシエント

6 フィリピン（マニラ）

7 アカプルコ貿易

8 東方貿易

9 商業革命

10 リスボン

11 アントウェルペン（アントワープ）

12 銀

13 価格革命

14 農場領主制（グーツヘルシャフト）

15 エンコミエンダ制

16 クリオーリョ

17 メスティーソ

18 ムラート

19 海禁

20 メキシコ銀

21 日本銀

22 一条鞭法

▲ポトシ銀山

13章 テーマ史

⬛⬛ 時代と場所をつかむ

●世界の人々の移動（19世紀前半〜20世紀初め）

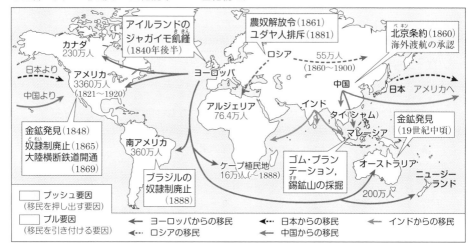

（朝日新聞社『朝日＝タイムズ 世界歴史地図』）

●アメリカ合衆国への移民

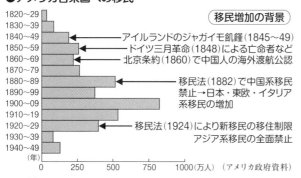

1820〜29	
1830〜39	
1840〜49	←アイルランドのジャガイモ飢饉（1845〜49）
1850〜59	←ドイツ三月革命（1848）による亡命者など
1860〜69	←北京条約（1860）で中国人の海外渡航公認
1870〜79	
1880〜89	←移民法（1882）で中国系移民
1890〜99	禁止→日本・東欧・イタリア
1900〜09	系移民の増加
1910〜19	
1920〜29	←移民法（1924）により新移民の移住制限
1930〜39	アジア系移民の全面禁止
1940〜49	

（移民増加の背景）

（特徴）

1880年代，イギリスを抜いて，世界最大の工業国となったアメリカ合衆国には，貧困などを理由に多くの移民が渡来した。19世紀末には従来の北欧・西欧系移民（旧移民）に加え，東欧・南欧系移民（新移民）やアジア系移民が急増した。

0　250　500　750　1000（万人）（アメリカ政府資料）

●華僑（中国人移民）の特徴

　華僑の起源は古いが，［アロー戦争］後の北京条約（1860）で中国人の海外渡航が承認されたことでその数は増加し，ヨーロッパ諸国の多くが19世紀前半までに［奴隷制］**を廃止**すると，カリブ海での［サトウキビ・プランテーション］などで黒人奴隷に代わる安価な労働力となった。またアメリカ合衆国の西海岸では［ゴールドラッシュ］後の金鉱開発や［大陸横断鉄道］の建設に年季労働者（[クーリー（苦力）]）として従事した。東南アジアでは［シンガポール］を流入拠点として，マレー半島の［錫鉱山］やジャワの農園での労働に従事した。

　華僑の中には成功して財を蓄える者も現れたが，彼らはアメリカなどの移民先で受けた人種差別により民族意識を高め，半植民地化された中国の危機を憂慮し，孫文らの清朝打倒をめざす［革命運動］や，列強から経済的権益を買い戻す［利権回収運動］を積極的に援助した。

◆ 19世紀は「移民の世紀」とよばれる。イギリスを先駆とする欧米諸国が世界に進出した結果，原料供給地や商品市場とした植民地などで鉱山や　1　で大量の労働力が必要とされた。このためおもに出身国での経済的困窮（こんきゅう）を理由として，多くの人々が移民となって各地に流れ込んだ。

1 プランテーション

◆ 最大の移民の受け入れ国はアメリカ合衆国であった。元来のイギリス系移民に続き，1840年代中頃に発生した　2　により100万人以上の　3　人が北アメリカなどに移住した。また1848年の　4　の挫折（ざせつ）による政治混乱もあり，ドイツ系の移民も増加した。また1848年にカリフォルニアで金鉱が発見されると太平洋岸に大量の移民が流入する　5　が起こった。一方中国ではアロー戦争後の　6　条約（1860）で中国人の海外渡航を清朝が認めたこともあり，多くの人々が華僑となった。アメリカに渡った華僑は　3　人移民とともに　7　の建設に従事し，　8　後に奴隷制度が廃止されると，黒人奴隷に代わる低賃金労働力となった。しかし華僑の多くは白人からクーリー（苦力）とよばれて人種差別の対象となり，1882年の移民法（中国人移民禁止法）で入国を禁じられた。19世紀末にアメリカの工業化が進展すると，従来の西欧や北欧からの旧移民に対し，経済発展が遅れた東欧や南欧からの　9　が急増した。

2 ジャガイモ飢饉
3 アイルランド人
4 三月革命
5 ゴールドラッシュ
6 北京条約
7 大陸横断鉄道
8 南北戦争
9 新移民

◆ アジアやカリブ海地域では19世紀前半にイギリスやフランスが奴隷制度を廃止したことを背景に，移民がこれらの国の進出先に流入した。華僑はイギリスの海峡植民地の一つで自由港とされた　10　に多く居住し，マレー半島では印僑（インド人移民）が　11　プランテーションに，華僑は　12　鉱山の採掘などに従事し，カリブ海では多くのアジア系移民が　13　のプランテーションに従事した。

10 シンガポール
11 ゴム
12 錫
13 サトウキビ

◆ 　14　では19世紀中頃に金鉱が発見され，多くのアジア系移民が流入したため，これを制限して白人を優遇する白豪主義（はくごう）がとられた（1970年代廃止）。南アフリカでは金やダイヤモンドの鉱山の労働力としてイギリスが黒人を移住させたが，白人労働者の賃金を保護するため，差別政策である　15　が導入された（1991年廃止）。ブラジルでは1888年に奴隷制度が廃止されたため，代替労働力として多くの日本人が移民した。

14 オーストラリア
15 アパルトヘイト
（人種隔離政策）

13
章

テーマ史

さくいん

//////////////////////// 著 者 ////////////////////////

相田知史（あいだ・ともひろ） 駿台予備学校講師

執筆担当：1 ～ 29（1 ～ 4 章），
57 ～ 79・85（9 ～ 12 章），88（13 章）

小林勇祐（こばやし・ゆうすけ） 駿台予備学校講師

執筆担当：30 ～ 56（5 ～ 8 章），
80 ～ 84（12 章），86・87（13 章）

//

□ 編集協力　大迫秀樹
□ デザイン　㈱参画社
□ 図版作成　㈱ユニックス　㈲デザインスタジオエキス.
□ イラスト　森仁
□ 写真提供　秋葉鉄雄　葛飾区郷土と天文の博物館　時事通信フォト（Bridgeman Images　dpa　hemis.fr
　　　　　　Photo12 via AFP　Roger-Viollet via AFP　ullstein bild）　平林郁子
　　　　　　Colbase（https://colbase.nich.go.jp）　PIXTA（太秦　ぐうぐう　スタジオアドス　f9photos
　　　　　　genjoe　Judy　peruri　Sergio62　sims7501986）　Shutterstock.com

p.18　"Model of a greek trireme" ©Deutsches Museum, Munich, Germany (Licensed under CC BY 3.0)
　　　https://creativecommons.org/licenses/by/3.0/
p.50　「青磁・染付・赤絵」大阪市立東洋陶磁美術館（住友グループ寄贈 / 安宅コレクション）
　　　写真：西川茂 NISHIKAWA Shigeru
p.152　「ゲルニカ」パブロ＝ピカソ（1937 年）ソフィア王妃芸術センター蔵
　　　©2024－Succession Pablo Picasso－BCF (JAPAN)

シグマベスト
時代と流れで覚える！
世界史用語

本書の内容を無断で複写（コピー）・複製・転載する
ことを禁じます。また、私的使用であっても、第三
者に依頼して電子的に複製すること（スキャンやデ
ジタル化等）は、著作権法上、認められていません。

© 相田知史, 小林勇祐　2024　　Printed in Japan

著　者　相田知史，小林勇祐
発行者　益井英郎
印刷所　株式会社天理時報社
発行所　株式会社文英堂
　　　　〒601-8121　京都市南区上鳥羽大物町28
　　　　〒162-0832　東京都新宿区岩戸町17
　　　　（代表）03-3269-4231

●落丁・乱丁はおとりかえします。